(Par Jacq. And. Emery, d'après M. Quérard.)

ESPRIT
DE LEIBNITZ,
OU
RECUEIL
DE PENSÉES CHOISIES,
SUR LA RELIGION, LA MORALE, L'HISTOIRE, LA PHILOSOPHIE, &c.

EXTRAITES DE TOUTES SES ŒUVRES LATINES ET FRANÇOISES.

TOME PREMIER.

A LYON,

Chez JEAN-MARIE BRUYSET, Imprimeur-Libraire, rue S. Dominique.

────────────

M. DCC. LXXII.

Avec Approbation & Privilege du Roi.

PRÉFACE.

IL a paru depuis quelques années une Collection des Œuvres de Leibnitz en six gros Volumes in-4°. Nous sommes bien éloignés de vouloir censurer l'exécution de cette entreprise ; & nous convenons, avec action de graces, qu'elle a dû coûter à son Auteur une infinité de recherches, de peines & de soins. Mais il est pourtant arrivé par la nature des Œuvres de Leibnitz, & l'attention de l'Editeur à ne rien négliger de ce qui appartient à ce grand homme, qu'en général la Collection est assez informe, & qu'elle n'a presque point de partie dont on puisse long-temps soutenir la lecture.

On sait que Leibnitz, si l'on excepte sa Théodicée & ses Nouveaux Essais sur l'Entendement humain, n'a donné au Public que des Opuscules très-courts, composés à de grands intervalles les uns des autres, qui ne forment point de suite, & où par conséquent fourmillent les répétitions. Ces défauts sont encore plus sensibles dans les derniers Volumes de la Collection, qui renferment les Lettres. Les matieres les plus hétérogenes y sont souvent mêlées ensemble; plus souvent encore l'Auteur entre dans des détails qui n'ont rien d'intéressant, ou du moins qui n'intéressent que la Littérature Allemande. Il ne faut point en être surpris, parce que la plupart de ces Lettres n'étoient point destinées par l'Auteur à voir

le jour. L'Editeur a bien senti tous ces inconvéniens, & particuliérement le *défaut d'ordre*. « L'esprit
» vif & pénétrant de Leibnitz,
» nous dit-il (*), ne lui laissoit
» pas la liberté de parler au long
» & jusqu'à la fin d'un même su-
» jet : il se jetoit presque à tout
» moment dans des digressions
» totalement étrangeres à son pre-
» mier objet : en sorte que si nous
» avions voulu ranger scrupuleu-
» sement toutes les matieres dans
» leur place, nous aurions été
» obligés de mettre l'Auteur en
» pieces, & de n'offrir au Lec-
» teur que des fragmens épars
» çà & là, qui n'auroient point
» mérité le titre d'*Œuvres*, mais
» seulement de *Pensées* ou de
» *Génie de Leibnitz* ». Ce défaut d'ordre étoit donc un vice inhé-

(*) Tom. 6. part. 2. pag. 4. *Monitum Lectori.*

rent à la nature de l'entreprise ; l'Editeur l'a réparé autant qu'il est possible, par une Table des Matieres très-abondante, & qui nous a paru un chef-d'œuvre d'exactitude.

En faisant les observations précédentes, & en ajoutant que nous aurions pu leur donner bien plus d'étendue, notre dessein n'est point encore une fois de décrier une Collection extrêmement précieuse aux Savans, & d'affoiblir la reconnoissance si justement due à l'illustre Editeur. Nous ne les rappellons, ces observations, que parce qu'elles nous ont fait naître l'idée du Recueil que nous présentons au Public, & qu'elles le justifient en partie. Combien est-il de personnes à qui le prix de la Collection complette ne permet pas de l'acquérir : & parmi celles qui possedent ce trésor,

PRÉFACE.

combien en est-il qui n'auront ni le loisir ni la patience de le fouiller dans sa totalité, & aux yeux desquelles une multitude de pensées également curieuses & utiles ne brilleront jamais ?

Je n'ignore pas ce que pensent les Savans de cette foule de Livres dont le Public est inondé, sous le nom de *Pensées*, d'*Esprit*, de *Génie*, &c. nous en condamnons avec eux la plus grande partie, & nous convenons du tort qu'en souffre la Littérature. Si ces Faiseurs d'*Esprit* & de *Génie* travailloient, par exemple, sur des Auteurs qui ont vieilli, & se proposoient de sauver un certain nombre de pensées ingénieuses prêtes à périr avec eux, rien ne seroit plus louable que leur travail. Mais qu'arrive-t-il ? on prend un Auteur qui est en pleine jouissance de sa célébrité, on le décompose;

PRÉFACE.

on choisit celles de ses pensées qu'on croit les plus spirituelles & les plus frappantes ; on les présente ensuite sans ordre & sans dessein.

Mais 1°. ces pensées détachées du tableau où elles étoient encadrées, perdent nécessairement le mérite du contraste & des nuances, pour ne conserver que celui de l'expression & du coloris. 2°. Elles ne montrent que très-imparfaitement l'esprit de l'Auteur, qui éclate sur-tout dans le dessein & dans l'ensemble. 3°. Elles sont le plus souvent tirées d'Auteurs très-intéressans dans toutes leurs parties, universellement lus, ou du moins qui méritent de l'être, & à l'égard desquels il n'y a point lieu ni d'épargner la peine, ni de ménager le loisir du Lecteur.

Toutes ces observations sont justes, & doivent attirer quelque blâme aux ouvrages dont nous parlons, mais elles n'ont aucune application au nôtre. La Collection sur laquelle nous avons travaillé, n'est point entre les mains de tout le monde, & n'y sera jamais: elle n'est pas faite non plus pour être lue dans sa totalité. La nature des Ouvrages qui la composent, leur diversité, la Langue dans laquelle la plupart sont écrits, le prix de l'acquisition ne le permettent pas. Ce n'est point un corps organisé dont nous avons enlevé de distance en distance quelques parcelles que nous présentons ensuite, détachées les unes des autres; ce sont au contraire des parcelles isolées dès leur naissance que nous réunissons; ce sont des membres épars & dispersés que nous rassemblons, & dont nous formons une espece de corps. Car nous ne devons pas différer d'instruire le Lecteur de la fin que nous nous sommes principalement proposée dans notre travail; c'est de réunir ce que Leibnitz a dit sur la Religion & les objets qui s'y rapportent, de plus instructif & de plus curieux. Il nous a paru que la Religion en tireroit quelqu'avantage, & que le nom de Leibnitz pourroit en imposer à un grand nombre de ses ennemis.

On en voit effectivement qui poussent le Fanatisme jusqu'à prétendre que l'incrédulité est nécessairement le partage d'une tête pensante, & qui se contentent d'opposer à tous les coups qu'on leur porte, le nom & l'autorité des Philosophes. Il est bon de faire tomber de leurs mains cette foible défense, & de montrer que, quoique la Religion Chrétienne, qui a fait évanouir toutes les Sectes des anciens Philosophes, soit

PREFACE. xj

fort indépendante du suffrage des Modernes, si l'on vouloit cependant examiner sa cause & la décider par leur autorité, elle est encore assurée de la victoire.

Les trois hommes qui dominent dans l'empire des hautes Sciences & à la suite desquels se rangent tous les Philosophes modernes, sont sans doute Descartes, Newton & Leibnitz. On ne pourroit sans ignorance suspecter seulement la foi de Descartes. Newton qui a commenté les Livres saints, étoit si pénétré, si plein de la Religion (*), qu'il la rappelle, & lui rend hommage jusques dans son Optique, où assurément aucune considération d'intérêt ou de

---

(*) Il ne s'en tenoit pas à la Religion naturelle, il étoit persuadé de la révélation, & parmi les Livres de toute espece qu'il avoit sans cesse entre les mains, celui qu'il lisoit le plus assidument étoit la Bible. *Eloge de Newton par Fontenelle.*

bienséance ne l'obligeoit de déguiser ses sentimens. On jugera ce qu'on doit penser du Christianisme de Leibnitz, par cette multitude de traits que nous avons rassemblés.

Un Auteur célebre tire une forte présomption en faveur des Dogmes du Christianisme, de ce que Descartes les a prouvés, & Newton les a crus. La quantité de cette présomption doit notablement croître par l'addition de toute l'autorité de Leibnitz, qui est bien à celle de Newton ou de Descartes en raison d'égalité. Je ne sais même si son suffrage n'est pas ici d'un plus grand poids que celui de ces deux grands Philosophes ; parce qu'outre que son génie étoit aussi pénétrant, aussi hardi, aussi maître des préjugés que le leur, il avoit plus soigneusement qu'eux étudié les dogmes de la Religion Chrétienne, &

PREFACE.

discuté les monumens sur lesquels elle est fondée.

Ce grand homme dans un temps où l'irréligion portoit encore le masque & ne comptoit qu'un petit nombre de Sectateurs, a prédit la révolution dans les mœurs & la Religion dont nous sommes aujourd'hui les témoins, & nous en a découvert en même temps le triste remede. « Je trouve, di-
» soit-il, que des opinions appro-
» chantes (de celles d'Epicure &
» de Spinosa) s'insinuant peu à
» peu dans l'esprit des hommes
» du grand monde qui reglent
» les autres, & dont dépendent
» les affaires, & se glissant dans
» les Livres à la mode, disposent
» toutes choses à la révolution
» générale dont l'Europe est me-
» nacée, & achevent de détruire
» ce qui reste encore dans le
» monde, des sentimens géné-
» reux des anciens Grecs & Ro-

» mains, qui préféroient l'amour
» de la patrie & du bien public,
» & le foin de la poftérité à la
» fortune & même à la vie. Ces
» *Publiks fpirits*, comme les An-
» glois les appellent, diminuent
» extrêmement & ne font plus à la
» mode ; & ils cefferont davan-
» tage, quand ils cefferont d'être
» foutenus par la bonne Morale
» & par la vraie Religion que la
» raifon naturelle même nous
» enfeigne. Les meilleurs du ca-
» ractere oppofé qui commence
» de régner, n'ont plus d'autre
» principe que celui qu'ils ap-
» pellent de *l'honneur* ; mais la
» marque de l'honnête homme
» & de l'homme d'honneur chez
» eux, eft feulement de ne faire
» aucune baffeffe, comme ils la
» prennent...... L'on fe moque
» hautement de l'amour de la
» patrie ; on tourne en ridicule
» ceux qui ont foin du Public ;

„ & quand quelque homme bien
„ intentionné parle de ce que
„ deviendra la postérité, on ré-
„ pond, *alors comme alors*. Mais
„ il pourra arriver à ces per-
„ sonnes d'éprouver elles-mêmes
„ les maux qu'elles croient ré-
„ servés à d'autres. Si l'on se
„ corrige encore de cette mala-
„ die d'esprit épidémique, dont
„ les mauvais effets commencent
„ à être visibles, ces maux se-
„ ront peut-être prévenus : mais
„ si elle va en croissant, la pro-
„ vidence corrigera les hommes
„ par la révolution même qui
„ en doit naître. Car quoi qu'il
„ puisse arriver, tout tournera
„ toujours pour le mieux en
„ général au bout du compte ;
„ quoique cela ne doive & ne
„ puisse pas arriver sans le châti-
„ ment de ceux qui ont contri-
„ bué même au bien par leurs
„ actions mauvaises ».

Si le remede au mal dont nous nous plaignons, est dans la grandeur même du mal, suivant Leibnitz, consolons-nous, il touche à sa fin, puisqu'il paroît porté à son comble. Plusieurs Ecrivains osent combattre à visage découvert, & combattent impunément le Christianisme (*) : leur application principale est de mettre dans tout leur jour & d'exposer à tous les yeux les difficultés qu'il souffre, ainsi qu'une multitude

---

(*) On ne sauroit se dissimuler que les principes du Christianisme sont aujourd'hui indécemment attaqués dans un grand nombre d'Ecrits. Il est vrai que la maniere dont ils le sont pour l'ordinaire, est très-capable de rassurer ceux que ces attaques pourroient allarmer ; le désir de n'avoir plus de frein dans les passions, la vanité de ne pas penser comme la multitude, ont bien plus fait d'incrédules que l'illusion des sophismes, si néanmoins on doit appeller *incrédules* ce grand nombre d'impies qui ne veulent que le paroître ; & qui, selon l'expression de Montagne, *tâchent d'être pires qu'ils ne peuvent.* Mélanges de Littérature, *de l'abus de la Critique en matière de Religion*, art. 2.

d'autres vérités rigoureusement démontrées. Nous n'en sommes point surpris ; car que ne peut pas sur des cœurs pleins de vanité, l'envie de se distinguer de la multitude, & d'arriver à une plus grande célébrité ? Ce que nous avons seulement peine à concevoir, c'est la haine & la prévention aveugle qui animent quelques-uns d'entre eux contre la religion de leurs peres, la religion dans laquelle eux-mêmes ont été élevés, & qu'ils ont professée sincérement pendant les premieres années de leur vie ; ses adversaires & ses persécuteurs trouvent en eux des Apologistes zélés.

Le Paganisme & le Mahométisme, parce qu'ils lui sont opposés, deviennent presque l'objet de leur culte ; & dans le dessein de la rendre moins aimable & moins probable, ils s'efforcent de décharger ces deux fausses Religions de ce qu'elles ont de plus méprisable & de plus odieux. Enfin l'indécence, la mauvaise foi, la passion qui regnent dans leurs Ecrits, font que les Païens qui ont attaqué le Christianisme, les Celse & les Porphyre restent bien loin derriere eux. Une foule de jeunes gens sans étude, sans connoissances, sans expérience, les lisent avec avidité, & les croient sur leur parole : car un Auteur déjà cité, a fort bien remarqué (*) que *l'incrédulité est une espece de foi pour la plupart des impies.* Que prétendent-ils ? sans doute délivrer leurs passions d'un frein qui les gêne. Mais ont-ils fait réflexion que leurs Maîtres les plus accrédités, en abjurant le Christianisme, se déclarent Sectateurs de la Religion natu-

_____
(*) De l'abus de la critique, §. 25.

relle, & que celle-ci n'eſt guere moins incommode & moins onéreuſe aux paſſions que la premiere ? Elle enſeigne auſſi bien qu'elle un Dieu rémunérateur de la vertu & vengeur du crime dans une autre vie ; elle condamne auſſi bien qu'elle l'ambition, la vengeance, l'oiſiveté, l'abus des talens, la ſéduction, l'adultere, & tous les actes qu'ils déſireroient être innocens ou impunis.

Il n'y a donc véritablement de refuge pour ceux qui fuient devant la Morale Chrétienne, que dans le Matérialiſme & l'Athéiſme ; encore l'athée le plus décidé de ce ſiecle, l'Auteur du Syſtême de la Nature, voudroit-il les troubler dans ce refuge, & en les délivrant de l'idée fatigante d'un Dieu menaçant, il prétend les retenir toujours dans les liens de la vertu, & il leur en dénonce les devoirs les plus rigoureux comme obligatoires encore. Ainsi leur désertion du Christianisme ne leur procure ni la paix, ni la liberté, ni la sécurité qu'ils désirent ; & ils ne peuvent laisser un libre cours à leurs passions, sans être infideles à la Doctrine des Maîtres qu'ils réverent le plus.

Nous ne dissimulons point que M. Leibnitz est accusé de n'avoir été qu'un rigide Sectateur de la Religion naturelle. Sans doute nous serions bien en droit de négliger une accusation de cette nature. Elle est suffisamment détruite par cette multitude de traits relatifs au Christianisme, que nous avons rassemblés dans cet ouvrage ; traits qui portent tous l'empreinte de la persuasion la plus intime, & qui sont pris à toutes les époques de la vie de Leibnitz.

Cependant nous voulons bien

PRÉFACE.

dissiper jusqu'aux moindres nuages qui se sont répandus sur son Christianisme. Examinons d'abord de quelle source ils se sont élevés. *La Théodicée de Leibnitz, son principal ouvrage, n'est,* dit-on, *qu'un jeu d'esprit de sa part; & il en est convenu lui-même.* Mais 1°. ce jeu d'esprit & cet aveu prétendus ne se rapportent qu'au système mis en œuvre dans la Théodicée pour concilier la bonté de Dieu avec la permission du mal; système que Leibnitz auroit pu regarder avec plusieurs Auteurs très-chrétiens, comme insuffisant, sans qu'on puisse en tirer la moindre induction contre son Christianisme. 2°. On ne pourroit croire que Leibnitz n'a pas parlé sérieusement dans la Théodicée, sans blesser ouvertement les regles de la critique & de l'équité.

Le premier fondement de le croire, ce seroit l'aveu qu'on pré-

tend qu'il en a fait. Examinons donc cet aveu. M. Leibnitz écrivant à M. Pfaff lui demanda son sentiment sur sa Théodicée & sur la maniere dont il avoit réfuté Bayle. M. Pfaff lui répondit, à ce qu'il assure, « qu'il lui sembloit
» que c'étoit pour se divertir,
» qu'il avoit imaginé ce système
» de Philosophie ; & que comme
» M. le Clerc voulant réfuter M.
» Bayle, avoit fait le personnage
» d'un Origéniste, M. Leibnitz
» avoit pris cette nouvelle ma-
» niere de philosopher, qui ne
» fait que jeter de la poudre aux
» yeux de ceux qui n'approfon-
» dissent rien ; mais qui est néan-
» moins d'autant plus ingénieuse,
» que si on la comprend bien, on
» verra & qu'elle confirme subti-
» lement l'opinion grossiere de M.
» Bayle sous l'apparence d'une
» réfutation ; sans qu'on puisse
» d'abord découvrir le mystere ;

PRÉFACE. xxiij

» & qu'elle peut aussi servir à plâ-
» trer les différens systêmes des
» Religions & des opinions op-
» posées.

» Quelle réponse, dit M. Pfaff,
» croyez-vous que me fit M. Lei-
» bnitz de qui je craignois le res-
» sentiment pour lui avoir parlé
» avec tant de franchise ? Voici
» les propres termes dont il se ser-
» vit dans une lettre écrite d'Ha-
» novre, le 11 Mai 1716. *Ce*
» *que vous m'écrivez touchant ma*
» *Théodicée est très-vrai. Vous*
» *avez frappé au but. Et je suis*
» *surpris que personne jusqu'à pré-*
» *sent ne se soit apperçu que j'ai*
» *voulu me divertir. Les Philoso-*
» *phes ne sont certainement pas*
» *toujours obligés de parler sérieu-*
» *sement : en inventant des hypo-*
» *theses, comme vous le remarquez*
» *fort bien, ils font des épreuves*
» *de la force de leur esprit. Pour*
» *vous qui êtes Théologien, vous*

» agissez en Théologien lorsque vous
» réfutez les erreurs de vos adver-
» saires.

Mais le Lecteur ne s'apperçoit-il pas d'abord que Leibnitz a voulu plaisanter le Docteur Allemand, & que sa réponse est ironique ? *Une lettre aussi singuliere*, dit M. Dutens, *& aussi absurde*, tranchons le mot, *aussi impertinente, méritoit-elle une réponse sérieuse ?* Y a-t-il dans ce fragment de lettre, dont nous n'examinons point l'authenticité, de quoi prétendre que Leibnitz se moquoit secrétement d'un système qu'il a soutenu si constamment, si ardemment, & à si grands frais, & qui est en lui-même aussi plausible qu'aucune autre partie de sa Philosophie ? L'équité naturelle, la candeur connue de Leibnitz permettent-elles de croire qu'il ait voulu jouer la Princesse de Galles, le Prince Eugene,

PREFACE. xxv

Eugene, & ses plus illustres correspondans ? On voit dans toutes ses lettres, qu'il prenoit le plus grand intérêt à cet ouvrage : il y revenoit sans cesse avec ses amis. Il lui cherchoit de tous côtés des contradicteurs qui lui fournissent l'occasion de le fortifier & de l'embellir. Dans les derniers mois de sa vie, il sollicitoit encore Jean Bernoulli son ami & son émule, aussi-bien que l'émule de Newton, de lui en écrire son sentiment ; & celui-ci lui répondoit le 11 Novembre 1716, c'est-à-dire deux ou trois jours avant la mort de Leibnitz : « Je n'ai point encore eu
» le loisir de lire avec attention
» toute votre Théodicée qui est
» assurément un très-bel ouvrage :
» mais j'ai lu avec un grand plai-
» sir votre discours sur la confor-
» mité de la foi avec la raison : je
» le trouve très-solidement écrit ;

Tome I. b

» & dans la plupart de ses points, » je ne sais pas même si ce n'est » point en tous, il me plaît infini- » ment (*).

L'autre fondement de l'accusation que nous réfutons, c'est l'idée qu'on a, dit-on, conçue de Leibnitz en Allemagne ; *Leibnitz ne croit rien, Leibnitz glaubt nitz a* passé en proverbe. Mais 1°. ce prétendu proverbe n'a trait qu'aux controverses qui divisent les Luthériens & les Catholiques. Leibnitz avoit fait de grands pas vers l'Eglise romaine : il sembloit y tenir par ses sentimens, encore plus qu'au Luthéranisme. On y avoit donc conçu de grandes espérances de sa conversion, mais qui ne se réalisèrent point. Ainsi il mécontenta également les Luthériens & les Catholiques ; & c'est alors

(*) Commercii Epistolici, tom. 2, Epist. ultima.

PRÉFACE. xxvij

qu'on fit ce jeu de mots que nous venons de rapporter.

On ajoute qu'il fréquentoit peu les exercices publics de son Eglise: & que *ses Pasteurs lui en ont fait souvent de publiques & inutiles réprimandes*. Mais nous l'avons déja observé : Leibnitz que nous croyons un Chrétien fort sincere, étoit un très-mauvais Luthérien. On contrediroit d'ailleurs l'expérience journaliere, & on ne connoîtroit pas l'esprit humain, si l'on prétendoit qu'un homme n'est point convaincu de sa religion, uniquement parce qu'il en néglige les pratiques extérieures. Telle est la nature de l'homme, que la contradiction qui se rencontre fréquemment entre sa conduite & ses principes, ne prouve point du tout qu'il n'est pas convaincu de ses principes. Le *video meliora, proboque* &c. peut être vrai dans la

b ij

bouche de tous les Philosophes. Ils ne sont pas d'une autre trempe que le Chancelier Bacon qui après avoir peint admirablement la grandeur, la dignité, l'indépendance d'un homme de Lettres, déclare » qu'il ne se flatte pourtant pas de » n'y déroger jamais dans ses dis- » cours & dans sa conduite, & de » ne ressembler jamais à ce coq » de la fable, qui préféra un grain » d'orge à une pierre précieuse; » ou à ce Roi qui pris pour arbi- » tre entre Apollon pere des Mu- » ses & un berger, donna la pal- » me aux richesses (*a*).

Nous finissons cet article (*b*),

(*a*) Lib. 1. Augment. Scient. versus finem.

(*b*) Au plus grand savoir on n'allie pas toujours le plus de Religion; l'étude nourrit l'esprit, & la foi se perd. Voilà, prétendent quelques personnes de mérite, ce qui est arrivé à Leibnitz, & dont ses propres Pasteurs l'ont accusé, & ce qui a même passé en proverbe. On nous permettra néanmoins

PRÉFACE.

en déclarant avec ingénuité, que nous avons lu attentivement tou-

de dire, qu'on ne sauroit être trop retenu dans les jugemens si souvent faux qu'on porte des hommes à vue de pays sur cet article; & le plus sage, à coup sûr, est de remonter aux sources. On ne croit pas qu'on trouve des traits contre la Religion dans aucun des Ecrits de M. Leibnitz. Au contraire, le morceau qu'il écrivit étant à Vienne en 1714, pour M. le Prince Eugene, intitulé, *Principes de la Nature & de la Grace fondés en raison*, renferment des propositions qui tendent à établir la Religion en général; & quoiqu'il n'y parle pas de révélation, parce qu'il s'agissoit d'un système purement métaphysique, l'on y apperçoit pourtant des vues qui menent naturellement à la Religion révélée. D'ailleurs l'on sait qu'il avoit autrefois défendu en Chrétien, même Orthodoxe, le Dogme de la Trinité contre le fameux Vissovatius. Il est encore avéré qu'il fit toujours profession extérieure du Luthéranisme.

Il est vrai qu'il n'alloit pas beaucoup aux Assemblées publiques de dévotion; mais ce culte extérieur caractérise-t-il seul la Religion! Combien de gens oisifs de l'un & de l'autre sexe, qui en tous lieux se font un passe-temps réglé d'assister aux Eglises, & qui sans ce secours seroient fort embarrassés de leur figure & plongés dans un mortel ennui? Combien d'autres qui n'y sont attirés

tes les Œuvres de Leibnitz, surtout cette multitude de Lettres que par vanité, par fausse dévotion, & peut-être par des passions plus honteuses? La grande assiduité dans les Eglises n'est donc pas davantage une preuve de Religion qu'une fréquentation plus rare le seroit d'irréligion; & à tout prendre, Leibnitz ne deviendroit blâmable que d'avoir négligé un devoir extérieur & des Rits cérémoniels.

Les bruits vulgaires contre lui ne servent jamais de preuves. Comme il étoit fort modéré par rapport aux trois Religions qui dominent dans l'Empire, & qu'il estimoit beaucoup plusieurs Jésuites & leur savante Société en général, quelques Catholiques se flatterent de pouvoir le gagner, sur-tout quand il fut fait Conseiller Aulique & qu'il vint à Vienne; mais dès qu'ils le virent de retour à Honover, ils commencerent à perdre cette espérance, & l'on fit alors sur lui ce jeu de mots Allemand, *Leibnitz glaubt nitz*, c'est-à-dire, *Leibnitz ne croit rien*, par allusion à la terminaison de son nom; plaisanterie qui est insensiblement passée en proverbe. Ajoutez à cela ce qu'a écrit M. Pfaff, soutenu de M. le Clerc, que la Théodicée paroissoit n'être qu'un pur jeu d'esprit; & vous aurez une partie des sources où l'on a puisé cette idée que son Auteur n'étoit qu'un rigide Observateur de la Religion naturelle. Toujours est-ce une vérité cons-

écrites à ses amis: Lettres qu'il ne prévoyoit pas devoir être publiques, & qui souvent ne sont pas dignes de l'être: & quoiqu'il s'y agisse souvent de religion, nous n'avons pas remarqué un seul mot qui puisse fonder le plus léger soupçon contre le Christianisme de ce grand homme. Au contraire, il ne s'explique jamais sur la Religion que d'un air pénétré; & ne parle de Notre-Seigneur que dans les termes les plus respectueux.

Nous sommes en état de confirmer pleinement le témoignage que le savant & respectable M. Bonnet a crû devoir lui rendre sur cet article; & nous adressons la même priere que lui à nos esprits

---

tante, que de tout temps & en tout pays, on a décidé de la Religion de quantité d'habiles gens sur des fondemens aussi peu solides. *Vie de Leibnitz par le Chevalier de Jaucourt*, *pag. 265.*

forts. « Je me fais, dit-il, un de-
» voir de remarquer, & ce de-
» voir eſt cher à mon cœur, que
» la piété de notre Auteur (Leib-
» nitz), auſſi vraie qu'éclairée, ne
» laiſſoit échapper aucune occa-
» ſion de rendre au Philosophe
» par excellence l'hommage le
» plus reſpectueux, & le plus
» digne d'un Etre intelligent. Il
» citoit avec complaiſance juſ-
» qu'aux moindres paroles de ce
» divin Maitre, & y décou-
» vroit toujours quelque ſens ca-
» ché, d'autant plus beau qu'il
» étoit plus philoſophique......
» Celui qui ſe plaiſoit à découvrir
» dans l'Evangile une philoſo-
» phie ſi haute, étoit une *Ency-*
» *clopédie* vivante, & un des plus
» profonds génies qui ayent ja-
» mais paru ſur la terre. Je prie
» ceux qui n'ont ni les lumieres,
» ni le génie de ce grand homme,

PREFACE. xxxiij

» & qui ne poſſedent pas au mê-
» me degré que lui l'art de douter
» philoſophiquement, de ſe de-
» mander à eux-mêmes, s'il leur
» ſied bien après cela d'affecter
» de mépriſer l'Evangile, & de
» s'efforcer d'inſpirer ce mépris à
» tout le genre humain (*)?

Après toutes les obſervations précédentes, s'il eſt encore permis de douter que Leibnitz ait été ſincérement Chrétien, on ne peut plus rien affirmer ſur les vrais ſentimens d'un homme : & on pourra douter ſi tous les Apologiſtes de la Religion Chrétienne n'ont point eux-mêmes été des mécréans. Il eſt vrai que depuis qu'on a oſé jeter des ſoupçons ſur la religion de Boſſuet & de Fénelon, on doit s'attendre à tout en ce genre.

Le principal Ouvrage de Leib-

(*) Palyngénéſie, tome 1, part. 7, page 297.

b v

nitz est sa Théodicée. L'Auteur y rend un hommage continuel à la Religion, & il ne s'y agit presque uniquement que d'en développer & d'en concilier les dogmes : cependant nous n'en avons extrait qu'un assez petit nombre de pensées ; & nous avons cru qu'il suffiroit d'en rapporter une espece d'analyse faite par lui-même. L'Ouvrage est ou devroit être entre les mains de tout le monde : car peu s'en faut qu'à l'exemple de M. Bonnet, nous le mettions au rang des *livres de dévotion*, & que nous ne l'appellions avec lui, *le manuel du Philosophe chrétien* (*).

M. Leibnitz est mort dans la profession extérieure du Luthéranisme ; mais il n'y tenoit que par de foibles liens : & il lui est souvent arrivé de faire contre les

───────────

(*) Lettre aux Auteurs de la Bibliotheque des Sciences.

PRÉFACE. xxxv

Protestans l'apologie de l'Eglise Romaine sur plusieurs chefs. Les témoignages & les aveux d'un si grand Philosophe qui avoit été nourri dans les principes & les préjugés des Protestans, nous ont paru curieux, importans, dignes en un mot d'être recueillis par un Auteur Catholique. En général M. Leibnitz étoit très-favorable à l'autorité des Papes. Il étoit persuadé que puisque *le corps de l'Eglise est de droit divin, ce corps a de droit divin un Chef ou un suprême Magistrat spirituel pourvu d'une autorité directorale, renfermée pourtant dans de justes bornes* (*).

(*) Tome second de cet Ouvrage, p. 6, Leibnitz ajoute, il est vrai, que c'est par des considérations humaines que Rome, Métropole du Monde Chrétien, a été choisie pour le Siege & le lieu de cette Puissance: *Tametsi locus ac Sedes hujus potestatis, in Metropoli Christiani urbis Roma, ex humanis considerationibus placuerit.* Si Leibnitz a prétendu dire que la succession des Evêques de Rome

Mais ce qui est très-remarquable, c'est qu'il approuvoit que le

à la Primauté de S. Pierre, provient du fait humain de S. Pierre qui a fixé le Siege de sa Primauté à Rome & non ailleurs, par des considérations prises de la dignité & de la situation de la ville de Rome, il n'a rien dit que n'enseignent aussi plusieurs Théologiens Catholiques, & que Bellarmin lui-même n'approuve : *Quod Episcopus Romanus, quia Episcopus Romanus est, sit Petri successor, ex facto Petri ortum habuit, non ex prima Christi institutione. Nam potuisset Petrus nullam Sedem particularem sibi unquam eligere, sicut fecit primis quinque annis, & tunc moriente Petro, non Episcopus Romanus, non Antiochenus succesisset, sed is quem Ecclesia sibi elegisset ; potuisset quoque semper manere Antiochiæ, & tunc Antiochenus sine dubio succesisset. Quia vero Romæ Sedem fixit, & tenuit usque ad mortem, inde factum est, ut Romanus Pontifex ei succedat. De Romano Pontifice, lib.* 2, *cap.* 12. Consultez aussi la Réplique du Cardinal du Perron, page 210.

Mais si Leibnitz a voulu dans les paroles précédentes insinuer que la Dignité de Chef de l'Eglise, instituée de Droit divin, n'est attachée au Siege de Rome, & n'appartient à ses Evêques que de Droit humain, & uniquement en conséquence de la désignation que l'Eglise en auroit faite ; en sorte qu'il

PREFACE.

Pape eût quelque autorité sur le temporel des Princes ; & qu'il auroit désiré qu'elle ne lui eût point été contestée. Il soutint ce sentiment singulier dans son traité *de jure suprematûs*, composé à l'âge de trente ans ; & il l'a soutenu constamment jusqu'à la fin de ses jours, ainsi qu'il paroît par les préfaces de son Code diplomatique, & ses observations sur le projet de l'Abbé de Saint-Pierre.

L'Historien de l'Académie exposera plus convenablement & mieux que nous le système de Leibnitz. « Il prétendoit que tous „ les Etats Chrétiens, du moins

seroit en tout temps au pouvoir de l'Eglise de transférer cette Dignité à d'autres Evêques : S'il a voulu, dis-je, insinuer cette opinion, il se trompe, & il ne s'étoit point formé une idée assez juste & assez complette de la Primauté du Saint Siege.

Nous avons fait cette remarque, pour développer & fixer davantage le sens d'une petite note que nous avons faite ailleurs sur le texte de Leibnitz.

„ ceux d'Occident, ne forment
„ qu'un corps dont le Pape est le
„ Chef spirituel, & l'Empereur
„ le Chef temporel ; qu'il appar-
„ tient à l'un & à l'autre une cer-
„ taine juridiction universelle ;
„ que l'Empereur est le général
„ né, le défenseur, l'*avoué* de
„ l'Eglise, principalement contre
„ les infideles, & que de-là lui
„ vient le titre de Sacrée Majesté,
„ & à l'Empire celui de Saint-Em-
„ pire ; & que quoique tout cela
„ ne soit pas de droit divin, c'est
„ une espece de système politi-
„ que formé par le consentement
„ des peuples, & qu'il seroit à
„ souhaiter qui subsistât en son
„ entier..... Cette République
„ chrétienne dont l'Empereur &
„ le Pape sont les Chefs, n'auroit
„ rien d'étonnant, si elle étoit
„ imaginée par un Allemand Ca-
„ tholique ; mais elle l'étoit par
„ un Luthérien: l'esprit de systê-

„ me qu'il possédoit au souverain
„ degré, avoit bien prévalu à l'é-
„ gard de la Religion sur l'esprit
„ de parti. (*Eloge de Leibnitz,*
„ *pag. 6.*)

Apparemment on ne nous accusera pas de donner quelque importance à ce systême, & de vouloir l'accréditer, précisément parce que nous avons rassemblé quelques textes où l'Auteur lui-même le propose & le développe. Les prétentions du Pape & de l'Empereur que Leibnitz osoit défendre, sont aujourd'hui si décréditées; les esprits sont si peu disposés à les reconnoître, qu'on peut innocemment les montrer au public, accompagnées de toutes leurs preuves. Leibnitz fondoit la juridiction temporelle du Pape sur le consentement des peuples: c'est effectivement le fondement le plus apparent qu'on puisse lui donner. Mais qui oseroit soutenir aujourd'hui que ce consentement ait été bien donné ou du moins qu'il subsiste encore ?

Nous ajoutons pour écarter jusqu'aux plus légers soupçons d'*ultramontanisme*, que nous sommes très-attachés aux maximes du Clergé de France, consignées dans sa Déclaration de 1682. Nous la regardons cette Déclaration, comme un monument précieux, même au Saint Siege, dont nous ne doutons pas qu'il ne loue un jour la sagesse & ne réclame l'autorité : parce qu'en même temps qu'on y rejette des prérogatives qui n'ont point de fondement dans l'Evangile, on y établit celles qui sont de droit divin, & sur lesquelles repose l'immuable grandeur du Saint Siege : & si l'Eglise Gallicane y indique d'une main la partie de l'édifice qu'on peut abattre, elle montre de l'autre celle qui doit être à jamais sacrée & in-

PREFACE. xlj

violable. Le moment n'eſt peut-être pas éloigné où l'on adoptera dans les Etats catholiques de l'Europe nos maximes ; & la crainte qu'en pouſſant précipitamment la juridiction du Pape, on ne la faſſe reculer au de-là de ſes juſtes bornes, nous a donné lieu de faire l'obſervation précédente.

Quoique les penſées ſur la Religion & la Morale ayent été le premier objet de nos recherches, & faſſent la partie principale de ce Recueil ; cependant nous leur en avons aſſocié un grand nombre d'autres ſur l'Hiſtoire, la Critique, la Pſycologie, &c. nous avons cru que des Lecteurs qui redoutent juſqu'au nom de Morale & de Religion, liroient peut-être les premieres à la faveur des ſecondes. Celles-ci ſerviront de plus en plus à montrer l'univerſalité des connoiſſances de Leibnitz, la beauté de ſon génie, la ſolidité de ſon jugement, la grandeur de son caractere, la droiture de ses intentions, &c. (*). Il en est plusieurs qui ouvrent des vues nouvelles & importantes; & lors même qu'elles ne font qu'appuyer des sentimens déja reçus du Lecteur, elles sont d'un grand prix. Quelque confiance qu'on ait dans ses propres lumieres, quelque affermi qu'on soit dans un sentiment, on voit avec satisfaction qu'on est d'accord avec un grand homme. La sécurité augmente, l'amour propre est agréablement flatté : & quand il s'agit de faire valoir son sentiment & de l'inculquer aux autres,

―――――

(*) Rien ne fait plus d'honneur au caractere de Leibnitz, que sa façon de penser sur la Médecine & son zele pour ses progrès. Quoiqu'il ne fût pas Médecin, il répétoit sans cesse, que la Médecine est le premier de tous les Arts, celui de tous qui merite le plus & les attentions & les bienfaits du Gouvernement; parce que, disoit-il, *après la religion & la vertu, nous n'avons rien de plus précieux que la santé.*

on est dispensé de raisonner beaucoup. D'un seul mot, on lui acquiert une grande probabilité: & les esprits sont aussitôt disposés à se soumettre, lorsqu'ils entendent dire, *c'est le sentiment de Bacon, de Leibnitz*, &c. car les hommes naturellement paresseux aiment mieux se décider sur des autorités, que sur des raisonnemens.

Il est inutile d'avertir que nous n'avons point mis à contribution pour notre Recueil, la partie mathématique des Œuvres de Leibnitz, & même sa Métaphysique, si on en excepte quelques morceaux de psycologie qui nous ont paru devoir intéresser la curiosité de la plûpart des Lecteurs, & ne point excéder leur intelligence. On en découvre facilement les raisons. Cependant, en faveur de ceux qui désireroient prendre une idée générale de la Philosophie de Leibnitz, & la voir comme dans un tableau, nous en avons traduit & fait imprimer une analyse très-intéressante, à la fin du second Volume. C'est Leibnitz lui-même qui l'a faite dans un temps où toutes les parties de son système devoient être bien digérées, & dans une circonstance où il n'a dû rien négliger, ni pour la clarté, ni pour la méthode.

M. Leibnitz écrivoit bien en François; c'est un témoignage que lui ont rendu M. Bayle & M. de Fontenelle, deux Juges qu'on ne peut récuser sur cette matiere; & M. le Chevalier de Jaucourt, Auteur de sa Vie, va jusqu'à soutenir, qu'*il entendoit si parfaitement le François, & le parloit si purement, qu'on ne sache aucun étranger qui l'ait surpassé* (*). Nous souscrivons très-volontiers à cet éloge, en observant qu'il porte principalement sur la Théo-

(*) Vie de Leibnitz, page 251.

PREFACE. xlv

dicée de notre Auteur, & quelques autres Ecrits qu'il a publiés lui-même : car il est vrai que dans ses Lettres familieres, qu'il ne destinoit pas à voir le jour, & dans ses Œuvres posthumes auxquelles il n'avoit point mis la derniere main, on rencontre de temps en temps des expressions peu correctes, des tours irréguliers & des constructions louches. Nous avons cru pourtant que le respect & la fidélité exigeoient que nous n'entreprissions point de les réformer, d'autant plus que la force & la clarté n'en souffrent jamais : & si nous nous sommes permis de faire disparoître dans notre Ouvrage quelques-unes de ces inexactitudes, ce n'est guere que dans les cas où elles nous ont paru ne devoir être imputées qu'aux Copistes ou aux Imprimeurs étrangers.

Une partie très-considérable

des pensées qui forment ce Recueil, ont été traduites du Latin. Il sera bien facile de vérifier si nous les avons fidellement rendues; parce que nous avons cité avec le soin le plus scrupuleux le tome, la page, & le titre de l'ouvrage dont elles sont extraites. C'est même par ces titres qu'on pourra discerner tout-à-coup les parties qui sont traduites d'avec celles qui ne le sont pas; c'est-à-dire, qu'une citation françoise annoncera que la pensée est tirée d'un Ouvrage françois, & qu'on jugera au contraire qu'elle est traduite du Latin, si la citation est latine.

Nous finirons par prévenir encore le Lecteur sur trois articles.

1°. Quoiqu'il n'y ait aucune des pensées insérées dans ce Recueil qui n'offre quelque trait remarquable, quoiqu'en général leur utilité & leur sagesse ayent

PREFACE. xlvij

déterminé notre choix, nous ne prétendons pourtant pas les adopter & les garantir dans leur totalité. Il en est même quelques-unes où la liaison du discours & la fidélité nous ont contraint de laisser subsister des propositions incidentes, des expressions à travers lesquelles perce le Protestantisme de l'Auteur ; mais elles sont en très-petit nombre, & nous les avons presque toujours accompagnées de notes.

2°. Nous avons mis un ordre & une suite dans les Pensées de notre Auteur : nous les avons même distribuées sous différentes classes, ainsi qu'on peut le remarquer, en jettant un coup d'œil sur la Table ; mais nous ne l'avons point fait avec une justesse & une rigueur scrupuleuses, que l'hétérogénéité des matieres n'exigeoit pas & ne permettoit guere.

3°. La Collection des Œuvres de Leibnitz en six volumes in-4°. publiée par M. Dutens, n'est point le seul fonds où nous ayons puisé ; il existe hors de cette Collection deux Ouvrages de Leibnitz très-considérables, que nous avons aussi mis à profit. Le premier est, *Commercium Philosophicum Joannis Bernoullii & G. G. Leibnitzii*, imprimé à Lausanne, année 1745, en deux volumes in-4°. Le second, porte en titre : *Œuvres Philosophiques Latines & Françoises de feu M. de Leibnitz, tirées de ses Manuscrits, &c. & publiées par Monsieur Raspe, Amsterdam,* 1765. C'est un in-4°. qui ne contient guere que *les Nouveaux Essais sur l'Entendement humain*. C'est celui des Ouvrages de Leibnitz qui nous a fourni plus de matériaux.

ÉLOGE

ÉLOGE
DE MONSIEUR LEIBNITZ.

GODEFROI-GUILLAUME LEIBNITZ naquit à Leipzig en Saxe, le 23 Juin 1649, de Fréderic Leibnitz, Professeur de Morale, & Greffier de l'Université de Leipzig, & de Catherine Schmuck sa troisieme femme, fille d'un Docteur & Professeur en Droit. Paul Leibnitz son grand-oncle avoit été Capitaine en Hongrie, & anobli pour ses services en 1600 par l'Empereur Rodolphe II, qui lui donna les armes que Monsieur Leibnitz portoit.

Il perdit son pere à l'âge de six ans; & sa mere qui étoit une femme de mérite, eut soin de son éducation. Il ne marqua aucune inclination parti-

Tome I. A

culiere pour un genre d'étude plutôt que pour un autre. Il se porta à tout avec une égale vivacité; & comme son pere lui avoit laissé une assez ample bibliotheque de Livres bien choisis, il entreprit, dès qu'il fut assez de latin & de grec, de les lire tous avec ordre, Poëtes, Orateurs, Historiens, Jurisconsultes, Philosophes, Mathématiciens, Théologiens. Il sentit bientôt qu'il avoit besoin de secours, il en alla chercher chez tous les habiles gens de son temps, & même quand il le fallut, assez loin de Leipzig.

Cette lecture universelle & très-assidue, jointe à un grand génie naturel, le fit devenir tout ce qu'il avoit lu : pareil en quelque sorte aux Anciens qui avoient l'adresse de mener jusqu'à huit chevaux attelés de front, il mena de front toutes les Sciences. Ainsi nous sommes obligés de le partager ici, & pour parler philosophiquement, de le décomposer. De plusieurs Hercules, l'antiquité n'en a fait qu'un, & du seul Monsieur Leibnitz nous ferons plusieurs Savans. Encore une raison qui nous détermine à ne pas suivre comme de coutume l'ordre chronologique, c'est que dans les mêmes années il paroissoit de lui des Ecrits sur différentes matieres ; & ce mélange presque perpétuel qui ne produisoit nulle confusion dans ses idées, ces passages brusques & fréquens d'un sujet à un autre tout opposé, qui ne l'embarrassoient pas, mettroient de la confusion & de l'embarras dans cette Histoire.

Monsieur Leibnitz avoit du goût & du talent pour la Poésie. Il savoit les bons Poëtes par cœur ; & dans sa vieillesse même il auroit encore récité Virgile presque tout entier mot pour mot. Il avoit une fois composé en un jour un Ouvrage de trois cents vers latins, sans se permettre une seule élision ; jeu d'esprit, mais jeu difficile. Lorsqu'en 1679, il perdit le Duc Jean Fréderic de Brunswick son protecteur, il fit sur sa mort un Poëme latin, qui est son chef-d'œuvre, & qui mérite d'être compté parmi les plus beaux d'entre les Modernes. Il ne croyoit pas, comme la plupart de ceux qui ont travaillé dans ce genre, qu'à cause qu'on fait des vers en latin, on est en droit de ne point penser & de ne rien dire, si ce n'est peut-être ce que les Anciens ont dit: sa Poésie est pleine de choses; ce qu'il dit lui appartient, il a la force de Lucain, mais de Lucain qui ne fait pas trop d'effort. Un morceau remarquable de ce Poëme est celui où il parle du phosphore dont Brandt étoit l'inventeur. Le Duc de Brunswick, excité par Monsieur Leibnitz, avoit fait venir Brandt à sa Cour pour jouir du phosphore, & le Poëte chante cette merveille jusque-là inouie. *Ce feu inconnu à la nature même, qu'un nouveau Vulcain avoit allumé dans un antre savant, que l'eau conservoit & empêchoit de se rejoindre à la sphere du feu sa patrie, qui ensevelie sous l'eau, dissimuloit son être & sortoit lumineux & brillant de ce tombeau; image de l'ame immortelle & heureuse, &c.* Tout ce que la Fable, tout ce que l'Histoire sainte ou profane, peuvent fournir qui ait rapport au phosphore, tout est employé, le larcin de Prométhée, la robe de Médée, le visage lumineux de Moïse, le feu de Jérémie enfoui quand les Juifs furent emmenés en captivité, les Vestales, les lampes sépulcraies, le combat des Prêtres Egyptiens & Perses ; & quoiqu'il semble qu'en voilà beaucoup, tout cela n'est point entassé, un ordre fin & adroit donne à chaque chose une place qu'on ne sauroit lui ôter, & les différentes idées qui se succedent rapidement ne se succedent qu'à propos. Monsieur Leibnitz faisoit même des vers françois, mais il ne réussissoit pas dans la poésie allemande. Notre préjugé pour notre langue, & l'estime qui est due à ce Poëte, nous pourroient faire croire que ce n'étoit pas tout-à-fait sa faute.

Il étoit très-profond dans l'histoire & dans les intérêts des Princes, qui en sont le résultat politique. Après que Jean Casimir, Roi de Pologne, eut abdiqué la Couronne en 1668, Philippe-Guillaume de Neubourg, Comte Palatin, fut un des Prétendans, & Monsieur Leibnitz fit un Traité sous le nom supposé de *George Vlicovius*, pour prouver que la République ne pouvoit faire un meilleur choix. Cet ouvrage eut beaucoup d'éclat : l'Auteur avoit 22 ans.

Quand on commença à traiter de la paix de Nimegue, il y eut des difficultés sur le cérémonial à l'égard des

Princes libres de l'Empire qui n'étoient pas Electeurs : on ne vouloit pas accorder à leurs Ministres les mêmes titres & les mêmes traitemens qu'à ceux des Princes d'Italie, tels que sont les Ducs de Modene ou de Mantoue. Monsieur Leibnitz publia en leur faveur un Livre intitulé, *Cesarini Furstenerii*, *De jure Suprematûs ac Legationis Principum Germaniæ*, qui parut en 1667. Le faux nom qu'il se donne, signifie qu'il étoit & dans les intérêts de l'Empereur & dans ceux des Princes ; & qu'en soutenant leur dignité, il ne nuisoit point à celle du Chef de l'Empire. Il avoit effectivement sur la Dignité Impériale une idée qui ne pouvoit déplaire qu'aux autres Potentats. Il prétendoit que tous les Etats Chrétiens, du moins ceux d'Occident, ne font qu'un Corps, dont le Pape est le Chef spirituel, & l'Empereur le Chef temporel ; qu'il appartient à l'un & à l'autre une certaine Juridiction universelle ; que l'Empereur est le Général né, le Défenseur, l'*Advoué* de l'Eglise, principalement contre les Infideles, & que de là lui vient le titre de *sacrée Majesté*, & à l'Empire celui de *saint Empire*; & que quoique tout cela ne soit pas de droit divin, c'est une espece de système politique formé par le consentement des peuples, & qu'il seroit à souhaiter qui subsistât en son entier. Il en tire des conséquences avantageuses pour les Princes libres d'Allemagne, qui ne tiennent pas beaucoup plus à l'Empereur que les Rois eux-mêmes n'y devroient tenir. Du moins il prouve très-fortement que leur Souveraineté n'est point diminuée par l'espce de dépendance où ils sont, ce qui est le but de tout l'ouvrage. Cette République Chrétienne, dont l'Empereur & le Pape sont les Chefs, n'auroit rien d'étonnant si elle étoit imaginée par un Allemand Catholique, mais elle l'étoit par un Luthérien : l'esprit de système qu'il possédoit au souverain degré, avoit bien prévalu à l'égard de la Religion sur l'esprit de parti.

Le Livre du faux *Cesarinus Furstenerius* contient non-seulement une infinité de faits remarquables, mais encore quantité de petits faits qui ne regardent que les titres & les cérémonies, assez souvent négligés par les

A iv

plus favans en Hiftoire. On voit que Monfieur Leibnitz dans fa vafte lecture ne méprifoit rien ; & il eft étonnant à combien de Livres médiocres, & prefqu'abfolument inconnus, il avoit fait la grace de les lire : mais il l'eft fur-tout, qu'il ait pu mettre autant d'efprit philofophique dans une matiere fi peu philofophique. Il pofe des définitions exactes, qui le privent de l'agréable liberté d'abufer des termes dans les occafions ; il cherche des points fixes, & en trouve dans les chofes du monde les plus inconftantes & les plus fujettes au caprice des hommes ; il établit des rapports & des proportions, qui plaifent autant que des figures de Rhétorique & perfuadent mieux. On fent qu'il fe tient prefqu'à regret dans les détails où fon fujet l'enchaîne, & que fon efprit prend fon vol dès qu'il le peut, & s'éleve aux vues générales. Ce Livre fut fait & imprimé en Hollande, & réimprimé d'abord en Allemagne jufqu'à quatre fois.

Les Princes de Brunfwick le deftinerent à écrire l'Hiftoire de leur Maifon. Pour remplir ce grand deffein &

ramasser les matériaux nécessaires, il courut toute l'Allemagne, visita toutes les anciennes Abbayes, fouilla dans les Archives des Villes, examina les tombeaux & les autres antiquités, & passa de-là en Italie, où les Marquis de Toscane, de Ligurie, & d'Est, sortis de la même origine que les Princes de Brunswick, avoient eu leurs Principautés & leurs Domaines. Comme il alloit par mer dans une petite barque, seul & sans aucune suite de Venise à Mesola dans le Ferrarois, il s'éleva une furieuse tempête ; le Pilote, qui ne croyoit pas être entendu par un Allemand, & qui le regardoit comme la cause de la tempête, parce qu'il le jugeoit hérétique, proposa de le jeter à la mer, en conservant néanmoins ses hardes & son argent. Sur cela, Monsieur Leibnitz, sans marquer aucun trouble, tira un chapelet, qu'apparemment il avoit pris par précaution, & le tourna d'un air assez dévot. Cet artifice lui réussit ; un Marinier dit au Pilote, que puisque cet homme-là n'étoit pas hérétique, il n'étoit pas juste de le jeter à la mer.

Il fut de retour de ses voyages à

Hanovre en 1690. Il avoit fait une abondante récolte, & plus abondante qu'il n'étoit nécessaire pour l'Histoire de Brunswick; mais une savante avidité l'avoit porté à prendre tout. Il fit de son superflu un ample Recueil dont il donna le premier Volume in-folio en 1693, sous le titre de *Codex Juris Gentium Diplomaticus*. Il l'appella *Code du Droit des Gens*, parce qu'il ne contenoit que des Actes faits par des Nations, ou en leur nom, des Déclarations de guerre, des Manifestes, des Traités de paix ou de treve, des Contrats de mariage de Souverains, &c. & que, comme les Nations n'ont de Lois entr'elles que celles qu'il leur plaît de se faire, c'est dans ces sortes de pieces qu'il faut les étudier. Il mit à la tête de ce Volume une grande Préface bien écrite & encore mieux pensée. Il y fait voir que les Actes de la nature de ceux qu'il donne, sont les véritables sources de l'Histoire autant qu'elle peut être connue; car il sait bien que tout le fin nous en échappe; que ce qui a produit ces Actes publics & mis les hommes en mouvement, ce sont une infinité de petits ressorts cachés, mais très-puissans, quelquefois inconnus à ceux mêmes qu'ils font agir, & presque toujours si disproportionnés à leurs effets, que les plus grands événemens en seroient déshonorés. Il rassemble les traits d'Histoire les plus singuliers que ses Actes lui ont découverts, & il en tire des conjectures nouvelles & ingénieuses sur l'origine des Electeurs de l'Empire, fixés à un nombre. Il avoue que tant de Traités de paix si souvent renouvellés entre les mêmes Nations font leur honte, & il approuve avec douleur l'enseigne d'un Marchand Hollandois, qui ayant mis pour titre, *à la Paix perpétuelle*, avoit fait peindre dans le tableau un cimetiere.

Ceux qui savent ce que c'est que de déchiffrer ces anciens Actes, de les lire, d'en entendre le style barbare, ne diront pas que M. Leibnitz n'a mis du sien dans le *Codex Diplomaticus* que sa belle Préface. Il est vrai qu'il n'y a que ce morceau qui soit de génie, & que le reste n'est que de travail & d'érudition; mais on doit être fort obligé à un homme tel que lui, quand il veut bien, pour l'utilité publique, faire quelque chose qui ne soit pas de génie.

En 1700, parut un Supplément de cet Ouvrge sous le titre de *Mantissa Codicis Juris Gentium Diplomatici*. Il y a mis aussi une Préface, où il donne à tous les Savans qui lui avoient fourni quelques Pieces rares, des louanges dont on sent la sincérité. Il remercie même Monsieur Toinard de l'avoir averti d'une faute dans son premier Volume, où il avoit confondu avec le fameux Christophe Colomb, un Guillaume de Caseneuve, surnommé *Coulomp*, Vice-Amiral sous Louis XI ; erreur si légere & si excusable, que l'aveu n'en seroit guere glorieux sans une infinité d'exemples contraires.

Enfin il commença à mettre au jour en 1707 ce qui avoit rapport à l'Histoire de Brunswick, & ce fut le premier Volume in-folio, *Scriptorum Brunsvicensia illustrantium*, Recueil de Pieces originales qu'il avoit presque toutes dérobées à la poussiere & aux vers, & qui devoient faire le fondement de son Histoire. Il rend compte dans la Préface de tous les Auteurs qu'il donne & des Pieces qui n'ont point de noms d'Auteurs, & en porte des jugemens dont il n'y a pas d'apparence que l'on appelle.

Il avoit fait fur l'Hiſtoire de ce temps-là deux découvertes principales, oppoſées à deux opinions fort établies.

On croit que de ſimples Gouverneurs de pluſieurs grandes Provinces du vaſte Empire de Charlemagne, étoient devenus dans la ſuite des Princes héréditaires ; mais Monſieur Leibnitz ſoutient qu'ils l'avoient toujours été, & par-là anoblit encore les origines des plus grandes Maiſons. Il les enfonce davantage dans cet abyme du paſſé, dont l'obſcurité leur eſt ſi précieuſe.

Le dix & le onzieme ſiecle paſſent pour les plus barbares du Chriſtianiſme ; mais il prétend que ce ſont le treize & le quatorze, & qu'en comparaiſon de ceux-ci, le dixieme fut un ſiecle d'or, du moins pour l'Allemagne. *Au milieu du douze on diſcernoit encore le vrai d'avec le faux ; mais enſuite les fables renfermées auparavant dans les Cloîtres & dans les Légendes ſe débordèrent impétueuſement & inondèrent tout.* Ce ſont à peu près ſes propres termes. Il attribue la principale cauſe du mal à des gens qui, étant pauvres par inſtitut, inventoient par nécessité. Ce qu'il y a de plus étonnant, c'est que les bons Livres n'étoient pas encore alors totalement inconnus. Gervais de Tilbury, que Monsieur Leibnitz donne pour un échantillon du treizieme siecle, étoit assez versé dans l'Antiquité, soit profane, soit ecclésiastique, & n'en est pas moins grossiérement ni moins hardiment romanesque. Après les faits dont il a été témoin oculaire, l'Auteur d'Amadis pouvoit soutenir aussi que son Livre étoit historique. Un homme de la trempe de Monsieur Leibnitz, qui est dans l'étude de l'Histoire, en fait tirer de certaines réflexions générales, élevées au-dessus de l'Histoire même ; & dans cet amas confus & immense de faits, il démêle un ordre & des liaisons délicates qui n'y sont que pour lui. Ce qui l'intéresse le plus, ce sont les origines des Nations, de leurs langues, de leurs mœurs, de leurs opinions, sur-tout l'Histoire de l'Esprit humain, & une succession de pensées qui naissent dans les peuples les unes après les autres, ou plutôt les unes des autres, & dont l'enchaînement bien observé pourroit donner lieu à des efpeces de prophéties.

En 1710 & 1711, parurent deux autres Volumes, *Scriptorum Brunfvicenfia illuftrantium*, & enfin devoit fuivre l'Hiftoire qui n'a point paru, & dont voici le plan.

Il la faifoit précéder par une Differtation fur l'état de l'Allemagne, tel qu'il étoit avant toutes les Hiftoires, & qu'on le pouvoit conjecturer par les monumens naturels qui en étoient reftés, des coquillages pétrifiés dans les terres, des pierres où fe trouvent des empreintes de poiffons ou de plantes, & même de poiffons & de plantes qui ne font point du pays ; médailles inconteftables du Déluge. De-là il paffoit aux plus anciens habitans dont on ait mémoire, aux différens peuples qui fe font fuccédés les uns aux autres dans ces pays, & traitoit de leurs langues & du mélange de ces langues autant qu'on en peut juger par les étymologies, feuls monumens en ces matieres. Enfuite les origines de Brunfwick commençoient à Charlemagne en 769, & fe continuoient par les Empereurs defcendus de lui & par cinq Empereurs de la Maison de Brunswick, Henri I, l'Oiseleur, les trois Othons & Henri II, où elles finissoient en 1025. Cet espace de temps comprenoit les antiquités de la Saxe par la Maison de Witikind, celles de la haute Allemagne par la Maison de Guelfe, celles de la Lombardie par la Maison des Ducs & Marquis de Toscane & de Ligurie. De tous ces anciens Princes sont sortis ceux de Brunswick. Après ces origines venoit la généalogie de la Maison de Guelfe ou de Brunswick, avec une courte, mais exacte Histoire jusqu'au temps présent. Cette généalogie étoit accompagnée de celles des autres grandes Maisons, de la Maison Gibeline, d'Autriche ancienne & nouvelle, de Baviere, &c. Monsieur Leibnitz avançoit, & il étoit trop savant pour être présomptueux, que jusqu'à présent on n'avoit rien vu de pareil sur l'Histoire du moyen âge; qu'il avoit porté une lumiere toute nouvelle dans ces siecles couverts d'une obscurité effrayante, & réformé un grand nombre d'erreurs ou levé beaucoup d'incertitudes. Par exemple, cette Papesse Jeanne, établie d'abord par quelques-uns, détruite par d'autres, enfuite rétablie, il la détruifoit pour jamais, & il trouvoit que cette fable ne pouvoit s'être foutenue qu'à la faveur des ténebres de la chronologie qu'il diffipoit.

Dans le cours de fes recherches il prétendit avoir découvert la véritable origine des François, & en publia une Differtation en 1716. L'illuftre Pere de Tournemine Jéfuite, attaqua fon fentiment, & en foutint un autre avec toute l'érudition qu'il falloit pour combattre un adverfaire auffi favant, & avec toute cette hardieffe qu'un grand adverfaire approuve. Nous n'entrerons point dans cette queftion, elle étoit même affez indifférente felon la réflexion polie du Pere de Tournemine, puifque de quelque façon que ce fût, les François étoient compatriotes de Monfieur Leibnitz.

Monfieur Leibnitz étoit grand Jurifconfulte. Il étoit né dans le fein de la Jurifprudence, & cette fcience eft plus cultivée en Allemagne qu'en aucun autre pays. Ses premieres études furent principalement tournées de ce côté-là, la vigueur naiffante de fon efprit y fut employée. A l'âge de vingt ans il voulut se faire passer Docteur en Droit à Leipzig; mais le Doyen de la Faculté, poussé par sa femme, le refusa sous prétexte de sa jeunesse. Cette même jeunesse lui avoit peut-être attiré la mauvaise humeur de la femme du Doyen. Quoi qu'il en soit, il fut vengé de sa patrie par l'applaudissement général avec lequel il fut reçu Docteur la même année à Altorf dans le territoire de Nuremberg. La these qu'il soutint étoit, *De Casibus perplexis in Jure*. Elle fut imprimée dans la suite avec deux autres petits Traités de lui, *Specimen Encyclopædiæ in Jure*, feu *quæstiones Philosophiæ amœniores ex Jure collectæ & Specimen certitudinis seu demonstrationum in Jure exhibitum in doctrina conditionum*. Il savoit déjà rapprocher les différentes Sciences, & tirer des lignes de communication des unes aux autres.

A l'âge de 22 ans, qui est l'époque que nous avons déjà marquée pour le Livre de *George Vlicovius*, il dédia à l'Electeur de Mayence, Jean-Philippe de Schomborn, une nouvelle Méthode d'apprendre & d'enseigner la Jurisprudence. Il y ajoutoit une Liste de ce qui manque encore au Droit, *Catalogum defideratorum in Jure*, & promettoit d'y suppléer. Dans la même année il donna son projet pour réformer tout le Corps du Droit, *Corporis Juris reconcinnandi ratio*. Les différentes matieres du Droit sont effectivement dans une grande confusion ; mais sa tête en les recevant les avoit arrangées, elles s'étoient refondues dans cet excellent moule, & elles auroient beaucoup gagné à reparoître sous la forme qu'elles y avoient prise.

Quand il donna les deux Volumes de son *Codex Diplomaticus*, il ne manqua pas de remonter aux premiers principes du Droit Naturel & du Droit des Gens. Le point de vue où il se plaçoit étoit toujours fort élevé, & de-là il découvroit toujours un grand pays, dont il voyoit tout le détail d'un coup d'œil. Cette théorie générale de Jurisprudence, quoique fort courte, étoit si étendue, que la question du Quiétisme, alors fort agitée en France, s'y trouvoit naturellement dès l'entrée, & la décision de Monsieur Leibnitz fut conforme à celle du Pape.

Nous voici enfin arrivés à la partie de son mérite qui intéresse le plus cette Compagnie ; il étoit excellent Philosophe & Mathématicien. Tout ce que renferment ces deux mots, il l'étoit.

Quand il eut été reçu Docteur en Droit à Altorf, il alla à Nuremberg pour y voir des Savans. Il apprit qu'il y avoit dans cette ville une Société fort cachée de gens qui travailloient en Chimie, & cherchoient la Pierre philosophale. Aussi-tôt le voilà possédé du désir de profiter de cette occasion pour devenir Chimiste ; mais la difficulté étoit d'être initié dans les mystères. Il prit des Livres de Chimie, en rassembla les expressions les plus obscures & qu'il entendoit le moins, en composa une Lettre inintelligible pour lui-même, & l'adressa au Directeur de la Société secrette, demandant à y être admis sur les preuves qu'il donnoit de son grand savoir. On ne douta point que l'Auteur de la Lettre ne fût un *Adepte*, ou à peu près ; il fut reçu avec honneur dans le Laboratoire, & prié d'y faire les fonctions de Secrétaire. On lui offrit même une pension. Il s'instruisit beaucoup avec eux pendant qu'ils croyoient s'inſtruire avec lui ; apparemment il leur donnoit pour des connoiſſances acquiſes par un long travail les vues que ſon génie naturel lui fourniſſoit ; & enfin il paroît hors de doute, que quand ils l'auroient reconnu, ils ne l'auroient pas chaſſé.

En 1670, Monſieur Leibnitz, âgé de 24 ans, ſe déclara publiquement Philoſophe dans un Livre dont voici l'hiſtoire.

Marius Nizolius de Berſello dans l'Etat de Modene, publia en 1553 un Traité, *De veris Principiis, & vera ratione philoſophandi contra Pſeudophiloſophos*. Les faux Philoſophes étoient tous les Scholaſtiques paſſés & préſens, & Nizolius s'élevoit avec la derniere hardieſſe contre leurs idées monſtrueuſes & leur langage barbare, juſques-là qu'il traitoit Saint Thomas lui-même de borgne entre des aveugles. La longue & conſtante admiration qu'on a eue pour Ariſtote, ne prouve, diſoit-il, que la multitude des ſots & la durée de la ſottiſe. La bile de l'Auteur étoit encore animée par quelques conteſtations particulieres avec des Ariſtotéliciens.

Ce Livre qui, dans le temps où il parut, n'avoit pas dû être indifférent, étoit tombé dans l'oubli; soit parce que l'Italie avoit eu intérêt à l'étouffer, & qu'à l'égard des autres pays, ce qu'il avoit de vrai, n'étoit que trop clair & trop prouvé; soit parce qu'effectivement la dose des paroles y est beaucoup trop forte par rapport à celle des choses. Monsieur Leibnitz jugea à propos de le mettre au jour avec une Préface & des Notes.

La Préface annonce un Editeur & un Commentateur d'une espece fort singuliere. Nul respect aveugle pour son Auteur; nulles raisons forcées pour en relever le mérite, ou pour en couvrir les défauts. Il le loue, mais seulement par la circonstance du temps où il a écrit, par le courage de son entreprise, par quelques vérités qu'il a apperçues, mais il y reconnoît de faux raisonnemens & des vues imparfaites; il le blâme de ses excès & de ses emportemens à l'égard d'Aristote, qui n'est pas coupable des rêveries de ses prétendus Disciples, & même à l'égard de Saint Thomas, dont la gloire pouvoit n'être pas si chere à un Luthérien.

Enfin il est aisé de s'appercevoir que le Commentateur doit avoir un mérite fort indépendant de celui de l'Auteur original.

Il paroît aussi qu'il avoit lu des Philosophes sans nombre. L'histoire des pensées des hommes, certainement curieuse par le spectacle d'une variété infinie, est aussi quelquefois instructive. Elle peut donner de certaines idées détournées du chemin ordinaire, que le plus grand esprit n'auroit pas produites de son fonds ; elle fournit des matériaux de pensées ; elle fait connoître les principaux écueils de la raison humaine ; marque les routes les plus sûres ; &, ce qui est le plus considérable, elle apprend aux plus grands génies qu'ils ont eu des pareils, & que leurs pareils se sont trompés. Un Solitaire peut s'estimer davantage que ne fera celui qui vit avec les autres & qui s'y compare.

Monsieur Leibnitz avoit tiré ce fruit de sa grande lecture ; il en avoit l'esprit plus exercé à recevoir toutes sortes d'idées, plus susceptible de toutes les formes, plus accessible à ce qui lui étoit nouveau, & même opposé, plus indulgent pour la foibleffe humaine, plus difpofé aux interprétations favorables, & plus induftrieux à les trouver. Il donna une preuve de ce caractere dans une Lettre, *De Aiiftotele Recentioribus reconciliabili*, qu'il imprima avec le Nizolius. Là il ofe parler avantageufement d'Ariftote, quoique ce fût une mode affez générale que de le décrier, & prefque un titre d'efprit. Il va même jufqu'à dire qu'il approuve plus de chofes dans fes ouvrages que dans ceux de Defcartes. Ce n'eft pas qu'il ne regardât la Philofophie corpufculaire, ou mécanique, comme la feule légitime, mais on n'eft pas Cartéfien pour cela ; & il prétendoit que le véritable Ariftote, & non pas celui des Scholaftiques, n'avoit pas connu d'autre Philofophie. C'eft par là qu'il fait la réconciliation. Il ne le juftifie que fur les principes généraux, l'effence de la matiere, le mouvement, &c. mais il ne touche point à tout le détail immenfe de la Phyfique, fur quoi il femble que les Modernes feroient bien généreux, s'ils vouloient fe mettre en communauté de biens avec Ariftote.

Dans

Dans l'année qui suivit celle de l'édition du Nizolius, c'est à-dire en 1671, âgé de 25 ans, il publia deux petits Traités de Physique, *Theoria Motûs abstracti*, dédié à l'Académie des Sciences ; & *Theoria Motûs concreti*, dédié à la Société Royale de Londres. Il semble qu'il ait craint de faire de la jalousie.

Le premier de ces Traités est une Théorie très-subtile & presque toute neuve du Mouvement en général. Le second est une application du premier à tous les Phénomenes. Tous deux ensemble font une Physique générale complette. Il dit lui-même qu'il croit *que son Systême réunit & concilie tous les autres, supplée à leurs imperfections, étend leurs bornes, éclaircit leurs obscurités, & que les Philosophes n'ont plus qu'à travailler de concert sur ces principes, & à descendre dans des explications plus particulieres, qu'ils porteront dans le trésor d'une solide Philosophie*. Il est vrai que ses idées sont simples, étendues, vastes. Elles partent d'abord d'une grande universalité, qui en est comme le tronc, & ensuite se divisent, se subdivisent, &

pour ainsi dire se ramifient presqu'à l'infini, avec un agrément inexprimable pour l'esprit & qui aide à la persuasion : c'est ainsi que la Nature pourroit avoir pensé.

Dans ces deux ouvrages il admettoit du vuide, & regardoit la matiere comme une simple étendue absolument indifférente au mouvement & au repos ; il a depuis changé de sentiment sur ces deux points. A l'égard du dernier, il étoit venu à croire que pour découvrir l'essence de la matiere, il falloit aller au-delà de l'étendue, & y concevoir une certaine force qui n'est plus une simple grandeur géométrique. C'est la fameuse & obscure Entélechie d'Aristote, dont les Scholastiques ont fait les formes substantielles, & toute substance a une force selon sa nature. Celle de la matiere est double, une tendance naturelle au mouvement, & une résistance au mouvement imprimé d'ailleurs. Un corps peut paroître en repos, parce que l'effort qu'il fait pour se mouvoir, est réprimé ou contre-balancé par les corps environnans ; mais il n'est jamais réellement ou absolument en repos, parce qu'il n'est jamais sans cet effort pour se mouvoir.

Descartes avoit vu très-ingénieusement que malgré les chocs innombrables des corps & les distributions inégales de mouvement qui se font sans cesse des uns aux autres, il devoit y avoir au fond de tout cela quelque chose d'égal, de constant, de perpétuel, & il a cru que c'étoit la quantité de mouvement dont la mesure est le produit de la masse par la vîtesse. Au lieu de cette quantité de mouvement, Monsieur Leibnitz mettoit la force, dont la mesure est le produit de la masse par les hauteurs auxquelles cette force peut élever un corps pesant; or ces hauteurs sont comme les quarrés des vîtesses. Sur ce principe il prétendoit établir une nouvelle *Dynamique*, ou science des forces; & il soutenoit que de celui de Descartes s'ensuivoit la possibilité du mouvement perpétuel artificiel, ou d'un effet plus grand que sa cause, conséquence qui ne se peut digérer ni en Mécanique, ni en Métaphysique.

Il fut fort attaqué par les Cartésiens, sur-tout par Messieurs l'Abbé Catelan

& Papin. Il répondit avec vigueur; cependant il ne paroît pas que son sentiment ait prévalu; la matiere est demeurée sans force, du moins active, & l'Entélechie sans application & sans usage. Si Monsieur Leibnitz ne l'a pas rétablie, il n'y a guere d'apparence qu'elle se releve jamais.

Il avoit encore sur la Physique générale une pensée particuliere & contraire à celle de Descartes. Il croyoit que les causes finales pouvoient quelquefois être employées: par exemple, que le rapport des Sinus d'incidence & de réfraction étoit constant, parce que Dieu vouloit qu'un rayon qui doit se détourner, allât d'un point à un autre par deux chemins, qui, pris ensemble, lui fissent employer moins de temps que tous les autres chemins possibles, ce qui est plus conforme à la souveraine Sagesse. La puissance de Dieu a fait tout ce qui peut être de plus grand, & sa sagesse tout ce qui peut être de mieux ou de meilleur; l'univers n'est que le résultat total, la combinaison perpétuelle, le mélange intime de ce plus grand & de ce meilleur, & on ne peut le connoître qu'en connoissant les deux enfemble. Cette idée qui eſt certainement grande & noble, & digne de l'objet, demanderoit dans l'application une extrême dextérité & des ménagemens infinis. Ce qui appartient à la ſageſſe du Créateur, ſemble être encore plus au-deſſus de notre foible portée, que ce qui appartient à ſa puiſſance.

Il ſeroit inutile de dire que Monſieur Leibnitz étoit un Mathématicien du premier ordre, c'eſt par là qu'il eſt le plus généralement connu. Son nom eſt à la tête des plus ſublimes Problêmes qui ayent été réſolus de nos jours, & il eſt mêlé dans tout ce que la Géométrie moderne a fait de plus grand, de plus difficile & de plus important. Les Actes de Leipzig, les Journaux des Savans, nos Hiſtoires ſont pleines de lui en tant que Géometre. Il n'a publié aucun corps d'ouvrages de Mathématique, mais ſeulement quantité de morceaux détachés dont il auroit fait des Livres s'il avoit voulu, & dont l'eſprit & les vues ont ſervi à beaucoup de Livres. Il diſoit qu'il aimoit à voir croître dans les jardins d'autrui des plantes dont il avoit fourni les graines.

B iij

Ces graines sont souvent plus à estimer que les plantes même ; l'art de découvrir en Mathématique est plus précieux que la plupart des choses qu'on découvre.

L'Histoire du Calcul différentiel, ou des infiniment-petits, suffira pour faire voir quel étoit son génie. On sait que cette découverte porte nos connoissances jusques dans l'infini, & presqu'au-delà des bornes prescrites à l'esprit humain, du moins infiniment audelà de celles où étoit renfermée l'ancienne Géométrie. C'est une science toute nouvelle, née de nos jours, très-étendue, très-subtile & très-sure. En 1684, Monsieur Leibnitz donna dans les Actes de Leipzig les regles du Calcul différentiel; mais il en cacha les démonstrations. Les illustres Freres Bernoulli les trouverent, quoique fort difficiles à découvrir, & s'exercerent dans ce Calcul avec un succès surprenant. Les solutions les plus élevées, les plus hardies, & les plus inespérées naissoient sous leurs pas. En 1687, parut l'admirable Livre de M. Newton, *Des Principes Mathématiques de la Philosophie naturelle*, qui étoit presque entiérement fondé sur ce même Calcul; de sorte que l'on crut communément que Monsieur Leibnitz & lui l'avoient trouvé chacun de leur côté par la conformité de leurs grandes lumieres.

Ce qui aidoit encore à cette opinion, c'est qu'ils ne se rencontroient que sur le fond des choses; ils leur donnoient des noms différens, & se servoient de différens caracteres dans leur Calcul. Ce que Monsieur Newton appelloit *Fluxions*, Monsieur Leibnitz l'appelloit *Différences*; & le caractere par lequel Monsieur Leibnitz marquoit l'infiniment-petit, étoit beaucoup plus commode & d'un plus grand usage que celui de Monsieur Newton. Aussi ce nouveau Calcul ayant été avidement reçu par toutes les Nations savantes, les noms & les caracteres de Monsieur Leibnitz ont prévalu par-tout, hormis en Angleterre. Cela même faisoit quelqu'effet en faveur de M. Leibnitz, & eût accoutumé insensiblement les Géometres à les regarder comme seul ou principal inventeur.

Cependant ces deux grands hommes, sans se rien disputer, jouissoient du glorieux spectacle des progrès qu'on leur devoit ; mais cette paix fut enfin troublée. En 1699, Monsieur Fatio ayant dit dans son Ecrit sur la *Ligne de la plus courte descente*, qu'il étoit obligé de reconnoître Monsieur Newton pour le premier inventeur du Calcul différentiel, & de plusieurs années le premier, & qu'il laissoit à juger si Monsieur Leibnitz, second inventeur, avoit pris quelque chose de lui; cette distinction si nette de premier & de second inventeur, & ce soupçon qu'on insinuoit, exciterent une contestation entre Monsieur Leibnitz, soutenu des Journalistes de Leipzig, & les Géometres Anglois déclarés pour Monsieur Newton, qui ne paroissoit point sur la scene. Sa gloire étoit devenue celle de la Nation, & ses partisans n'étoient que de bons citoyens qu'il n'avoit pas besoin d'animer. Les Ecrits se sont succédés lentement de part & d'autre, peut-être à cause de l'éloignement des lieux ; mais la contestation ne laissoit pas de s'échauffer toujours ; & enfin elle vint au point, qu'en 1711, Monsieur Leibnitz se plaignit à la Société Royale de ce que Monsieur Keill l'accusoit d'avoir donné sous d'autres noms & d'autres caracteres le Calcul des Fluxions inventé par M. Newton. Il soutenoit que personne ne savoit mieux que M. Newton qu'il ne lui avoit rien dérobé, & il demandoit que M. Keill désavouât publiquement le mauvais sens que pouvoient avoir ses paroles.

La Société établie Juge du procès, nomma des Commissaires pour examiner toutes les anciennes Lettres des savans Mathématiciens que l'on pouvoit retrouver & qui regardoient cette matiere. Il y en avoit des deux partis. Après cet examen, les Commissaires trouverent qu'il ne paroissoit pas que Monsieur Leibnitz eût rien connu du Calcul différentiel, ou des infiniment-petits, avant une Lettre de Monsieur Newton écrite en 1672, qui lui avoit été envoyée à Paris, & où la Méthode des fluxions étoit assez expliquée pour donner toutes les ouvertures nécessaires à un homme aussi intelligent; que même Monsieur Newton avoit inventé sa Méthode avant 1669, & par conséquent quinze ans avant que Monsieur Leibnitz eût rien donné sur ce sujet dans les Actes de Leipzig; & de-là ils concluoient que M. Keill n'avoit nullement calomnié M. Leibnitz.

La Société a fait imprimer ce jugement avec toutes les pieces qui y appartenoient sous le titre de *Commercium Epiſtolicum de Analyſi promota*, 1712. On l'a diſtribué par toute l'Europe, & rien ne fait plus d'honneur au ſyſtême des infiniment-petits, que cette jalouſie de s'en aſſurer la découverte, dont toute une Nation ſi ſavante eſt poſſédée; car encore une fois, Monſieur Newton n'a point paru, ſoit qu'il ſe ſoit repoſé de ſa gloire ſur des compatriotes aſſez vifs, ſoit comme on le peut croire d'un auſſi grand homme, qu'il ſoit ſupérieur à cette gloire même.

Monſieur Leibnitz, ou ſes amis, n'ont pas pu avoir la même indifférence; il étoit accuſé d'un vol, & tout le *Commercium Epiſtolicum*, ou le dit nettement, ou l'inſinue. Il eſt vrai que ce vol ne peut avoir été que très ſubtil, & qu'il ne faudroit pas d'autre preuve d'un grand génie que de l'avoir fait; mais enfin il vaut mieux ne l'avoir pas fait, & par rapport au génie, & par rapport aux mœurs.

Après que le jugement d'Angleterre fut public, il parut un Ecrit d'une seule feuille volante du 29 Juillet 1713 ; il est pour Monsieur Leibnitz, qui étant alors à Vienne, ignoroit ce qui se passoit. Il est très-vif, & soutient hardiment que le Calcul des fluxions n'a point précédé celui des différences, & insinue même qu'il pourroit en être né.

Le détail des preuves de part & d'autre seroit trop long, & ne pourroit même être entendu sans un Commentaire infiniment plus long, qui entreroit dans la plus profonde Géométrie.

Monsieur Leibnitz avoit commencé à travailler à un *Commercium Mathematicum*, qu'il devoit opposer à celui d'Angleterre. Ainsi quoique la Société Royale puisse avoir bien jugé sur les pieces qu'elle avoit, elle ne les avoit donc pas toutes ; & jusqu'à ce qu'on ait vu celles de Monsieur Leibnitz, l'équité veut que l'on suspende son jugement.

En général, il faut des preuves d'une extrême évidence pour convaincre un homme tel que lui d'être plagiaire le moins du monde ; car c'est là toute la question. Monsieur Newton est certainement inventeur, & sa gloire est en sûreté.

Les gens riches ne dérobent pas, & combien Monsieur Leibnitz l'étoit-il ?

Il a blâmé Descartes de n'avoir fait honneur ni à Kepler de la cause de la pesanteur tirée des forces centrifuges, & de la découverte de l'égalité des angles d'incidence & de réflexion ; ni à Snellius du rapport constant des sinus des angles d'incidence & de réfraction : *Petits artifices*, dit-il, *qui lui ont fait perdre beaucoup de véritable gloire auprès de ceux qui s'y connoissent.* Auroit-il négligé cette gloire qu'il connoissoit si bien ? Il n'avoit qu'à dire d'abord ce qu'il devoit à M. Newton, il lui en restoit encore une fort grande sur le fond du sujet, & il y gagnoit de plus celle de l'aveu.

Ce que nous supposons qu'il eût fait dans cette occasion, il l'a fait dans une autre. L'un des Messieurs Bernoulli ayant voulu conjecturer quelle étoit l'Histoire de ses Méditations Mathématiques, il l'expose naïvement dans le mois de Septembre 1691 des Actes de Leipzig. Il dit qu'il étoit encore entiérement neuf dans la profonde Géométrie, étant à Paris en 1672, qu'il y connut l'illustre Monsieur Huygens qui étoit après Galilée & Descartes, celui à qui il devoit le plus en ces matieres ; que la lecture de son Livre, *de Horologio oscillatorio*, jointe à celle des ouvrages de Pascal & de Grégoire de Saint-Vincent, lui ouvrit tout d'un coup l'esprit, & lui donna des vues qui l'étonnerent lui-même, & tous ceux qui savoient combien il étoit encore neuf ; qu'aussi-tôt ils s'offrit à lui un grand nombre de théoremes, qui n'étoient que des corollaires d'une méthode nouvelle, & dont il trouva depuis une partie dans les ouvrages de Grégory, de Barrow & quelques autres ; qu'enfin il avoit pénétré jusqu'à des sources plus éloignées & plus fécondes, & avoit soumis à l'analyse ce qui ne l'avoit jamais été. C'est son Calcul dont il parle. Pourquoi dans cette Histoire qui paroît si sincere, & si exempte de vanité, n'auroit-il pas donné place à M. Newton ? Il est plus naturel de croire que ce qu'il pouvoit avoir vu de lui en 1672, il ne l'avoit pas entendu aussi finement qu'il en est accusé, puisqu'il n'étoit pas encore grand Géometre.

Dans la Théorie du Mouvement abstrait, qu'il dédia à l'Académie en 1671, & avant que d'avoir encore rien vu de Monsieur Newton, il pose déjà des infiniment-petits plus grands les uns que les autres. C'est là une des clefs du Système, & ce principe ne pouvoit guere demeurer stérile entre ses mains.

Quand le Calcul de M. Leibnitz parut en 1684, il ne fut point réclamé; Monsieur Newton ne le revendiqua point dans son beau Livre qui parut en 1687; il est vrai qu'il a la générosité de ne le revendiquer pas non plus à présent; mais ses amis plus zélés que lui pour ses intérêts auroient pu agir en sa place, comme ils agissent aujourd'hui. Dans tous les Actes de Leipzig, Monsieur Leibnitz est en une possession paisible & non interrompue de l'invention du Calcul différentiel. Il y déclare même que Messieurs Bernoulli l'avoient si heureusement cultivé, qu'il leur appartenoit autant qu'à lui. C'est là un acte de propriété, & en quelque sorte de souveraineté.

On ne sent aucune jalousie dans Monsieur Leibnitz. Il excite tout le monde à travailler ; il se fait des concurrens, s'il le peut ; il ne donne point de ces louanges bassement circonspectes qui craignent d'en trop dire ; il se plaît au mérite d'autrui ; tout cela n'est pas d'un plagiaire. Il n'a jamais été soupçonné de l'être en aucune autre occasion ; il se seroit donc démenti cette seule fois, & auroit imité le Héros de Machiavel, qui est exactement vertueux jusqu'à ce qu'il s'agisse d'une Couronne. La beauté du Système des infiniment-petits justifie cette comparaison.

Enfin il s'en est remis avec une grande confiance au témoignage de M. Newton, & au jugement de la Société Royale. L'auroit-il osé ?

Ce ne sont là que de simples présomptions, qui devront toujours céder à de véritables preuves. Il n'appartient pas à un Historien de décider, & encore moins à moi. Atticus se seroit bien gardé de prendre parti entre ce César & ce Pompée.

Il ne faut pas dissimuler ici une chose assez singuliere. Si Monsieur Leibnitz n'est pas de son côté, aussi bien que Monsieur Newton l'inventeur du Système des infiniment-petits, il s'en faut infiniment peu. Il a connu cette infinité d'ordres d'infiniment-petits, toujours infiniment plus petits les uns que les autres, & cela dans la rigueur géométrique; & les plus grands Géometres ont adopté cette idée dans toute cette rigueur. Il semble cependant qu'il en ait ensuite été effrayé lui-même, & qu'il ait cru que ces différens ordres d'infiniment-petits n'étoient que des grandeurs *incomparables*, à cause de leur extrême inégalité, comme le seroient un grain de sable & le globe de la Terre, la Terre & la Sphere qui comprend les Planetes, &c. Or ce ne seroit là qu'une grande inégalité, mais non pas infinie, telle qu'on l'établit dans ce Système. Aussi ceux même qui l'ont pris de lui, n'en ont ils pas pris cet adoucissement qui gâteroit tout. Un Architecte a fait un bâtiment si hardi, qu'il n'ose lui-même y loger, & il se trouve des gens qui se fient plus que lui à sa solidité, qui y logent sans crainte, & qui plus est sans accident.

Mais peut-être l'adouciffement n'étoit-il qu'une condefcendance pour ceux dont l'imagination fe feroit révoltée. S'il faut tempérer la vérité en Géométrie, que fera-ce en d'autres matieres?

Il avoit entrepris un grand ouvrage, *De la Science de l'Infini.* C'étoit toute la plus fublime Géométrie, le Calcul intégral joint au différentiel. Apparemment il y fixoit fes idées fur la nature de l'infini & fur fes différens ordres; mais quand même il feroit poffible qu'il n'eût pas pris le meilleur parti bien déterminément, on eût préféré les lumieres qu'on tenoit de lui à fon autorité. C'eft une perte confidérable pour les Mathématiques que cet ouvrage n'ait pas été fini. Il eft vrai que le plus difficile paroît fait; il a ouvert les grandes routes, mais il pouvoit encore ou y fervir de guide, ou en ouvrir de nouvelles.

De cette haute théorie il defcendoit fouvent à la pratique, où fon amour pour le bien public le ramenoit. Il avoit fongé à rendre les voitures & les carroffes plus légers & plus commodes; & de-là un Docteur qui fe prenoit à lui de n'avoir pas eu une pension du Duc d'Hanovre, prit occasion de lui imputer dans un Ecrit public, qu'il avoit eu dessein de construire un chariot, qui auroit fait en vingt-quatre heures le voyage de Hanovre à Amsterdam : plaisanterie malentendue, puisqu'elle ne peut tourner qu'à la gloire de celui qu'on attaque, pourvu qu'il ne soit pas absolument insensé.

Il avoit proposé un moulin-à-vent pour épuiser l'eau des mines le plus profondes, & avoit beaucoup travaillé à cette machine; mais les ouvriers eurent leurs raisons pour en traverser le succès par toutes sortes d'artifices. Ils furent plus habiles que lui, & l'emporterent.

On doit mettre au rang des inventions plus curieuses qu'utiles, une machine arithmétique différente de celle de Monsieur Pascal, à laquelle il a travaillé toute sa vie à diverses reprises. Il ne l'a entiérement achevée que peu de temps avant sa mort, & il y a extrêmement dépensé.

Il étoit Métaphysicien, & c'étoit une chose presqu'impossible qu'il ne le fût pas, il avoit l'esprit trop universel. Je n'entends pas seulement universel, parce qu'il alloit à tout, mais encore parce qu'il saisissoit dans tous les principes les plus élevés & les plus généraux, ce qui est le caractere de la Métaphysique. Il avoit projeté d'en faire une toute nouvelle, & il en a répandu çà & là différens morceaux, selon sa coutume.

Ses grands principes étoient que rien n'existe ou ne se fait sans une raison suffisante; que les changemens ne se font point brusquement & par sauts, mais par degrés & par nuances, comme dans des suites de nombres, ou dans des courbes; que dans tout l'univers, comme nous l'avons déjà dit, un meilleur est mêlé par-tout avec un plus grand, ou, ce qui revient au même, les lois de convenance avec les lois nécessaires ou géométriques. Ces principes si nobles & si spécieux ne sont pas aisés à appliquer; car dès qu'on est hors du nécessaire rigoureux & absolu, qui n'est pas bien commun en Métaphysique, le suffisant, le convenable, un degré, ou un saut, tout cela pourroit bien être un peu arbitraire;

& il faut prendre garde que ce ne soit le besoin du Systême qui décide.

Sa maniere d'expliquer l'union de l'ame & du corps par une *harmonie préétablie*, a été quelque chose d'imprévu & d'inespéré sur une matiere où la Philosophie sembloit avoir fait ses derniers efforts. Les Philosophes, aussi bien que le peuple, avoient cru que l'ame & le corps agissoient réellement & physiquement l'un sur l'autre. Descartes vint, qui prouva que leur nature ne permettoit point cette sorte de communication véritable, & qu'ils n'en pouvoient avoir qu'une apparente, dont Dieu étoit le Médiateur. On croyoit qu'il n'y avoit que ces deux Systêmes possibles, M. Leibnitz en imagina un troisieme. Une ame doit avoir par elle-même une certaine suite de pensées, de désirs, de volontés. Un corps qui n'est qu'une machine, doit avoir par lui-même une certaine suite de mouvemens, qui seront déterminés par la combinaison de sa disposition machinale avec les impressions des corps extérieurs. S'il se trouve une ame & un corps tels que toute la suite des volontés de l'ame d'une part, & de l'autre toute la suite des mouvemens du corps se répondent exactement; & que dans l'instant, par exemple, que l'ame voudra aller dans un lieu, les deux pieds du corps se meuvent machinalement de ce côté-là, cette ame & ce corps auront un rapport, non par une action réelle de l'un sur l'autre, mais par la correspondance perpétuelle des actions séparées de l'un & de l'autre. Dieu aura mis ensemble l'ame & le corps qui avoient entr'eux cette correspondance antérieure à leur union, cette *harmonie préétablie*. Et il en faut dire autant de de tout ce qu'il y a jamais eu, & de tout ce qu'il y aura jamais d'ames & de corps unis.

Ce Systême donne une merveilleuse idée de l'intelligence infinie du Créateur; mais peut-être cela même le rend il trop sublime pour nous. Il a toujours pleinement contenté son Auteur; cependant il n'a pas fait jusqu'ici, & il ne paroît pas devoir faire la même fortune que celui de Descartes. Si tous les deux succomboient aux objections, il faudroit, ce qui seroit bien pénible pour les Philosophes, qu'ils renonçassent à se tourmenter davantage sur l'union de l'ame & du corps. Monsieur Descartes & Monsieur Leibnitz les justifieroient de n'en plus chercher le secret.

Monsieur Leibnitz avoit encore sur la Métaphysique beaucoup d'autres pensées particulieres. Il croyoit, par exemple, qu'il y a par-tout des substances simples, qu'il appelloit *Monades* ou *Unités*, qui sont les vies, les ames, les esprits, qui peuvent dire *moi*; qui selon le lieu où elles sont, reçoivent des impressions de tout l'univers, mais confuses, à cause de leur multitude; ou qui, pour employer à peu près ses propres termes, sont des miroirs sur lesquels tout l'univers rayonne selon qu'ils lui sont exposés. Par là il expliquoit les perceptions. Une monade est d'autant plus parfaite, qu'elle a des perceptions plus distinctes. Les monades qui sont des ames humaines, ne sont pas seulement des miroirs de l'univers des créatures, mais des miroirs ou images de Dieu même; & comme en vertu de la raison & des vérités éternelles elles entrent en une espece de société avec lui, elles deviennent Membres de la Cité de Dieu. Mais c'eſt faire tort à ces ſortes d'idées, que d'en détacher quelques-unes de tout le Syſtême, & d'en rompre le précieux enchaînement, qui les éclaircit & les fortifie. Ainſi nous n'en dirons pas davantage; & peut-être ce peu que nous avons dit, eſt-il de trop, parce qu'il n'eſt pas le tout.

On trouvera un aſſez grand détail de la Métaphyſique de M. Leibnitz dans un Livre imprimé à Londres en 1717. C'eſt une diſpute commencée en 1715, entre lui & le fameux Monſieur Clarke, & qui n'a été terminée que par la mort de Monſieur Leibnitz. Il s'agit entr'eux de l'eſpace & du temps, du vuide & des atomes, du naturel & du ſurnaturel, de la liberté, &c. Car, heureuſement pour le public, la conteſtation en s'échauffant venoit toujours à embraſſer plus de terrein. Les deux ſavans adverſaires devenoient plus forts à proportion l'un de l'autre; & les ſpectateurs qu'on accuſe d'être cruels, ſeront fort excuſables de regretter que ce combat ſoit ſi-tôt fini; on eût vu le bout des matieres, ou qu'elles n'ont point de bout.

Enfin, pour terminer le détail des qualités acquifes de Monfieur Leibnitz, il étoit Théologien, non pas feulement en tant que Philofophe, ou Métaphyficien, mais Théologien dans le fens étroit ; il entendoit les différentes parties de la Théologie Chrétienne, que les fimples Philofophes ignorent communément à fond : il avoit beaucoup lu & les Peres & les Scholaftiques.

En 1671, année où il donna les deux Théories du Mouvement abftrait & concret, il répondit aufli à un favant Socinien, petit-fils de Socin, nommé Wiffowatius, qui avoit employé contre la Trinité la dialectique fubtile dont cette Secte fe pique, & qu'il avoit apprife prefqu'avec la langue de fa nourrice. Monfieur Leibnitz fit voir dans un Ecrit intitulé : *Sacro-fancta Trinitas per nova inventa Logica defenfa*, que la Logique ordinaire a de grandes défectuofités ; qu'en la fuivant, fon adverfaire pouvoit avoir eu quelques avantages ; mais que fi on la réformoit, il les perdoit tous ; &
que

que par conséquent la véritable Logique étoit favorable à la foi des Orthodoxes.

On étoit si persuadé de sa capacité en Théologie, que comme on avoit proposé vers le commencement de ce siecle un mariage entre un grand Prince Catholique & une Princesse Luthérienne, il fut appellé aux Conférences qui se tinrent sur les moyens de se concilier à l'égard de la Religion. Il n'en résulta rien, sinon que Monsieur Leibnitz admira la fermeté de la Princesse.

Le savant Evêque de Salisbury, Monsieur Burnet, ayant eu sur la réunion de l'Eglise Anglicane avec la Luthérienne des vues qui avoient été fort goûtées par des Théologiens de la Confession d'Ausbourg, M. Leibnitz fit voir que cet Evêque, tout habile qu'il étoit, n'avoit pas tout-à-fait bien pris le nœud de cette controverse; & l'on prétend que l'Evêque en convint. On sait assez qu'il s'agit là des dernieres finesses de l'art, & qu'il faut être véritablement Théologien, même pour s'y méprendre.

Il parut ici en 1692, un Livre in-

Tome I. C cet

tulé : *De la Tolérance des Religions.* Monsieur Leibnitz la soutenoit contre feu Monsieur Pelisson, devenu avec succès Théologien & Controversiste. Ils disputoient par Lettres, & avec une politesse exemplaire. Le caractere naturel de Monsieur Leibnitz le portoit à cette tolérance, que les esprits doux souhaiteroient d'établir, mais dont après cela ils auroient assez de peine à marquer les bornes & à prévenir les mauvais effets. Malgré la grande estime qu'on avoit pour lui, on imprima tous ses raisonnemens avec privilege, tant on se fioit aux réponses de M. Pelisson.

Le plus grand ouvrage de Monsieur Leibnitz, qui se rapporte à la Théologie, est sa *Théodicée*, imprimée en 1710. On connoît assez les difficultés que Monsieur Bayle avoit proposé sur l'origine du mal, soit physique, soit moral ; Monsieur Leibnitz qui craignit l'impression qu'elles pouvoient faire sur quantité d'esprits, entreprit d'y répondre.

Il commence par mettre dans le Ciel Monsieur Bayle qui étoit mort, celui dont il vouloit détruire les dangereux raisonnemens. Il lui applique ces vers de Virgile :

Candidus infueti miratur limen Olympi,
Sub pedibufque videt nubes & fidera Daphnis.

Il dit que M. Bayle voit préfentement le vrai dans fa fource ; charité rare parmi les Théologiens, à qui il eſt fort familier de damner leurs adverſaires.

Voici le gros du Syſtême. Dieu voit une infinité de mondes ou univers poſſibles, qui tous prétendent à l'exiſtence. Celui en qui la combinaiſon du bien métaphyſique, phyſique & moral, avec les maux oppoſés, fait un *Meilleur*, femblable aux *plus grands* géométriques, eſt préféré ; de là le mal quelconque, permis, & non pas voulu. Dans cet univers qui a mérité la préférence, font compriſes les douleurs & les mauvaiſes actions des hommes, mais dans le moindre nombre, & avec les fuites les plus avantageuſes qu'il foit poſſible.

Cela ſe fait encore mieux ſentir par une idée philoſophique, théologique, & poétique tout enſemble. Il y a un Dialogue de Laurent Valla, où cet

Auteur feint que Sextus, fils de Tarquin le Superbe, va consulter Apollon à Delphes sur sa destinée. Apollon lui prédit qu'il violera Lucrece.

Sextus se plaint de la prédiction. Apollon répond que ce n'est pas sa faute, qu'il n'est que Devin, que Jupiter a tout réglé, & que c'est à lui qu'il faut se plaindre. Là finit le Dialogue, où l'on voit que Valla sauve la prescience de Dieu aux dépens de sa bonté; mais ce n'est pas là comme Monsieur Leibnitz l'entend, il continue selon son Système la fiction de Valla. Sextus va à Dodone se plaindre à Jupiter du crime auquel il est destiné. Jupiter lui répond, qu'il n'a qu'à ne point aller à Rome; mais Sextus déclare nettement qu'il ne peut renoncer à l'espérance d'être Roi, & s'en va. Après son départ, le Grand-Prêtre Théodore demande à Jupiter, pourquoi il n'a pas donné une autre volonté à Sextus. Jupiter envoie Théodore à Athenes consulter Minerve. Elle lui montre le Palais des destinées, où sont les tableaux de tous les univers possibles, depuis le *pire* jusqu'au *meilleur*. Théodore voit dans le meilleur le crime de Sextus, d'où naît la liberté de Rome, un gouvernement fécond en vertus, un Empire utile à une grande partie du genre humain, &c. Théodore n'a plus rien à dire.

La Théodicée seule suffiroit pour repréſenter Monſieur Leibnitz. Une lecture immenſe, des Anecdotes curieuſes ſur les Livres ou les Perſonnes, beaucoup d'équité & même de faveur pour tous les Auteurs cités, fût-ce en les combattant, des vues ſublimes & lumineuſes, des raiſonnemens au fond deſquels on ſent toujours l'eſprit géométrique, un ſtyle où la force domine, & où cependant ſont admis les agrémens d'une imagination heureuſe.

Nous devrions préſentement avoir épuiſé Monſieur Leibnitz, il ne l'eſt pourtant pas encore ; non parce que nous avons paſſé ſous un ſilence très-grand nombre de choſes particulieres, qui auroient peut-être ſuffi pour l'éloge d'un autre, mais parce qu'il en reſte une d'un genre tout différent ; c'eſt le projet qu'il avoit conçu d'une Langue philoſophique & univerſelle.

Wilkins, Evêque de Chester, & Dalgarme y avoient travaillé ; mais dès le temps qu'il étoit en Angleterre, il avoit dit à Messieurs Boyle & d'Oldenbourg, qu'il ne croyoit pas que ces grands hommes eussent encore frappé au but. Ils pouvoient bien faire que des Nations qui ne s'entendoient pas eussent aisément commerce ; mais ils n'avoient pas attrapé les véritables caracteres *réels*, qui étoient l'instrument le plus fin dont l'esprit humain se pût servir, & qui devoient extrêmement faciliter & le raisonnement & la mémoire, & l'invention des choses. Ils devoient ressembler, autant qu'il étoit possible, aux caracteres d'algebre, qui en effet sont très-simples & très-expressifs, qui n'ont jamais ni superfluité, ni équivoque, & dont toutes les variétés sont raisonnées. Il a parlé en quelqu'endroit d'un *Alphabet des pensées humaines*, qu'il méditoit, selon toutes les apparences ; cet Alphabet avoit rapport à sa Langue universelle. Après l'avoir trouvée, il eût encore fallu, quelque commode & quelqu'utile qu'elle eût été, trouver l'art de persuader aux différens Peuples de s'en servir, & ce n'eût pas été là le moins difficile. Ils ne s'accordent qu'à n'entendre point leurs intérêts communs.

Jusqu'ici nous n'avons vu que la vie savante de M. Leibnitz, ses talens, ses ouvrages, ses projets ; il reste le détail des événemens de sa vie particuliere.

Il étoit dans la Société secrette des Chimistes de Nuremberg, lorsqu'il rencontra par hasard à la table de l'hôtellerie où il mangeoit, Monsieur le Baron de Boinebourg, Ministre de l'Electeur de Mayence, Jean-Philippe. Ce Seigneur s'apperçut promptement du mérite d'un jeune homme encore inconnu ; il lui fit refuser des offres considérables que lui faisoit le Comte Palatin pour récompense du Livre de George Wlicowius, & voulut absolument l'attacher à son Maître & à lui. En 1668, l'Electeur de Mayence le fit Conseiller de la Chambre de revision de sa Chancellerie.

Monsieur de Boinebourg avoit des relations à la Cour de France ; & de plus il avoit envoyé son fils à Paris pour y faire ses études & ses exercices.

C iv

Il engagea Monsieur Leibnitz à y aller aussi en 1672, tant par rapport aux affaires qu'à la conduite du jeune homme. Monsieur de Boinebourg étant mort en 1673, il passa en Angleterre, où, peu de temps après, il apprit aussi la mort de l'Electeur de Mayence, qui renversoit les commencemens de sa fortune. Mais le Duc de Brunswick Lunebourg se hâta de se saisir de lui pendant qu'il étoit vacant; il lui écrivit une Lettre très-honorable, & très-propre à lui faire sentir qu'il étoit bien connu; ce qui est le plus doux & le plus rare plaisir des gens de mérite. Il reçut avec toute la joie & toute la reconnoissance qu'il devoit, la place de Conseiller & une pension qui lui étoient offertes.

Cependant il ne partit pas sur le champ pour l'Allemagne. Il obtint permission de retourner encore à Paris, qu'il n'avoit pas épuisé à son premier voyage. De-là il repassa en Angleterre où il fit peu de séjour, & enfin se rendit en 1676 auprès du Duc Jean-Frideric. Il y eut une considération qui appartiendroit autant, & peut-être plus, à l'éloge de ce Prince, qu'à celui de M. Leibnitz.

Trois ans après il perdit ce grand protecteur, auquel succéda le Duc Ernest Auguste, alors Evêque d'Osnabruck. Il passa à ce nouveau Maître, qui ne le connut pas moins bien. Ce fut sur ces vues & par ses ordres qu'il s'engagea à l'Histoire de Brunswick; & en 1687, il commença les voyages qui y avoient rapport. L'Electeur Ernest Auguste le fit en 1696 son Conseiller privé de Justice. On ne croit point en Allemagne que les Savans soient incapables des Charges.

En 1699, il fut mis à la tête des Associés étrangers de cette Académie. Il n'avoit tenu qu'à lui d'y avoir place beaucoup plutôt, & à titre de Pensionnaire. Pendant qu'il étoit à Paris, on voulut l'y fixer fort avantageusement, pourvu qu'il se fît Catholique; mais tout tolérant qu'il étoit, il rejeta absolument cette condition.

Comme il avoit une extrême passion pour les Sciences, il voulut leur être utile, non-seulement par ses découvertes, mais par la grande considération où il étoit. Il inspira à l'Electeur de Brandebourg le dessein d'établir une Académie des Sciences à

Berlin, ce qui fut entiérement fini en 1700, fur le plan qu'il avoit donné. L'année fuivante, cet Electeur fut déclaré Roi de Pruffe; le nouveau Royaume & la nouvelle Académie prirent naiffance prefqu'en même temps. Cette Compagnie, felon le génie de fon Fondateur, embraffoit, outre la Phyfique & les Mathématiques, l'Hiftoire Sacrée & Profane & toute l'Antiquité. Il en fut fait Préfident perpétuel, & il n'y eut point de jaloux.

En 1710, parut un Volume de l'Académie de Berlin, fous le titre de *Mifcellanea Berolinenfia*.

Là Monfieur Leibnitz paroît en divers endroits fous prefque toutes fes différentes formes, d'Hiftorien, d'Antiquaire, d'Etymologifte, de Phyficien, de Mathématicien; on y peut ajouter celle d'Orateur, à caufe d'une fort belle Epître dédicatoire adreffée au Roi de Pruffe; il n'y manque que celles de Jurifconfulte & de Théologien, dont la conftitution de fon Académie ne lui permettoit pas de fe revêtir.

Il avoit les mêmes vues pour les Etats de l'Electeur de Saxe, Roi de

Pologne; & il vouloit établir à Dresde une Académie, qui eût correspondance avec celle de Berlin; mais les troubles de Pologne lui ôterent toute espérance de succès.

En récompense, il s'ouvrit à lui en 1711 un champ plus vaste, & qui n'avoit point été cultivé. Le Czar, qui a conçu la plus grande & la plus noble pensée qui puisse tomber dans l'esprit d'un Souverain, celle de tirer ses peuples de la barbarie, & d'introduire chez eux les Sciences & les Arts, alla à Torgau pour le mariage du Prince son fils aîné, avec la Princesse Charlotte Christine, & y vit & consulta beaucoup Monsieur Leibnitz sur son projet. Le Sage étoit précisément tel que le Monarque méritoit de le trouver.

Le Czar fit à Monsieur Leibnitz un magnifique présent, & lui donna le titre de son Conseiller privé de Justice, avec une pension considérable. Mais ce qui est encore plus glorieux pour lui, l'Histoire de l'établissement des Sciences en Moscovie ne pourra jamais l'oublier, & son nom y marchera à la suite de celui du Czar.

C'est un bonheur rare pour un Sage moderne, qu'une occasion d'être Législateur de Barbares : ceux qui l'ont été dans les premiers temps, sont ces Chantres miraculeux qui attiroient les rochers, & bâtissoient des villes avec la lyre ; & Monsieur Leibnitz eût été travesti par la Fable en Orphée, ou en Amphion.

Il n'y a point de prospérité continue. Le Roi de Prusse mourut en 1713, & le goût du Roi, son successeur, entiérement déclaré pour la guerre, menaçoit l'Académie de Berlin d'une chute prochaine. Monsieur Leibnitz songea à procurer aux Sciences un siege plus assuré, & se tourna du côté de la Cour Impériale. Il y trouva le Prince Eugene, qui pour être un si grand Général, & fameux par tant de victoires, n'en aimoit pas moins les Sciences, & qui favorisa de tout son pouvoir le dessein de M. Leibnitz. Mais la peste survenue à Vienne, rendit inutiles tous les mouvemens qu'il s'étoit donnés pour y former une Académie. Il n'eut qu'une assez grosse pension de l'Empereur, avec des offres très-avantageuses, s'il vouloit demeurer dans fa Cour. Dès le temps du couronnement de ce Prince, il avoit déjà eu le titre de Confeiller Aulique.

Il étoit encore à Vienne en 1714, lorfque la Reine Anne mourut, à laquelle fuccéda l'Electeur d'Hanovre, qui réuniffoit fous fa domination un Electorat & les trois Royaumes de la Grande-Bretagne, Monfieur Leibnitz & M. Newton. Monfieur Leibnitz fe rendit à Hanovre, mais il n'y trouva plus le Roi, & il n'étoit plus d'âge à le fuivre jufqu'en Angleterre. Il lui marqua fon zele plus utilement par des Réponfes qu'il fit à quelques Libelles Anglois, publiés contre Sa Majefté.

Le Roi d'Angleterre repaffa en Allemagne, où Monfieur Leibnitz eut enfin la joie de le voir Roi. Depuis ce temps fa fanté baiffa toujours; il étoit fujet à la goutte, dont les attaques devenoient plus fréquentes. Elle lui gagna les épaules, & on croit qu'une certaine tifanne particuliere qu'il prit dans un grand accès, & qui ne paffa point, lui caufa les convulfions & les douleurs exceffives, dont il mourut en une heure le 14 Novembre 1716. Dans les derniers momens qu'il put parler, il raisonnoit sur la maniere dont le fameux Furtembach avoit changé la moitié d'un clou de fer en or.

Le savant Monsieur Eckard, qui avoit vécu dix-neuf ans avec lui, qui l'avoit aidé dans ses travaux historiques, & que le Roi d'Angleterre a choisi en dernier lieu pour être Historiographe de sa Maison, & son Bibliothécaire à Hannovre, prit soin de lui faire une sépulture très-honorable, ou plutôt une pompe funebre. Toute la Cour y fut invitée, & personne n'y parut. Monsieur Eckard dit qu'il en fut fort étonné; cependant les Courtisans ne firent que ce qu'ils devoient; le Mort ne laissoit après lui personne qu'ils eussent à considérer, & ils n'eussent rendu ce dernier devoir qu'au mérite.

Monsieur Leibnitz ne s'étoit point marié; il y avoit pensé à l'âge de cinquante ans; mais la personne qu'il avoit en vue voulut avoir le temps de faire ses réflexions. Cela donna à Monsieur Leibnitz le loisir de faire aussi les siennes, & il ne se maria point.

Il étoit d'une forte complexion. Il n'avoit guere eu de maladies, excepté quelques vertiges dont il étoit quelquefois incommodé, & la goutte. Il mangeoit beaucoup, & buvoit peu, quand on ne le forçoit pas, & jamais de vin sans eau. Chez lui il étoit absolument le maître; car il y mangeoit toujours seul. Il ne régloit pas ses repas à de certaines heures, mais selon ses études; il n'avoit point de ménage, & envoyoit querir chez un Traiteur la premiere chose trouvée. Depuis qu'il avoit la goutte, il ne dînoit que d'un peu de lait, mais il faisoit un grand souper, sur lequel il se couchoit à une heure ou deux après minuit. Souvent il ne dormoit qu'assis sur une chaise, & ne s'en réveilloit pas moins frais à sept ou huit heures du matin. Il étudioit de suite; & il a été des mois entiers sans quitter le siege, pratique fort propre à avancer beaucoup un travail, mais fort malsaine. Aussi croit-on qu'elle lui attira une fluxion sur la jambe droite avec un ulcere ouvert. Il y voulu remédier à sa maniere, car il consultoit peu les Médecins, & il vint à ne pouvoir presque plus marcher, ni quitter le lit.

Il faisoit des extraits de tout ce qu'il lisoit, & y ajoutoit ses réflexions ; après quoi il mettoit tout cela à part, & ne les regardoit plus. Sa mémoire, qui étoit admirable, ne se déchargeoit point, comme à l'ordinaire, des choses qui étoient écrites, mais seulement l'écriture avoit été nécessaire pour les y graver à jamais. Il étoit toujours prêt à répondre sur toutes sortes de matieres ; & le Roi d'Angleterre l'appelloit son *Dictionnaire vivant*.

Il s'entretenoit volontiers avec toutes sortes de personnes, Gens de Cour, Artisans, Laboureurs, Soldats. Il n'y a guere d'ignorant qui ne puisse apprendre quelque chose au plus savant homme du monde ; & en tout cas, le savant s'instruit encore quand il sait bien considérer l'ignorant. Il s'entretenoit même souvent avec les Dames, & ne comptoit point pour perdu le temps qu'il donnoit à leur conversation. Il se dépouilloit parfaitement avec elles du caractere de Savant & de Philosophe ; caracteres cependant presqu'indélébiles, & dont elles apperçoivent bien finement & avec bien du dégoût les traces les plus légeres. Cette facilité de se communiquer, le faisoit aimer de tout le monde : un Savant illustre, qui est populaire & familier, c'est presqu'un Prince qui le seroit aussi ; le Prince a pourtant beaucoup d'avantage.

Monsieur Leibnitz avoit un commerce de Lettres prodigieux. Il se plaisoit à entrer dans les travaux ou dans les projets de tous les Savans de l'Europe ; il leur fournissoit des vues, il les animoit, & certainement il prêchoit d'exemple. On étoit sûr d'une réponse dès qu'on lui écrivoit, ne se fût-on proposé que l'honneur de lui écrire. Il est impossible que ses Lettres ne lui ayent emporté un temps très-considérable ; mais il aimoit autant l'employer au profit ou à la gloire d'autrui, qu'à son profit ou à sa gloire particuliere.

Il étoit toujours d'une humeur fort gaie ; & à quoi serviroit sans cela d'être Philosophe ? On l'a vu trèsaffligé à la mort du feu Roi de Prusse & de l'Electrice Sophie. La douleur d'un tel Homme est la plus belle Oraison funebre.

Il se mettoit aisément en colere, mais il en revenoit aussi-tôt Ses premiers mouvemens n'étoient pas d'aimer la contradiction sur quoi que ce fût, mais il ne falloit qu'attendre les seconds; & en effet, ces seconds mouvemens, qui sont les seuls dont il reste des marques, lui feront éternellement honneur.

On l'accuse de n'avoir été qu'un grand & rigide observateur du Droit naturel. Ses Pasteurs lui en ont fai des réprimandes publiques & inutiles.

On l'accuse aussi d'avoir aimé l'argent. Il avoit un revenu très-considérable en pension du Duc de Wolfembutel, du Roi d'Angleterre, de l'Empereur, du Czar, & vivoit toujours assez grossiérement. Mais un Philosophe ne peut guere, quoiqu'il devienne riche, se tourner à des dépenses inutiles & fastueuses qu'il méprise. De plus, Monsieur Leibnitz laissoit aller le détail de sa maison comme il plaisoit à ses domestiques, & il dépensoit beaucoup en négligence. Cependant la recette étoit toujours la plus forte; & on lui trouva après sa mort une grosse somme d'argent comptant qu'il avoit caché. C'étoient deux années de son revenu. Ce tréfor lui avoit causé pendant sa vie de grandes inquiétudes qu'il avoit confiées à un ami; mais il fut encore plus funeste à la femme de son seul héritier, fils de sa sœur, qui étoit Curé d'une Paroisse près de Leipzig. Cette femme, en voyant tant d'argent ensemble qui lui appartenoit, fut si saisie de joie, qu'elle en mourut subitement.

Monsieur Eckard promet une vie plus complette de Monsieur Leibnitz; c'est aux Mémoires qu'il a eu la bonté de me fournir, qu'on en doit déjà cette ébauche. Il rassemblera en un Volume toutes les Piéces imprimées de ce grand Homme, éparses en une infinité d'endroits, de quelqu'espece qu'elles soient. Ce sera là, pour ainsi dire, une résurrection d'un corps dont les membres étoient extrêmement dispersés, & le tout prendra une nouvelle vie par cette réunion. De plus, Monsieur Eckard donnera toutes les œuvres posthumes qui sont achevées, & des *Leibniziana* qui ne seront pas la partie du Recueil la moins curieuse. Enfin il continuera l'Histoire de Brunswick, dont Monsieur Leibnitz n'a fait que ce qui est depuis le commencement du regne de Charlemagne, jusqu'à l'an 1005. C'est prolonger la vie des grands Hommes, que de poursuivre dignement leurs entreprises.

ESPRIT
DE LEIBNITZ,
OU
RECUEIL
DE PENSÉES CHOISIES
SUR LA RELIGION, LA MORALE,
L'HISTOIRE, &c.

ATHÉISME.

Tom. 5. p. 344. Epistola 1. ad Spizelium.

IL seroit à souhaiter que les Savans réunissent toutes leurs forces pour terrasser le monstre de l'Athéisme, & ne souffrissent pas qu'un mal qui ne tend à rien moins qu'à l'Anarchie universelle

& au renversement de la société fit parmi eux de plus grands progrès..... Il vient de paroître en Angleterre une apologie du genre humain contre l'accusation d'Athéisme. Son Auteur, Monsieur Fabricius, y soutient qu'il n'a jamais existé de nation vraiment athée. Je suis très-persuadé qu'il a raison.

ATHÉES FANATIQUES.
Tome 5. page 55.

Milord Shaftsbury a raison de dire que l'enthousiasme va plus loin qu'on ne pense, & qu'il y a jusqu'à des Athées fanatiques ; car ils peuvent avoir des imaginations ou visions creuses aussi bien que les autres. On peut être incrédule d'un côté & crédule de l'autre ; comme un Monsieur Du Son, habile Machiniste de l'Electeur Palatin Charles-Louis, qui croyoit les Prophéties de Nostradamus, & ne croyoit pas celles de la Bible ; & comme un Juif des Pays-Bas, qui de tout le Nouveau-Testament ne recevoit que l'Apocalypse, parce qu'il y croyoit trouver la pierre philosophale.

ORIGINE
DU MATÉRIALISME.

Tom. 1. p. 5. Confessio fidei contra Atheistas.

LE divin Bacon a très-bien dit que la Philosophie superficiellement étudiée nous éloignoit de Dieu ; mais qu'elle nous y ramenoit quand elle étoit approfondie. Nous l'éprouvons dans ce siecle également fécond en Savans & en impies. Car après que les Sciences Mathématiques eurent été plus cultivées que jamais, & que la Chimie & l'Anatomie nous eurent aidé à pénétrer jusque dans l'intérieur des corps, il sembla d'abord qu'on pouvoit, par leur figure & leur mouvement, rendre une raison mécanique de la plupart des effets, pour l'explication desquels les Anciens recouroient à Dieu seul, ou à je ne sais quelles formes incorporelles : alors quelques hommes d'esprit essayerent s'ils ne pourroient pas, sans admettre la supposition d'un Dieu, & sans le faire intervenir dans leurs raisonnemens, sauver & expliquer les phénomenes de la Nature, c'est-à-dire tout ce que nous appercevons dans les corps. Cette tentative leur ayant paru réussir jusqu'à un certain point, ils avancerent aussi-tôt avec autant de précipitation que de confiance, (parce que sans doute ils n'étoient point remonté jusqu'aux fondemens & aux principes) que la raison naturelle ne leur fournissoit aucune preuve de l'existence de Dieu & de l'immortalité de l'ame, mais qu'il falloit croire l'une & l'autre sur la relation des Historiens, ou sur les ordres des Princes. Tel a été le sentiment de Hobbes, Auteur très-subtil, & qui par d'excellentes productions, mériteroit qu'on passât ici son nom sous silence, s'il n'étoit pas nécessaire de prévenir contre l'abus qu'on pourroit faire de son autorité : & plût à Dieu que d'autres allant encore plus loin, & mettant en doute jusqu'à l'autorité des écritures & la foi des histoires, n'eussent pas ouvertement tenté de précipiter l'univers dans l'Athéisme !

J'avoue que j'ai toujours vu avec indignation qu'on abuse des lumieres de l'esprit humain pour l'aveugler lui-même;

même; & je me suis appliqué à la recherche des vrais principes, avec d'autant plus d'ardeur, que je souffrois plus impatiemment que des novateurs entreprissent par leur subtilité de me priver du plus grand bien de cette vie, c'est-à-dire de la certitude que mon ame survivra éternellement à mon corps, & de l'espérance qu'un Dieu infiniment bon couronnera enfin la vertu & l'innocence.

EXISTENCE

D'une premiere cause immatérielle.

Tom. 1. p. 6. Confessio Fidei contra Atheistas.

Mettant à part tout préjugé, & sans me prévaloir de l'autorité de l'Ecriture & de l'Histoire, je vais pénétrer en esprit dans les corps, & tenter si l'on ne peut pas rendre raison des phénomenes qu'ils offrent à nos sens, sans avoir recours à la supposition d'une cause immatérielle.

Je commence par convenir avec les Philosophes modernes, qui ont renouvellé la Philosophie de Démocrite & d'Epicure, & que Boile appelle assez bien les Philosophes corpusculaires, tels que sont Galilée, Bacon, Gassendi, Descartes, Hobbes, Digbi; je conviens, dis-je avec eux, que quand il s'agit de rendre raison des phénomenes des corps, on ne doit pas recourir à Dieu, à une qualité ou forme incorporelle, ou à une autre chose quelconque, sans une véritable nécessité ;

> Nec Deus intersit, nisi dignus vindice nodus
> Inciderit.

mais qu'on doit, autant qu'on le peut, les déduire tous de la nature du corps & de ses premieres qualités, la grandeur, la figure & le mouvement.

Mais quoi! si je démontre qu'on ne peut trouver dans la nature du corps l'origine de ces premieres qualités elles-mêmes ? alors *nos Naturalistes* seront forcés d'avouer, à ce que j'espere, que les corps ne se suffisent point à eux-mêmes, & qu'ils ne peuvent exister, à moins qu'un principe immatériel ne détermine leur existence. Or c'est ce que je vais démontrer clairement & directement.

N'est-il pas évident que si ces qualités ne peuvent être déduites de la nature du corps, elles ne peuvent exister dans les corps abandonnés à eux-mêmes, puisque la raison de toute modification & de toute maniere d'être dans une chose, doit être déduite, ou de cette chose elle-même, ou d'un principe qui lui soit extrinseque. Or on définit le corps, ce qui existe dans l'espace : tous les hommes effectivement appellent ce qui est renfermé dans un certain espace, un corps ; & il n'y a point de corps qui ne soit contenu dans un certain espace. Cette définition est composée de deux termes, l'espace & l'existence.

Du terme d'*espace* résulte dans le corps la grandeur & la figure : car un corps a précisément la même grandeur & la même figure que l'espace qu'il remplit. Je demande maintenant pourquoi le corps occupe un tel espace & d'une dimension plutôt que d'une autre ? Pourquoi, par exemple, il a trois pieds au lieu de deux, pourquoi il est quarré au lieu d'être rond ? On ne peut en rendre aucune raison tirée de la nature du corps ; car la même matiere est

D ij

d'elle-même indifférente à toute sorte de figures, & n'est pas plus déterminée à la figure quarrée qu'à la figure ronde. On ne peut donc répondre que de l'une de ces deux manieres, si l'on ne veut pas recourir à un principe incorporel, ou que le corps en question a été quarré de toute éternité, ou qu'il est devenu quarré par le choc d'un autre corps. Si vous dites qu'il est quarré de toute éternité, par-là même vous ne donnez point la raison qu'on demande : car pourquoi n'auroit-il pas pu être rond de toute éternité ? l'éternité ne peut être en effet conçue comme principe d'aucune chose. Si vous dites qu'il est devenu quarré par la rencontre d'un autre corps, je demande pourquoi avant cette rencontre il avoit une telle ou telle figure ; & si pour m'en rendre raison, vous supposez encore la rencontre d'un autre corps, & ainsi de suite à l'infini, chacune de vos réponses amenera une question nouvelle, & il y aura toujours lieu de demander la raison de la raison, & ainsi vous n'aurez jamais donné de raison suffisante. Il sera donc démontré que si on ne confulte que la matiere des corps, on ne rendra jamais raifon pourquoi ils ont telle grandeur & telle figure.

Nous avons dit que la définition du corps avoit deux parties, l'efpace & l'exiftence dans l'efpace : que de la premiere il réfultoit que le corps avoit néceffairement une certaine grandeur & une figure, quoiqu'encore indéterminée; mais c'eft à l'exiftence dans cet efpace que fe rapporte le mouvement, puifque dès que le corps commence à exifter dans un efpace différent de celui qu'il occupoit auparavant, il eft cenfé en mouvement. Cependant fi l'on confidere la chofe plus attentivement, on verra que la mobilité fuit bien de la nature du corps, mais non pas le mouvement même. Car par cela feul, qu'un corps eft dans un tel efpace, il peut être auffi dans un autre efpace égal & femblable au premier, c'eft-à-dire qu'il peut être mu; puifque pouvoir être dans un autre efpace, c'eft pouvoir changer d'efpace, & pouvoir changer d'efpace, c'eft pouvoir être mu, puifque le mouvement n'eft qu'un changement d'efpace.

Mais le mouvement actuel ne résulte point de l'exiſtence du corps dans l'eſpace : au contraire, il en résulte le repos ou la perſévérance dans le même eſpace, ſi l'on conçoit le corps abandonné à lui ſeul.... Il eſt donc bien démontré qu'aucun mouvement, aucune figure & aucune grandeur déterminées ne peuvent exiſter dans les corps abandonnés à eux-mêmes....

DÉMONSTRATION SOMMAIRE
De l'exiſtence d'un Dieu ſouverainement parfait.

Théodicée, tom. 1. pag. 486. § 7. édition de Lauſanne.

DIEU eſt *la premiere raiſon des choſes*; car celles qui ſont bornées, comme celles que nous voyons & expérimentons, ſont contingentes & n'ont rien entr'elles qui rende leur exiſtence néceſſaire; étant manifeſte que le temps, l'eſpace & la matiere, unies & uniformes en elles-mêmes, & indifférentes à tout, pouvoient recevoir de tout autres mouvemens & figures, & dans un autre ordre. Il faut donc chercher *la raison de l'existence du monde*, qui est l'assemblage entier des choses *contingentes* : & il faut la chercher dans *la substance qui porte la raison de son existence avec elle*, & laquelle par conséquent est *nécessaire* & éternelle. Il faut aussi que cette cause soit *intelligente* ; car ce monde qui existe étant contingent, & une infinité d'autres mondes étant également possibles & également prétendans à l'existence, pour ainsi dire, aussi bien que lui, il faut que la cause du monde ait eu égard ou relation à tous ces mondes possibles, pour en déterminer un. Et cet égard ou rapport d'une substance existente à de simples possibilités, ne peut être autre chose que l'*entendement* qui en a les idées ; & en déterminer une, ne peut être autre chose que l'acte de la *volonté* qui choisit : & c'est la *puissance* de cette substance qui en rend la volonté efficace. La puissance va à l'*être*, la sagesse ou l'entendement *au vrai*, & la volonté *au bien*. Et cette cause intelligente doit être infinie de toutes les manieres, & absolument parfaite en *puissance*, en *sagesse*, & en *bonté*, puisqu'elle va à tout ce qui est possible ; & comme tout est lié, il n'y a pas lieu d'en admettre plus d'*une*. Son entendement est la source des *essences*, & sa volonté est l'origine des *existences*. Voilà en peu de mots la preuve d'un Dieu unique avec ses perfections, & par lui l'origine des choses.

ANCIENNETÉ DU DOGME
De l'immortalité de l'ame.

Tom. 5. p. 316. Epist. 18. ad Kortholtum.

Monsieur Toland a prétendu dans un de ses ouvrages, que le dogme de l'immortalité de l'ame étoit une invention des Egyptiens. Mais il est très-évident que les Grecs des âges les plus reculés ont cru cette même immortalité. Elle étoit aussi reconnue par les Druides Gaulois, suivant le témoignage de Lucain. Les peuples de la Virginie dans l'Amérique, croient que les ames des morts habitent au-delà d'une haute chaîne de montagnes. Et qui ne fait pas que l'opinion de la Métempfycofe, qui fuppofe évidemment l'immortalité de l'ame, eft très-ancienne dans les Indes?

CERTITUDE
D'une autre vie.

Nouveaux Essais sur l'entendement humain,
pag. 168.

LES méchans font fort portés à croire, que l'autre vie eft impoffible. Mais ils n'en ont d'autre raifon que celle-ci, qu'il faut fe borner à ce qu'on apprend par les fens, & que perfonne de leur connoiffance n'eft revenu de l'autre monde. Il y avoit un temps que fur le même principe on pouvoit rejeter les Antipodes, lorfqu'on ne vouloit point joindre les Mathématiques aux notions populaires; & on le pouvoit avec autant de raifon, qu'on en peut avoir maintenant pour rejeter l'autre vie, lorfqu'on ne veut point joindre la vraie Métaphyfique aux notions de l'imagination.

Car il y a trois degrés de notions ou idées ; savoir, notions populaires, mathématiques & métaphysiques. Les premieres ne suffisoient point pour faire croire les Antipodes ; les premieres & les secondes ne suffisent point encore pour faire croire l'autre vie. Il est vrai qu'elles fournissent déjà des conjectures favorables ; mais si les secondes (*les Mathématiques*) établissoient certainement les Antipodes avant l'expérience qu'on a maintenant, (je ne parle pas des habitans, mais de la place au moins que la connoissance de la rondeur de la terre leur donnoit chez les Géographes & les Astronomes,) les dernieres (*les Métaphysiques*) ne donnent pas moins de certitude sur une autre vie, dès-à-présent & avant qu'on y soit allé voir.

PRÉCAUTIONS

Contre les mauvaises Doctrines: Révolutions générales dans les mœurs dont on est menacé.

Nouveaux Essais sur l'entendement humain, pag. 429.

ON a droit de prendre des précautions contre les mauvaises doctrines qui ont de l'influence dans les mœurs & dans la pratique de la piété, quoiqu'on ne doive pas les attribuer aux gens, sans en avoir de bonnes preuves. Si l'équité veut qu'on épargne les personnes, la piété ordonne de représenter où il appartient le mauvais effet de leurs dogmes quand ils sont nuisibles ; comme sont ceux qui vont contre la providence d'un Dieu parfaitement sage, bon & juste, & contre cette immortalité des ames qui les rend susceptibles des effets de sa justice, sans parler d'autres opinions dangereuses par rapport à la morale & à la police. Je sais que d'excellens hommes, & bien intentionnés, soutiennent que ces opinions théoriques ont bien moins d'influence dans la pratique qu'on ne pense; & je sais aussi qu'il y a des personnes d'un excellent naturel, à qui les opinions ne feront jamais rien faire d'indigne d'elles. D'ailleurs ceux qui sont venus à ces erreurs par la spéculation, ont coutume d'être naturellement plus éloignés des vices dont le commun des hommes est susceptible, outre qu'ils ont soin de la dignité de la Secte dont ils sont comme chefs; & l'on peut dire qu'Epicure & Spinosa, par exemple, ont mené une vie tout-à-fait exemplaire; mais ces raisons cessent le plus souvent dans leurs disciples ou leurs imitateurs, qui se croyant déchargés de l'importune crainte d'une providence surveillante & d'un avenir menaçant, lâchent la bride à leurs passions brutales, & tournent leur esprit à séduire & à corrompre les autres; & s'ils sont ambitieux & d'un caractere un peu dur, ils seront capables pour leur plaisir ou leur avancement de mettre le feu aux quatre coins de la terre; & j'en ai connu de cette trempe que la mort a enlevés,

Je trouve même que des opinions approchantes s'insinuant peu-à-peu dans l'esprit des hommes du grand monde, qui reglent les autres, & dont dépendent les affaires, & se glissant dans les Livres à la mode, disposent toutes choses à la révolution générale dont l'Europe est menacée ; & achevent de détruire ce qui reste encore dans le monde, des sentimens généreux des anciens Grecs & Romains, qui préféroient l'amour de la patrie & du bien public & le soin de la postérité à la fortune & même à la vie. Ces *Publick spirits*, comme les Anglois les appellent, diminuent extrêmement & ne sont plus à la mode; & ils cesseront davantage de l'être, quand ils cesseront d'être soutenus par la bonne morale & la vraie religion, que la raison naturelle même nous enseigne. Les meilleurs du caractere opposé qui commence de régner, n'ont plus d'autre principe que celui qu'ils appellent de l'*honneur*. Mais la marque de l'honnête homme & de l'homme d'honneur chez eux, est seulement de faire aucune bassesse, comme ils la prennent...... On se moque hautement de l'amour de la patrie, on tourne en ridicule ceux qui ont foin du public ; & quand quelqu'homme bien intentionné parle de ce que deviendra la poſtérité, on répond alors comme alors. Mais il pourra arriver à ces perſonnes d'éprouver elles-mêmes les maux qu'elles croient réſervés à d'autres. Si l'on ſe corrige encore de cette maladie d'eſprit épidémique dont les mauvais effets commencent à être viſibles, ces maux feront peut-être prévenus ; mais ſi elle va croiſſant, la Providence corrigera les hommes par la révolution même qui en doit naître : car quoi qu'il puiſſe arriver, tout tournera toujours pour le mieux en général au bout du compte ; quoique cela ne doive & ne puiſſe pas arriver fans le châtiment de ceux qui ont contribué même au bien par leurs actions mauvaiſes.

LIVRE

De tribus Impostoribus; & Ouvrage de Bodin, *de Arcanis*.

Tom. 5. p. 337. Epistola 32. ad Kortholtum.

LE Livre qu'on ose donner dans le Catalogue de la Bibliotheque de Mayer pour le fameux Livre *de tribus Impostoribus* (*), ne mérite pas d'être acheté bien cher. Il n'y a point de méchant homme qui avec un peu d'érudition, ne puisse supposer un aussi misérable Ouvrage.

Pour assurer la vérité du Livre qui porte le titre dont on parle depuis si long-temps, le témoignage des anciens manuscrits est absolument nécessaire. Pour moi j'ai vu bien des pieces écrites dans ce mauvais genre, & j'ai toujours

---

(*) On a prétendu que l'Empereur Fréderic Barberousse étoit Auteur de ce fameux Livre. Monsieur Leibnitz, qui en parle souvent dans ses Lettres, paroît croire qu'il n'a jamais existé. Mais ce qu'il n'a fait que conjecturer, a été démontré dans la suite par Monsieur de la Monnoye. *Voyez* le quatrieme tome du nouveau *Menagiana*.

pensé qu'elles méritoient à peine qu'on en fît la lecture ; je n'en excepte que le Livre de Bodin, qu'il a intitulé : *de Arcanis sublimium Colloquium Heptaplomeres.*

Il faut convenir que l'Auteur a répandu dans cet Ouvrage, ainsi que dans les autres, une assez grande érudition. Je voudrois qu'un savant homme le fît imprimer, mais avec des notes critiques dignes de l'importance du sujet. L'Auteur y fait parler un Catholique Romain, un Luthérien, un Calviniste, un Juif, un Mahométan, un Déiste & un Athée. La scene est à Venise dans la maison du Catholique. Les interlocuteurs y soutiennent leur sentiment avec assez de modération. On n'y décide rien ; le Catholique revient perpétuellement à son grand épiphoneme : *L'Eglise l'a décidé.* L'Auteur éleve beaucoup de questions, & en approfondit peu (*). Peu s'en faut que tout l'avantage ne reste au Juif. Dans cette conférence, le Catholique & le Luthérien sont ceux des interlocuteurs qui se défendent plus foiblement. Après le Juif, celui qui plaide le mieux sa

(*) Tom. 5. pag. 343.

cause, si même il ne la plaide pas aussi bien que lui, c'est le Sectateur d'une certaine religion purement naturelle, avec qui se trouve parfaitement d'accord un certain Octavius, défenseur de la religion Mahométane.

EMPRESSEMENT

De Leibnitz pour la Démonstration évangélique d'Huet : Réflexions sur la Religion.

Tom. 5. pag. 457. Epistola 3. ad Huetium, anno 1679.

J'AI appris avec une satisfaction infinie que votre grand & immortel Ouvrage sur la vérité de notre Religion avoit enfin paru. Sans doute il n'étoit point de sujet qui méritât mieux que vous lui consacrassiez cet appareil immense d'érudition qui vous a coûté tant de veilles. Car enfin qu'y a-t-il de plus grand que la Religion & qui intéresse plus fortement tous les hommes ? N'est-il pas infiniment doux, infiniment consolant au milieu des miferes de cette vie, d'apprendre avec certitude que nous sommes nés pour l'immortalité, & pour une immortalité telle que nous pouvons la désirer, c'est-à-dire telle que Jesus-Christ nous l'enseigne. Prouver qu'il est le Messie Réparateur du genre humain, annoncé par tant d'Oracles, c'est après la démonstration de l'existence de Dieu & de l'immortalité de l'ame, la plus importante de toutes les conclusions; & je ne vois pas quel plus grand avantage on peut attendre de l'Histoire & de l'érudition. Je dis plus, l'étude de l'antiquité ne me paroît presque avoir d'autre usage que de nous mettre à portée de constater & de conserver fidellement les anciens titres de notre bonheur, & si je puis m'exprimer ainsi, de notre noblesse, que nous devons après notre régénération par le Baptême faire remonter à Jesus-Christ. Il faut prouver d'abord que nos Livres sacrés sont authentiques, & qu'ils sont parvenus jusqu'à nous sans aucune altération substantielle. Or on ne peut y réussir parfaitement, à moins qu'on n'entende à fond les principes de la critique, qu'on ne puisse s'assurer de l'authenticité des manufcrits, qu'on ne connoiffe les propriétés des Langues, le génie des fiecles & la fuite des temps. Il faut montrer enfuite, que l'Auteur de fi grandes chofes, & auquel fe rapportent les Livres facrés, a été envoyé du Ciel. C'eft ce qu'atteftent les Oracles, qui l'ont annoncé tant de fiecles avant fa naiffance, les miracles que fes Difciples ont faits en fon nom, la fainteté incomparable de fa doctrine, la conftance des Martyrs & le triomphe de la Croix. Mais on ne peut démontrer que toutes ces chofes fe font paffées comme on les raconte, fans avoir établi folidement toute l'Hiftoire univerfelle, facrée & profane; & pour l'établir folidement, il faut des collections de manufcrits, de médailles, d'infcriptions, & toutes les autres pieces qui compofent le tréfor des Savans. Car c'eft de là que l'Hiftoire tire fes titres de créance; j'ai donc fouvent défiré que quelqu'un voulût bien travailler à faire, pour ainfi dire, l'inventaire le plus exact qu'il feroit poffible de tous ces précieux reftes de l'antiquité que nous poffédons encore. Monfieur Gudius nous fait efpérer la partie des inscriptions, dont il a fait une étude profonde. Monsieur Spanheim & d'autres savans hommes, surtout Monsieur de Carcavi, Garde des médailles du Cabinet du Roi, nous donneront, il faut espérer, la partie des médailles. Mais je désire encore depuis long-temps une histoire des manuscrits où l'on fasse l'énumération des meilleurs qui se conservent encore aujourd'hui dans toute l'Europe, sur-tout de ceux d'après qui les éditions des Auteurs ont été faites, & qui sont uniques ou du moins rares ; mais cela soit dit en passant. Je me contente d'observer dans le moment présent, que le principal but de toute l'étude de l'antiquité, doit être l'éclaircissement & la confirmation de l'Histoire sacrée. Je ne doute pas que votre Ouvrage ne fournisse la plus heureuse application de ce principe, quoique je n'en aye encore vu qu'une partie que vous voulûtes bien autrefois me montrer manuscrite ; & je peux déjà féliciter l'érudition qui enfin a trouvé dans vos mains son véritable usage ; je peux aussi vous féliciter vous-même sur un monument qui est en même temps si avantageux à la Religion & si propre à étendre votre gloire. Je l'attends avec une vive impatience, quoiqu'il soit déjà en route pour parvenir jusqu'à nous. Notre Souverain, le Duc de Brunswick & de Lunebourg, ne l'attend pas moins impatiemment que moi. C'est un Prince d'une pénétration extraordinaire, curieux de toutes les belles connoissances, & sur-tout de l'érudition sacrée. Votre nom ne lui est pas inconnu, & il m'entendoit avec le plus grand intérêt lui rendre compte du plan de votre Ouvrage. Je vous souhaite une heureuse santé, & je vous prie de continuer vos bontés à l'homme du monde qui admire le plus vos vertus & vos talens.

COMPLIMENT

A M. Huet sur sa Démonstration évangélique : Etude de la critique nécessaire à la Religion.

Tom. 5. p. 458. Epistola 4.

JE vous témoignois souvent, Monsieur, lorsque j'étois en France, & que je jouissois de vos savantes converfations, avec quel empreffement j'attendois l'édition du bel Ouvrage dont vous aviez bien voulu me faire voir le profpectus; & je ne vous diffimulai pas qu'un tel Ouvrage n'étoit guere facile qu'à vous feul, parce que vous êtes le feul peut-être dans notre fiecle qui poffédiez le vafte fond d'érudition & de philofophie qu'il exige. Enfin je l'ai vu, & j'ai été parfaitement confirmé dans la grande idée que j'en avois conçue. Je fuis redevable de cette lecture à notre Souverain, Prince rempli du plus grand zele pour la folide piété, & doué d'une pénétration d'efprit incroyable à tous ceux qui n'ont pas comme moi le bonheur de le voir & de l'entendre. Son fentiment a toujours été qu'un fujet, comme le vôtre, ne pouvoit être dignement traité que par un Auteur, qui à un génie étendu, joindroit de profondes connoiffances. Auffi quand je lui fis part de votre deffein, il donna ordre auffi-tôt que l'Ouvrage lui fût envoyé dès qu'il auroit paru. Il en attendoit infiniment, & il n'a point été trompé dans fon attente.

Il eft vrai que tout homme qui pofsede cet esprit d'ordre & de combinaison qui caractérise le Philosophe, pourra démontrer en général, d'après les premiers objets qui tombent sous nos sens, qu'il faut admettre une Religion & une Providence. Car puisqu'il n'est point de cause qui ne puisse être démontrée par chacun de ses effets, il n'est par conséquent aucun phenomene dans la nature qui ne fournisse une preuve de l'existence de Dieu. Or les preuves ne sont rien de plus que des arrangemens de nos pensées, propres à faire connoître la connexion des choses.

Mais quand il s'agit de démontrer la vérité de la Religion Chrétienne, il faut bien plus de matériaux & de recherches. Car il s'agit de la chute & de la réparation du genre humain, des différences des nations, des écritures les plus anciennes; & cette discussion demande non-seulement un Philosophe, mais encore un Savant, & même quelqu'un qui soit l'un & l'autre dans le degré le plus éminent. J'entends par un Savant, tel que vous êtes, Monsieur; car quel exemple puis-je citer plus à propos? & qui jamais mérita

mieux que vous ce glorieux titre dans le sens où nous allons le définir ? j'entends, dis-je, un homme qui possede & qui a combiné dans sa tête les événemens les plus importans arrivés dans le monde connu, dont la mémoire s'est conservée parmi les hommes ; & pour entrer dans un plus grand détail, j'entends un homme qui connoît les principaux phénomenes du ciel & de la terre, l'histoire de la nature & des arts, les émigrations des peuples, les révolutions des Langues & des Empires, l'état présent de l'univers, en un mot, qui possede toutes les connoissances qui ne sont pas purement de génie, & qu'on n'acquiert que par l'inspection même des choses & la narration des hommes ; & voilà ce qui fait la différence de la Philosophie à l'érudition ; la premiere est à la seconde ce qu'une question de raison ou de droit est à une question de fait. Or quoique les théoremes qu'on découvre par la seule force du génie puissent être écrits & transmis à la postérité, aussi bien que les observations & l'histoire, il y a pourtant entre les uns & les autres cette différence, que
les

les théoremes tirent leur autorité, non des Livres qui les ont fait parvenir jusqu'à nous, mais de l'évidence des démonstrations qui les accompagne encore aujourd'hui..... au lieu que l'autorité des histoires est toute fondée sur les monumens. C'est de-là qu'est née la critique, cet art si nécessaire, & qui a pour objet de discerner les monumens, tels que les inscriptions, les médailles, les Livres imprimés ou manuscrits. Pour moi je pense que si cet art oublié pendant si long-temps a reparu avec éclat, a été si soigneusement cultivé dans les deux derniers siecles, & si heureusement favorisé par la découverte de l'Imprimerie, c'est un effet de la divine Providence qui avoit principalement en vue de répandre plus de lumieres sur la vérité de la Religion Chrétienne. Je sais que l'histoire est d'une grande utilité pour fournir à la postérité de beaux modeles, exciter les hommes à faire aussi des actions qui immortalisent leur mémoire, fixer les limites des Empires, terminer les différens des Souverains. Je sais enfin que nous lui devons ce spectacle des révolutions humaines, si intéressant, si varié & si magnifique. Ces avantages sont grands, je l'avoue, mais ils ne prouvent point que l'érudition soit nécessaire. Hé combien est-il de nations qui en sont privées, & qui jouissent pourtant des principales commodités de la vie ? L'histoire & la critique ne sont donc vraiment nécessaires que pour établir la vérité de la Religion Chrétienne. Car je ne doute pas que si l'art de la critique périssoit une fois totalement, les instrumens humains de la foi divine, c'est-à-dire les motifs de crédibilité ne périssent en même temps, & que nous n'aurions plus rien de solide pour démontrer à un Chinois, à un Juif, ou à un Mahométan, la vérité de notre Religion. Supposez en effet que les histoires fabuleuses de Théodoric, dont les nourrices en Allemagne endorment les enfans, ne puissent plus être discernées d'avec les relations de Cassiodore, Ecrivain contemporain de ce Prince & son premier Ministre : supposez qu'il vienne un temps où l'on doute si Alexandre le Grand n'a pas été Général des Armées de Salomon, ainsi que les Turcs le croient ; supposez qu'au lieu de Tite-Live & de Tacite, nous n'ayons plus que quelques ouvrages bien écrits, si vous voulez, mais pleins de futilités, tels que sont ceux où l'on décrit aujourd'hui les amours des grands hommes; en un mot, faites revenir ces temps connus seulement par les Mythologistes, tels que sont ceux qui chez les Grecs ont précédé Hérodote, il n'y aura plus de certitude dans les faits ; & loin qu'on puisse prouver que les Livres de l'Ecriture sainte sont divins, on ne pourra pas seulement prouver qu'ils sont d'un tel temps & de tels Auteurs. Je crois même que le plus grand obstacle à la Religion Chrétienne dans l'Orient, vient de ce que ces peuples qui ignorent totalement l'histoire universelle, ne sentent point la force des démonstrations sur lesquelles la vérité de notre Religion est établie dans votre ouvrage; & ils ne la sentiront jamais parfaitement, à moins qu'ils ne se policent & ne s'instruisent dans notre Littérature. Je ne pense jamais à cela, que je ne voye avec chagrin cette classe d'Erudits, que nous appellons critiques, & qui est préposée dans la république des Lettres à la garde des monumens, diminuer tous les jours, au point de faire appréhender qu'elle ne s'éteigne dans quelque temps. Elle étoit au commencement de ce siecle très-florissante, & surchargée en quelque sorte du trop grand nombre de ses sujets. Personne n'étoit réputé savant, si on ne lui entendoit dire fréquemment, *j'efface, je corrige, j'ai un ancien manuscrit, les Copistes ont corrompu ce texte.* J'avoue que les disputes sur la Religion entretenoient & animoient ce genre d'étude ; car il n'y a point de mal qui ne donne naissance à quelque bien. Comme il falloit souvent disputer sur le sens des écritures, sur le sentiment des Anciens, sur les Livres supposés ou véritables ; & dans la grande liaison que toutes les choses ont entr'elles, comme on ne pouvoit juger des Ecrivains sacrés de chaque siecle, sans être versé dans la connoissance de tous les genres de monumens, il n'y eut donc rien dans toutes les Bibliotheques qui échappa à la curiosité & aux recherches des critiques. Jacques, Roi d'Angleterre lui-même, & plusieurs personnages qui occupoient les premiers rangs dans l'Eglife & dans l'Etat, fe mêloient dans ces difcuſſions au-delà peut-être de ce qui convenoit à leur caractere. Mais enfin ces difputes ayant dégénéré en guerre ouverte, & les fages voyant qu'après de fi longs débats & une fi grande effufion de fang, on étoit auſſi peu avancé qu'auparavant, qu'arriva-t-il ? c'eſt que la paix étant faite, pluſieurs perſonnes fe dégoûterent de ces queſtions, & en général de l'étude de l'antiquité. Il fe fit alors une révolution, qui fut pour ainſi dire une nouvelle époque dans les études. Quelques Auteurs célebres, par de belles découvertes & des fyſtêmes heureux, tournerent les efprits vers l'étude de la nature, en leur faifant efpérer qu'avec le fecours des Mathématiques, ils parviendroient à la connoître. Ces Auteurs furent Galilée en Italie, Bacon, Harvée & Gilbert en Angleterre, Defcartes & Gaffendi en France, & un homme qui ne le cede à aucun des premiers, Joachim Jungius, en Allemagne. Il faut convenir que ce dernier genre d'étude a de grands attraits & une utilité évidente. Ce n'eſt pas ici le lieu de faire connoître en quoi il me paroît aujourd'hui défectueux, & comment il arrive que les disciples de quelques-uns de ces grands hommes, au milieu de tant de secours, ne font pourtant rien de mémorable. Je me contente d'observer que depuis cette époque, l'étude de l'antiquité & l'érudition solide, sont tombées dans une espece de mépris, jusque là que quelques Auteurs affectent de n'employer aucune citation dans leurs ouvrages, soit qu'ils veuillent paroître avoir écrit de génie, soit qu'ils ne cherchent qu'un prétexte à leur paresse. Cependant dans les choses de fait, l'usage des autorités & des témoignages est absolument nécessaire, à moins qu'on ne prétende qu'un écrit fait sur le champ, est préférable à un traité où l'on a mis des discussions & des recherches.

Ainsi, Monsieur, dans la crainte qu'un préjugé si dangereux ne s'étende de plus en plus, il est bon d'avertir les hommes, en leur proposant en même temps votre bel ouvrage pour modele, qu'il est de l'intérêt de la Religion que le goût de la bonne érudition se conserve. C'étoit un avertissement que M. Casaubon le fils a déjà donné il n'y a pas bien long-temps dans des écrits anglois. Il y déclare, & non sans raison, qu'il craint beaucoup pour la piété, si l'on néglige l'étude de l'antiquité & les bonnes lettres, pour se livrer uniquement à la recherche de la nature. Aussi je n'approuve point du tout ces hommes sans respect pour l'antiquité, & qui parlent de Platon & d'Aristote comme de quelques misérables Sophistes. S'ils avoient lu avec plus d'attention les écrits de ces grands hommes, ils tiendroient un tout autre langage. Car j'ose dire que la doctrine de Platon sur la Métaphysique & la Morale, que peu de personnes puisent dans sa source, est sainte & juste ; & tout ce qu'il dit de la vérité & des idées éternelles, vraiment admirable. La Logique, la Rhétorique & la Politique d'Aristote, entre les mains d'un homme qui a du génie & de l'expérience, sont d'une très-grande utilité dans le cours de la vie. La véritable notion du continu qu'il nous a donnée dans sa Physique secrette, & qu'il a défendue contre les spécieuses erreurs des Platoniciens, est une chose d'un grand prix. Enfin ceux qui entendront

Apollonius & Archimede, admireront avec plus de réserve les découvertes de nos Modernes les plus illustres.

SUITE DU MÊME SUJET.

Pag. 461. Epistola 5.

JE suis bien fâché (il écrit encore à Monsieur Huet) que mes Lettres vous soient parvenues si tard; j'en admire d'autant plus votre bonté, puisque vous avez bien voulu répondre avec tant de politesse à des Lettres non-seulement écrites à la hâte, mais encore qui n'avoient plus le mérite de l'apropos : car j'y parlois de votre ouvrage comme n'étant point imprimé, & pourtant il avoit paru depuis long-temps au moment où elles vous ont été rendues. Il est parvenu de très-bonne heure à notre Souverain; j'avois si bien pris mes mesures, qu'il est difficile qu'en Allemagne personne l'ait eu avant nous. En cela, je n'ai pas seulement servi mon inclination propre : j'ai encore rempli les intentions de mon Prince qui avoit depuis long-temps le plus grand empressement de le voir. A peine étoit-il arrivé, qu'il en a parcouru lui même les principaux articles ; & il m'a chargé d'examiner les autres avec soin & de lui en rendre compte. Je n'ai jamais exécuté d'ordre avec plus de plaisir. Ciel ! quel trésor d'érudition vous avez renfermé dans cet ouvrage ? quelle abondance & en même temps quel ordre ? L'abondance est telle qu'il semble que vous ayez dû travailler plusieurs années à en rassembler les matériaux : & d'un autre côté, tout s'y suit, tout y est enchaîné d'une maniere si naturelle, qu'on pourroit croire que vous l'avez composé d'un seul trait, pour ainsi dire, & avec le seul secours de la mémoire.

Assurément, vous pouvez vous flatter d'avoir laissé un ouvrage immortel, & vous ne pouviez faire un plus sage & plus magnifique emploi de cette érudition qui vous a coûté tant de veilles. Vous avez bien démontré le point capital, c'est-à-dire que les prophéties ont été accomplies en Notre-Seigneur. Comment en effet un si merveilleux accord pourroit-il

E v

être l'ouvrage du hasard ? Pour moi qui n'ai jamais douté que ce monde ne fût gouverné par une souveraine Providence, je regarde comme un trait particulier de cette Providence divine, que la Religion Chrétienne, dont la morale est si sainte, ait été revêtue à nos yeux de tant d'admirables caracteres. Car je ne disconviens pas que cette même Providence se manifeste dans la conservation de l'Eglise Catholique. Ainsi pour en venir à la derniere partie de votre Lettre, j'ose dire qu'il ne tient pas à moi & à plusieurs autres, que nous ne communiquions avec les Catholiques. Si on nous repousse, ou qu'on exige de nous des conditions qu'il ne soit pas en notre pouvoir de fournir, vous êtes trop équitable pour ne pas voir qu'il n'y a plus rien à nous imputer.....

MAXIME DU PLUS SÛR

En matiere de Religion.

Tom. 5. p. 53. Remarques sur l'Enthousiasme.

MILORD Shaftsbury réfute une maxime que bien des habiles gens prennent pour excellente, & il cite à la marge l'Archevêque Tillotson, Monsieur Pascal & autres. Voici comme l'on conçoit ici cette maxime : c'est qu'il faut faire tous ses efforts pour avoir de la foi, & croire sans exception tout ce qu'on nous enseigne ; parce que s'il n'est rien de ce que nous croyons, il ne nous arrivera aucun mal de nous être ainsi trompés : mais si ce que l'on nous enseigne est effectivement comme on nous le dit, nous courons grand risque, & nous avons tout à appréhender de notre manque de foi.

L'Auteur croit que cette pensée est injurieuse à Dieu & rend les gens plus libertins : mais il me semble que la maxime n'est pas bien conçue ;

E vj

il ne s'agit pas tant de la foi que de la pratique. Monsieur Arnaud, dans son Art de penser, & Monsieur Pascal, dans ses Pensées, soutiennent que le plus sûr, est de vivre conformément aux lois de la piété & de la vertu, parce qu'il n'y aura point de danger de le faire, & qu'il y en aura beaucoup de ne le pas faire. Ce raisonnement est bon ; il ne donne pas proprement une croyance, mais il oblige d'agir suivant les préceptes de la croyance : car on n'a pas la croyance quand on veut, mais on agit comme l'on veut. Ce n'est pas le manque de croyance qui mérite proprement d'être puni, mais la malice & l'obstination ; & c'est ce que beaucoup de Théologiens reconnoissent expressément.

MANIERE ABRÉGÉE

De démontrer la vérité de la Religion Chrétienne.

Tome 5. pag. 344. Epiſtola 2. ad Spizelium.

C'est un Ouvrage preſqu'immenſe, qu'une réfutation ſolide & complette de tout ce qu'on peut objecter contre la Religion Chrétienne, parce qu'une ſemblable réfutation enveloppe toutes les grandes difficultés de la Théologie exégétique, hiſtorique, ſcholaſtique & polémique. Il eſt donc convenable de traiter la matiere en abrégé, juſqu'à ce que quelqu'un la traite dans toute ſon étendue; & voici comment on doit procéder. Il faut d'abord démontrer rigoureuſement la vérité de la Religion naturelle, c'eſt-à-dire l'exiſtence d'un Etre ſouverainement puiſſant & ſouverainement ſage, que nous appellons Dieu, & l'immortalité de notre ame. Ces deux Points ſolidement établis, il n'y a plus qu'un pas à faire. Qu'on remarque d'un côté que Dieu n'a jamais dû laiſſer les hommes ſans une religion véritable; & que de l'autre on montre qu'il n'eſt aucune religion connue, qui conſidérée par rapport aux motifs de crédibilité, puiſſe entrer en paralele avec la Religion chrétienne; la néceſſité d'embraſſer celle-ci eſt une conſéquence immédiate de ces deux vérités évidentes. Cependant, afin que la victoire fût parfaitement complette, & que la bouche fût à jamais fermée aux impies, je ne me laſſe pas de déſirer qu'un jour il s'éleve quelqu'homme ſavant dans l'Hiſtoire, les Langues, la Philoſophie, en un mot dans tous les genres d'érudition, qui montre avec évidence toute l'harmonie & la beauté de la Religion chrétienne, & qui diſſipe ſans retour les objections innombrables qu'on peut propoſer contre ſes dogmes, ſon texte & ſon hiſtoire.

MANIERE DE BIEN ÉTABLIR

La vérité de la Religion Chrétienne.

Tome 6. pag. 243. Lettre 5 à M. Th. Burnet.

UN Théologien habile, qui a été Professeur de Mathématiques, me consulta derniérement si on ne pourroit pas écrire la Théologie, *methodo mathematicâ*. Je lui répondis qu'on le pouvoit assurément, & que j'avois moi-même fait des échantillons là dessus; mais qu'un tel Ouvrage ne pourroit être achevé, sans donner auparavant aussi des élémens de Philosophie, au moins en partie, dans un ordre mathématique, c'est-à-dire, autant qu'il seroit nécessaire pour la Théologie. Et comme vous désirez aussi, Monsieur, que je vous dise mes sentimens sur la maniere de bien établir la vérité de la Religion chrétienne, & que votre zele sur ce point est extrêmement louable, je vous dirai ce que je souhaiterois qu'on fît.

Je vous avoue que nous avons quantité d'excellens Livres sur la vérité de la Religion chrétienne. Les Peres qui ont écrit contre les Païens, ont été plus heureux à combattre l'idolâtrie, qu'à soutenir nos mysteres. Il faut avouer néanmoins que les Ouvrages d'Origene contre Celse, de Lactance contre les Païens en général, de S. Cyrille contre l'Empereur Julien, & de S. Augustin, *de civitate Dei*, contiennent des choses excellentes, à quoi on peut ajouter ce que Philoponus a fait contre Proclus, quoique les raisonnemens de Philoponus ne soient pas toujours exacts. Je trouve encore bien des bonnes raisons dans S. Grégoire de Nysse. Du temps des Scholastiques, on a fait plusieurs bons Livres contre les Juifs & les Mahométans, à quoi on peut ajouter ce que Thomas d'Aquin a fait *contra gentes*. Lorsque les Lettres ont été ressuscitées, Pic de la Mirande & Reuchlin ont profité des Livres des Cabalistes Juifs; le Cardinal Bessarion & d'autres Platoniciens se sont servi utilement des Livres de Platon, de Plotinus & d'autres Platoniciens, en quoi ils ont suivi l'exemple des Peres, & sur-tout de l'Auteur du Livre faussement attribué à Saint Denys l'Aréopagite, qui auroit été apporté en Europe dans le neuvieme siecle. Auguſtinus Steuchus fit un enchaînement aſſez joli de toutes ces choſes dans ſon Livre *de perenni Philoſophia*. Mais l'Ouvrage de M. Dupleſſis Mornay, *De la vérité de la Religion chrétienne*, le ſurpaſſa de beaucoup; & l'incomparable Grotius ſe ſurpaſſa lui-même, & tous les autres anciens & modernes, dans ſon Livre d'or qu'il fit ſur le même ſujet. Il a été ſuivi de pluſieurs autres. Je me ſouviens d'avoir vu un petit Livre de Brenius, Théologien remontrant, ſur la vérité de notre Religion, qui n'étoit pas mauvais. Depuis peu Monſieur Huet, maintenant Evêque d'Avranches, s'attacha particuliérement dans ſes démonſtrations évangéliques à montrer que les Prophéties du vieux Teſtament avoient été exactement remplies en la perſonne de Jeſus-Chriſt; & comme Dieu ſeul peut dire des particularités ſur l'avenir, qui paſſent les Anges mêmes, il en conclut que les Livres des deux Teſtamens ſont divins. Ce raiſonnement eſt bon, & le Livre eſt plein d'érudition, quoique je ne ſois pas de ſon ſentiment à l'égard de toutes les digreſſions bien que ſavantes qu'il fait entrer dans son Ouvrage, lorsqu'il fait venir de Moïse & des Hébreux presque toutes les Divinités & les Fables du Paganisme; en quoi il me semble que non-seulement lui, mais encore plusieurs autres excedent, & donnent trop de carriere à l'imagination & aux jeux d'esprit. Mais ce petit défaut ne fait point de tort au raisonnement principal. Je ne vous parlerai point de plusieurs Auteurs tant Anglois que François, & même Allemands, qui ont écrit tout fraîchement sur le même sujet; & au lieu de juger des Ouvrages d'autrui, je vous dirai comment il faudroit procéder, à mon avis, pour mieux satisfaire les esprits raisonnables.

J'ai remarqué plusieurs fois, tant en Philosophie qu'en Théologie, & même en matiere de Médecine, de Jurisprudence & d'Histoire, que nous avons une infinité de bons Livres & de bonnes pensées dispersées çà & là, mais que nous ne venons presque jamais à des *établissemens*; j'appelle *établissemens* lorsqu'on détermine, on acheve au moins certains points, & on met certaines theses hors de dispute pour gagner du terrain & pour avoir des fondemens fur lefquels on puiffe bâtir. C'eft proprement la méthode des Mathématiciens qui féparent *certum ab incerto, inventum ab inveniendo*; & c'eft ce qu'en d'autres matieres nous ne faifons prefque jamais, parce que nous aimons à flatter les oreilles par de beaux difcours, qui font un mélange agréable du certain & de l'incertain, pour faire recevoir l'un à la faveur de l'autre. Cette maniere d'écrire eft aifée aux Savans & aux Beaux-Efprits, qui ne manquent ni de penfées, ni de connoiffances, ni d'expreffions agréables; & plaît auffi aux Lecteurs, qu'elle amufe avec plaifir pendant la lecture. Mais c'eft ordinairement un bien paffager, comme la Mufique & la Comédie, qui ne laiffe (*pag.* 245.) prefque point d'effet dans les efprits & ne les met point en repos; & cela fait qu'on tourne toujours en rond, & qu'on traite toujours les mêmes queftions d'une maniere problématique & fujette à mille exceptions. On mena un jour M. Cafaubon le pere dans une falle de la Sorbonne, & on lui dit qu'il y avoit plus de trois cents ans qu'on y difputoit; il répondit, *qu'a-t-on décidé?* Et c'eft juftement ce qui nous arrive dans la plupart de nos études. Votre grand Bacon a fait la même remarque. Les hommes n'étudient ordinairement que par ambition & par intérêt, & l'éloquence leur sert pour obtenir leur but ; au lieu que la vérité demande des méditations profondes, qui ne s'accommodent pas avec les vues intéressées de la plupart de ceux qui se donnent aux Etudes. C'est ce qui fait que nous avançons si peu, quoique nous ne manquions pas d'excellens esprits qui pourroient aller bien loin, s'ils s'y prenoient comme il faut. Je suis assuré que si nous nous servions bien des avantages & des connoissances que Dieu & la nature nous ont déjà fournies, nous pourrions déjà remédier à quantité de maux qui accablent les hommes, & guérir même quantité de maladies, qui ne se guérissent point par notre faute ; & de même nous pourrions bien établir la vérité de la Religion, & terminer bien des controverses qui partagent les hommes & causent tant de maux au genre humain, si nous voulions méditer avec ordre & procéder comme il faut. Il est vrai que plusieurs sont si entêtés, que quand on leur donneroit des démonstrations de Mathématiques les plus incontestables, ils ne se rendroient pas ; mais il seroit toujours bon d'avoir ces démonstrations qui feroient leur effet tôt ou tard sur des esprits de meilleure trempe. Voilà donc ce que je désire qu'on fasse.

Voici maintenant comment il faudroit procéder. Je distingue les propositions dont je voudrois qu'on fît des établissemens, en deux especes : les unes se peuvent démontrer absolument par une nécessité métaphysique & d'une maniere incontestable; les autres se peuvent démontrer moralement, c'est-à-dire, d'une maniere qui donne ce qu'on appelle certitude morale, comme nous savons qu'il y a une Chine & un Pérou, quoique nous ne les ayons jamais vus, & n'en ayons point de démonstration absolue. Saint Augustin, dans son Livre *de utilitate credendi*, a déjà fait de bonnes réflexions sur cette espece de certitude. C'est comme nous savons que nous ne songeons pas à présent, quand nous lisons & écrivons cette lettre, quoiqu'il seroit possible à Dieu de nous faire paroître toutes les choses dans un songe de la maniere qu'elles nous paroissent présentement, & qu'ainsi il n'y a point de nécessité métaphysique qui nous assure que nous ne songeons pas. Ainsi donc les vérités & les conséquences théologiques sont aussi de deux especes : les unes sont d'une certitude métahysique, & les autres sont d'une certitude morale. Les premieres supposent des définitions, des axiomes & des théoremes, pris de la véritable Philosophie & de la Théologie naturelle. Les secondes supposent en partie l'histoire & les faits, & en partie l'interprétation des textes ; & pour établir la vérité & l'antiquité des faits, la génuinité & la divinité de nos Livres sacrés, & même l'antiquité ecclésiastique, & enfin le sens des textes, il faut encore avoir recours à la véritable Philosophie, & en partie à la Jurisprudence naturelle. De sorte qu'il semble qu'un tel Ouvrage demande non-seulement l'Histoire & la Théologie ordinaire, mais encore la Philosophie, la Mathématique & la Jurisprudence ; car la Philosophie a deux parties, la théorique & la pratique. La Philosophie théorique est fondée sur la véritable analyse, dont les Mathématiciens donnent des échantillons, mais qu'on doit appliquer aussi à la Métaphyfique & à la Théologie naturelle, en donnant de bonnes définitions & des axiomes folides. Mais la Philofophie pratique eft fondée fur la véritable Topique ou Dialectique, c'eft-à-dire, fur l'art d'eftimer les degrés des preuves, qui ne fe trouve pas encore dans les Auteurs Logiciens, mais dont les feuls Jurifconfultes ont donné des échantillons qui ne font pas à méprifer, & qui peuvent fervir de commencement pour former la fcience des preuves, propre à vérifier les faits hiftoriques & à donner le fens des textes. Car ce font les Jurifconfultes qui s'occupent ordinairement de l'un & de l'autre dans les procès. Ainfi avant qu'on puiffe traiter la Théologie par la méthode des établiffemens, comme je l'appelle, il faut une Métaphyfique ou Théologie naturelle démonftrative, & il faut auffi une Dialectique morale, & une Jurifprudence naturelle, par laquelle on apprenne démonftrativement la maniere d'eftimer les degrés des preuves. Car plufieurs argumens probables joints enfemble font quelquefois une certitude morale, & quelquefois non. Il faut donc une méthode certaine pour le pouvoir déterminer. On dit souvent avec justice que les raisons ne doivent pas être comptées, mais pesées; cependant personne ne nous a donné encore cette balance qui doit servir à peser la force des raisons. C'est un des plus grands défauts de notre Logique, dont nous nous ressentons même dans les matieres les plus importantes & les plus sérieuses de la vie (*pag.* 246.), qui regardent la justice, le repos & le bien de l'Etat, la santé des hommes & même la Religion. Il y a presque trente ans que j'ai fait ces remarques publiquement, & depuis ce temps j'ai fait quantité de recherches pour jeter les fondemens de tels Ouvrages; mais mille distractions m'ont empêché de mettre au net ces Elémens Philosophiques, Juridiques & Théologiques que j'avois projetés. Si Dieu me donne encore de la vie & de la santé, j'en ferai ma principale affaire. Je ne prouverois pas encore tout ce qu'on peut prouver, mais je prouverois au moins une partie très-importante pour commencer la méthode des établissemens, & pour donner occasion aux autres d'aller plus loin....

Vous

DE LEIBNITZ. 121

Vous avez raison, Monsieur, de dire que les travaux qui serviroient à établir la vérité de la Religion, vaudroient mieux que l'histoire de Brunswick. Je serois bien fâché aussi, si je devois être toujours occupé à cette histoire. Mais comme presque tout ce que je me suis proposé pour l'histoire de Brunswick est mis ensemble, & qu'il ne reste à mettre que la derniere main & la connexion, je la compte quasi pour faite.... J'espere que mes découvertes de Mathématiques, dont le Public est déjà instruit maintenant, & qui ont été même applaudies des plus excellens hommes de votre île, (où pourtant les Sciences Mathématiques sont dans leur trône), contribueront en quelque chose à donner du crédit à mes Méditations Philosophico-Théologiques. Et à propos de cela je vous raconterai une petite histoire de feu M. Pascal, que j'avois apprise de feu M. le Duc de Roannez, qui avoit été son ami particulier. Vous savez que M. Pascal, (qui est mort trop tôt) s'étoit à la fin adonné à établir les vérités de la Religion ; & comme il passoit, avec raison, pour un excellent Géometre, ses amis bien inten-

Tome I. F

tionnés pour la Religion, étoient bien aises de son dessein, parce qu'ils jugeoient que cela seroit avantageux à la Religion même, quand on verroit par son exemple que des esprits forts & solides peuvent être bons Chrétiens en même temps. Il arriva que M. Pascal trouva quelques vérités profondes & extraordinaires en ce temps-là sur la Cycloïde; & comme ses amis croyoient que d'autres auroient de la peine à y parvenir, parce qu'en effet ces méthodes étoient nouvelles alors, ils le pousserent à les proposer en forme de problêmes à tous les Géometres du temps; parce qu'ils croyoient que cela serviroit encore davantage à relever sa réputation, si d'autres n'y pouvoient point arriver. Mais M. Wallis en Angleterre, le P. la Loubere en France, & encore d'autres trouverent moyen de résoudre ces problêmes, & cela fit même quelque tort à M. Pascal, parce qu'on ne savoit pas ses raisons. Pour moi qui n'ai pas la vanité de faire comparaison avec cet homme célèbre, & qui n'ai point cette opinion de moi, que je puisse faire des choses où d'autres ne puissent point arriver, je n'ai pas laissé d'avoir le bonheur de faire quelques découvertes qui ont cela de bon, qu'elles ouvrent le chemin pour aller plus loin, & qu'elles augmentent le nombre des méthodes qui font partie de l'art d'inventer. J'ai encore eu le bonheur de produire une machine arithmétique infiniment différente de celle de M. Pascal, puisque la mienne fait les grandes multiplications & divisions en un moment, & sans additions ou soustractions auxiliaires; au lieu que celle de M. Pascal, dont on parloit comme d'une chose merveilleuse, (& non sans raison), n'étoit proprement que pour les additions & soustractions qu'on pouvoit combiner avec les bâtons de Neper, comme a fait depuis M. Moreland; c'est pourquoi Messieurs Arnaud, Huygens, & même Messieurs Perrier, neveux de M. Pascal, quand ils eurent vu mon échantillon à Paris, avouerent qu'il n'y avoit point de comparaison entre celle de M. Pascal & la mienne. Je ne vous en dis pas davantage, parce qu'il semble que vous l'avez vu ici vous-même. Ainsi, si les belles productions de Monsieur Pascal dans les Sciences les plus profondes, devoient donner du poids

F ij

aux pensées qu'il promettoit sur la vérité du Christianisme ; j'oserois dire que ce que j'ai eu le bonheur de découvrir dans les mêmes Sciences, ne feroit point de tort à des méditations que j'ai encore sur la Religion, d'autant que mes méditations sont le fruit d'une application bien plus grande & bien plus longue que celle que Monsieur Pascal avoit donné à ces matieres relevées de Théologie.... Enfin si Dieu me donne encore pour quelque temps de la santé & de la vie, j'espere qu'il me donnera aussi assez de loisir & de liberté d'esprit pour m'acquitter de mes vœux, faits il y a plus de trente ans, pour contribuer à la piété & à l'instruction sur la matiere la plus importante de toutes.

REMARQUES

Sur le Livre de Toland, le Christianisme sans mysteres.

Tome 5. pag. 142. Annotatiunculæ subitaneæ ad Tolandi librum.

J'AVOIS souvent entendu parler d'un Livre Anglois intitulé : *Le Christianisme sans mysteres*. Enfin il vient de me tomber entre les mains. Je n'ai pu m'empêcher de le parcourir aussi-tôt. J'ai même jeté, en le lisant, quelques remarques sur le papier, ainsi que j'ai coutume de faire, sur-tout lorsque les Livres sont singuliers. Il faut d'abord convenir que l'ouvrage en question est ingénieusement écrit ; &, comme la charité n'est point soupçonneuse, je me persuade volontiers que l'Auteur, qui montre beaucoup d'esprit & d'érudition, & dont apparemment les intentions sont fort bonnes, s'est proposé de rappeller les hommes de la Théologie théorétique à la Théologie pratique, & des disputes sur la personne

F iij

de Notre-Seigneur au désir d'imiter sa vie (*): quoique la route qu'il a prise pour arriver à ce but ne me paroisse pas par-tout assez droite & assez unie, il est bien vrai que la Théologie chrétienne est essentiellement pratique, & que le premier objet de Notre-Seigneur a été plutôt de sanctifier la volonté des hommes, que d'éclairer leur esprit sur des vérités inconnues.

Ce n'est pourtant pas une raison de nier que Notre-Seigneur nous ait révélé quelques points de doctrine auxquels la raison ne sauroit atteindre; & l'on doit éviter avec soin non-seulement tout ce qui pourroit fomenter l'esprit de parti chez les Théologiens, mais beaucoup plus encore, ce qui pourroit rendre le Clergé réformé odieux ou méprisable au peuple. Une Secte ennemie du Clergé seroit la plus pernicieuse de toutes. Elle pourroit donner lieu à des troubles que notre Auteur est, à ce que je pense, très-éloigné de vouloir exciter, puisqu'il fait profession, comme il convient à

(*) Les disputes sur ce dogme étoient alors très-communes en Angleterre, & occupoient les plus savans hommes.

un honnête homme, de tourner toutes ses pensées vers le bien public...

Le titre de son Livre me paroît d'abord aller trop loin. Le voici : *Le Christianisme sans mystères, ou Traité dans lequel on montre qu'il n'y a rien dans l'Evangile de contraire à la raison, rien au-dessus de la raison, & qu'ainsi aucun article de la Doctrine Chrétienne ne peut, à proprement parler, être appellé mystere.* On convient généralement, il est vrai, que la Doctrine Chrétienne ne doit renfermer aucun point qui soit contraire à la raison, c'est-à-dire absurde. Mais qu'elle ne puisse en contenir aucun qui soit au-dessus de la raison, je ne vois pas avec quelle probabilité on peut le dire ; puisque la Nature divine elle-même, qui est infinie, est nécessairement incompréhensible, & qu'il y a même dans toutes les substances quelque chose d'infini ; ce qui est au fond la raison pour laquelle nous ne pouvons parfaitement comprendre que les seules notions incomplettes, telles que sont les notions des nombres, des figures, & des autres modes de ce genre, fruits des abstractions de l'esprit humain. J'avoue pourtant, avec l'Auteur, que nous avons quelqu'idée de l'infini absolu ou considéré en lui-même; mais notre intelligence bornée ne nous permet pas la connoissance distincte d'une infinité de rapports, sans laquelle pourtant nous ne pouvons le plus souvent rien comprendre parfaitement, sur-tout dans les choses divines.

Aussi je m'étonne que l'Auteur, au commencement de son Livre, lorsqu'il établit l'état de la question, blâme ceux qui disent, qu'il faut adorer ce qu'on ne peut comprendre. Rien pourtant ne me paroît plus incontestable que cette maxime, à moins que dans le langage que l'Auteur emploie quelquefois, comprendre & connoître ne signifient la même chose. Mais ce sens n'est point conforme à l'usage dont il ne faut pourtant point s'écarter facilement dans les écrits faits pour le commun des hommes.

REMARQUES
sur la premiere Section.

JE viens à la premiere Section de l'Ouvrage...... L'Auteur dans le second chapitre, définit la connoissance, *la perception de la convenance ou de la disconvenance entre les idées*. Je trouve ici quelque difficulté. La définition me paroît juste si on l'applique à notre connoissance *rationelle*, c'est-à-dire, à la connoissance que nous déduisons des idées ou des définitions, & que nous appellons *à priori* ; mais elle est fausse, entendue de cette autre connoissance expérimentale, puisée dans les effets, & que nous appellons *à posteriori*. Souvent les idées qui forment cette derniere ne sont pas distinctes, & par conséquent nous ne percevons point leur convenance ou leur disconvenance. Par exemple, l'expérience nous apprend que les acides mêlés avec le sirop de violettes, le teignent en rouge ; mais nous ne connoissons point les rapports qu'ont entr'elles les idées de l'acide, du rouge & du violet, parce que ces idées ne sont point encore dans notre esprit assez distinctes. Il n'y a que Dieu seul qui puisse tout connoître dans ses idées....

L'Auteur dans le chapitre quatrieme établit *que l'évidence est le fondement de la persuasion*. Je ne conteste point ce principe, je veux seulement qu'on n'en abuse point. Car quoique les points dont nous sommes persuadés, ne soient pas toujours évidens, les motifs sur lesquels nous en avons été persuadés doivent toujours être évidens. Par exemple, l'autorité des personnes sur le témoignage de qui nous croyons un fait, doit nous être évidente, quoique nous ne comprenions pas toujours la maniere dont ce fait est arrivé.

Ainsi ceux qui ne conçoivent pas comment un homme a pu successivement, & dans un court espace de temps, rendre par la bouche une grande quantité de lait, d'encre, de biere, de vin du Rhin, de vin de la Valteline, d'esprit de vin, & d'autres liqueurs, en présence de personnes intelligentes & qui observoient de près; ceux là, dis-je, peuvent pourtant croire le fait comme certain, non pas tant sur mon témoignage, quoique je l'aye vu deux fois à Hanovre de mes propres yeux, que sur le témoignage d'une foule de personnes, qui en ont été, comme moi, témoins oculaires; & ils peuvent compter pour rien la contradiction de quelques Auteurs qui ont prétendu sans fondement que les liqueurs que rejettoit l'homme dont nous avons parlé, n'étoient pas réellement différentes, & qu'elles ne paroissoient telles aux yeux des spectateurs qu'à la faveur de je ne sais quelles essences dont il savoit les colorer dans sa bouche.

Cette évidence que nous convenons être le fondement de la persuasion, se rencontre, quand il s'agit de la foi divine, non pas dans l'objet de cette foi, mais dans les preuves que les Théologiens appellent communément *les motifs de crédibilité....*

REMARQUES
sur la seconde Section.

L'Auteur reconnoît qu'*aucun Théologien de sa connoissance n'enseigne qu'il faille croire ce qu'on avoue en même temps être contraire à la raison; mais la plupart,* dit-il, *enseignent pourtant qu'il peut très-bien arriver qu'un dogme de foi paroisse au moins contraire à la raison;* c'est ce que notre Auteur combat dans le premier chapitre. Je remarquerai en paffant, que les Evangéliques qu'il nomme *Luthériens*, quoique plufieurs des principaux d'entre eux rejettent cette dénomination, n'admettent pas, comme il le prétend, le dogme de l'impanation dans l'Euchariftie, & que tous leurs Théologiens ne reconnoiffent pas non plus *l'ubiquité*, ou pour mieux dire, la préfence du corps de Notre-Seigneur dans tous les lieux. Mais il blâme avec raifon les Sociniens d'admettre une efpece de Dieu créé auquel on peut rendre les honneurs divins. Par rapport aux notions communes avec lefquelles s'accordent ou ne s'accordent pas les vérités divines, les bons Théologiens ont diftingué depuis long-temps entre les vérités d'une néceffité métaphyfique, dont le contraire implique contradiction, & auxquelles par conféquent aucune vérité divine ne peut être oppofée; & les vérités phyfiques qui font puifées dans l'expérience, & tirées pour ainfi dire de la coutume du monde, à laquelle rien n'empêche que Dieu ne déroge, puifque dans la Nature nous voyons fouvent arriver quelque chofe de femblable, comme l'Auteur lui-même en convient dans la suite. Telle est cette vérité; une masse de fer, de sa nature, plongée dans l'eau y descendra; ce qui n'arrive pourtant pas si elle est plate & en forme de vase. Et qui doute que Dieu n'ait en son pouvoir bien d'autres moyens de produire le même effet, en mettant seulement en œuvre ce que nous pouvons appeller les secrets de la nature ?

Mais finissons sur ce point, & examinons si l'Auteur a raison de prétendre que dans la question présente *une contradiction réelle & une contradiction apparente reviennent au même.* Pour moi, je ne saurois me le persuader : j'avoue bien qu'ordinairement nous devons suivre les apparences, & qu'elles nous tiennent lieu de la vérite ; mais lorsque plusieurs apparences s'offrent, & qu'elles sont opposées entr'elles, la regle n'a plus lieu ; & il faut examiner quelle vraisemblance il convient de suivre préférablement aux autres. Ici même on ne doit pas seulement considérer quel est le sentiment le plus vraisemblable, mais encore quel est le plus sûr.

Ainsi par exemple on me propose

un parti où la probabilité du gain est plus grande que la probabilité de la perte ; mais si le gain est fort modique & la perte très-considérable, & si la raison de la perte au gain est beaucoup plus grande que la raison de l'espérance à la crainte, je dois prudemment rejeter le parti proposé. De même si les paroles d'un maître favorisent un sentiment, & que les apparences des choses en favorisent un autre, & si en m'attachant littéralement aux paroles du maître, les affaires du maître ne courent aucun risque, tandis qu'en m'en écartant je m'expose moi-même à quelque danger, la prudence me dictera sans doute de m'attacher aux paroles & de ne point m'écarter de la lettre, sous prétexte du sens ; & cette conduite sera d'autant plus raisonnable, que le maître est plus puissant & plus sage. Et ne voit-on pas tous les jours dans le militaire punir sévérement un Officier, qui sans une raison très-forte, ne suit pas à la lettre les ordres de son Général ? Au reste j'entends ici par *contradiction apparente* celle qui se présente d'abord, & avant que la chose ait été suffisamment discutée. Si un Seigneur, par exemple, jette un premier coup d'œil fur des comptes que lui préfente fon homme d'affaires, & croit appercevoir une erreur dans le calcul ou dans la matiere du calcul, il ne doit pas s'en rapporter à ce premier jugement, il doit attendre qu'un examen réitéré & une difcuffion exacte le confirme: parce que l'expérience apprend que dans toutes les chofes compliquées, rien n'expofe plus à l'erreur que la précipitation dans les jugemens.

L'Auteur dit au même lieu, *qu'on ne peut croire que ce qu'on conçoit:* cela eft vrai, pourvu qu'on ne l'étende pas trop loin. Sans doute, il faut que les paroles ayent quelque fens, mais il n'eft pas toujours néceffaire que les idées foient diftinctes, à plus forte raifon *adéquates:* ainfi que le prouvent les expériences dont j'ai parlé plus haut, expériences que nous croyons, quoique plufieurs des objets immédiats de nos fens, tels que font les couleurs & les odeurs, ne portent pas dans notre efprit des idées bien diftinctes. Notre Auteur lui-même, ne parle-t-il pas avec la plus grande partie des Métaphyficiens, de la fubftance comme d'un *foutien?* ne parle-t-il pas de *caufe* & de plufieurs autres objets dont les notions ne font peut-être pas dans le commun des hommes affez diftinctes? J'ai même montré ailleurs qu'il y avoit jufques dans la Géométrie, des premieres notions qui n'avoient point encore été affez développées par les Géometres. Plus une perfonne a médité, plus elle fent les défauts dont je parle, & plus fon efprit eft difpofé à cette retenue & à cette modeftie qui n'exige & ne promet point trop, fur-tout dans les matieres de Religion.

On avance dans le fecond chapitre que *la révélation eft une maniere d'inftruire, & non pas une preuve qui convainque.* Si l'Auteur prétend dire que la révélation ne mérite pas plus de créance qu'un maître à qui l'on ne croit qu'autant qu'il prouve, ou qu'il fournit des idées diftinctes, l'affertion eft infoutenable. Car le *Révélateur* n'eft pas feulement à nos yeux un Docteur ou un maître, mais encore un témoin & même un Juge irréfragable, dès que nous fommes affurés que c'eft Dieu lui-même qui révele. C'eft ainfi que dans les choses humaines pour parvenir à la certitude, cette *évidence dans les choses* que l'Auteur exige, n'est pas toujours nécessaire, l'évidence dans *les personnes* souvent est suffisante. Il en est autrement dans les sciences qui sont de pur raisonnement. Si un maître m'enseigne la Géométrie, par exemple, alors j'accorde ce que l'Auteur avoit auparavant un peu trop généralement avancé, que *le fondement de ma persuasion n'est pas l'autorité du maître, mais la clarté des conceptions.* Sans doute il est encore très-vrai que la révélation ne doit rien contenir qui ne soit digne de Dieu, qui est la souveraine raison. Mais dans l'ordre de la Nature elle-même, combien de choses nous ont paru absurdes à cause de notre ignorance, parce que nous ne sommes pas situés dans le véritable centre du monde, qui est le seul point de vue convenable pour en découvrir & en admirer toute la magnifique harmonie. Ainsi le Roi Alphonse, célebre par son goût pour l'Astronomie, croyoit follement que si Dieu l'avoit appellé à son conseil lorsqu'il créa l'Univers, il lui auroit donné l'idée d'un meilleur système. Cependant aujourd'hui que nous savons que le soleil est le véritable centre de notre système, en nous y transportant en esprit, nous reconnoissons évidemment qu'il n'y a rien à réformer ni à désirer dans le plan de l'Univers.

L'Auteur dans le troisieme chapitre convient & avec raison, que *Notre-Seigneur a fait des miracles:* s'il est conséquent, il accorde donc qu'il y a dans la Religion Chrétienne quelque chose à croire qui est au-dessus de la raison. Car que sont les miracles, sinon des opérations qu'une intelligence finie ne peut déduire des lois de la nature créée, quelque pénétration qu'on lui suppose.

REMARQUES
sur la troisieme Section.

L'Auteur prouve que *les mysteres* chez les Païens *signifioient des rits secrets dont on excluoit les profanes, ou ceux qui n'étoient point initiés.* En sorte qu'un mystere étoit bien autrefois *une chose qu'on n'entendoit pas, mais qu'on auroit pu très-bien entendre, si on l'avoit révélée.* Je ne suis point éloigné de ce sentiment; car la religion des Païens ne consistoit pas tant en dogmes qu'en cérémonies, que chacun avoit la liberté d'interpréter à sa fantaisie; d'où il arrivoit encore qu'ils ne disputoient point entr'eux sur la Religion.

Il observe dans le chapitre second que nous ne devons pas compter au rang des mysteres *toutes les choses dont nous n'avons pas des idées adéquates, ou dont nous ne connoissons pas à la fois toutes les propriétés.* J'en conviens encore très-volontiers ; autrement les cercles & toutes les figures seroient autant de mysteres. Mais à présent il s'agit de savoir s'il y a quelques mysteres dans la nature. Sur quoi je dis que si l'on entend par *mystere* ce qui surpasse notre raison actuelle, il y a dans la Physique un nombre innombrable de mysteres. On me demande, je suppose, si la connoissance des particules élémentaires de l'eau est au-dessus de notre raison : je réponds qu'elle est au-dessus de notre raison présente; car je ne sache pas que personne ait donné jusqu'ici une explication de leur contexture qui satisfasse aux phénomenes, quoique je ne désespere pas qu'on ne la donne dans la suite. Hé! combien d'autres phénomenes qui surpassent l'intelligence & de la génération présente & des générations futures, c'est-à-dire, qui sont au-dessus de la raison humaine, non-seulement telle qu'elle est aujourd'hui, mais encore telle qu'elle sera dans tout le cours de cette vie mortelle ; quoiqu'il puisse très-bien arriver que les mêmes phénomenes n'offrent rien d'incompréhensible à d'autres créatures d'un ordre supérieur au nôtre, & que même ils ne deviennent un jour très-intelligibles pour nous, lorsque nous serons élevés à un état plus parfait!

Mais si quelqu'un appelle mystere ce qui est au-dessus de toute raison créée, j'ose dire que dans ce sens il est vrai qu'aucun phénomene naturel n'est au-dessus de la raison; mais il sera pourtant vrai de dire que la *compréhension* de chaque substance surpasse les forces de toute intelligence finie ; parce qu'il n'est aucune de ces substances qui ne renferme l'infini. Et voilà pourquoi on ne pourra jamais rendre parfaitement raison de cet univers. Et rien n'empêche que Dieu ne nous révele des dogmes que nous ne puissions jamais *compren-*

dre, quoique nous les connoissions en quelque sorte, & que nous puissions même les défendre contre le reproche de contradiction. Or j'entends par *compréhension*, la connoissance d'un objet, lorsque les idées qu'on en a, non-seulement sont distinctes, mais encore *adéquates*, c'est-à-dire, non-seulement lorsqu'on a la définition, ou l'analyse du terme qui l'exprime, mais encore lorsque tous les termes qui entrent dans la définition sont décomposés eux-mêmes, jusqu'à ce qu'on arrive aux termes qui expriment des vérités intuitives, ainsi que l'Arithmétique nous en fournit un exemple.

L'Auteur, dans le troisieme chapitre, s'efforce de prouver que le mot de *mystere* n'est jamais employé dans l'Ecriture sainte & dans les Livres de la premiere antiquité, au sens que les Théologiens lui donnent. Il cite pourtant lui-même un passage de Saint Paul, où il est dit que *l'œil n'a point vu, l'oreille n'a point entendu, & le cœur de l'homme n'a point compris ce que Dieu a préparé à ceux qui l'aiment*. L'Apôtre paroît indiquer une récompense qui nous est inconnue, non pas seulement parce qu'on ne nous en a pas parlé, mais encore parce que quand même on nous en parleroit, nous ne pourrions la concevoir, à moins que nos sens ne fussent exaltés & que nous n'en eussions fait quelque expérience; comme un aveugle, si on ne lui ouvre les yeux, ne peut juger des couleurs, quoiqu'on lui en explique toute la théorie.

Au reste notre Auteur remarque fort bien que beaucoup de choses ont été ignorées des Philosophes, & n'en pouvoient être connues par la raison seule, non pas qu'elles fussent incompréhensibles, mais parce qu'elles dépendoient d'un point de fait que nous ne pouvions apprendre que par une révélation divine. Il cite en exemple la doctrine de *la chute d'Adam*, qui a levé les grandes difficultés sur l'origine du péché, qui ont tant exercé les Philosophes. L'Auteur dit qu'après tout *il ne voit pas de quel avantage seroit la révélation d'une vérité incompréhensible*. Je ne suis pas de son avis. Assurément dans l'ordre des choses naturelles, la découverte de la boussole est & sera toujours une chose de grand prix, quand même les causes physiques de sa direction demeureroient éternellement inconnues ; de même en Théologie, une vérité dont on ne peut pas rendre raison, peut être pourtant d'une grande importance dans l'économie du salut....

L'Auteur observe après Saint Paul, que la foi vient de ce qu'on a oui, *fides ex auditu*. Mais, reprend-il, *si on ne conçoit pas ce qu'on a oui, la foi n'est-elle pas évidemment vaine & même nulle ?* Il a raison sans doute ; mais il y a bien de la différence entre comprendre parfaitement une chose, & avoir l'intelligence des mots qui nous l'énoncent. Les choses naturelles en fournissent mille exemples. Souvent nos idées, ou l'art de raisonner d'après nos idées, ne suffisent pas pour nous faire appercevoir la liaison du sujet & de l'attribut, quoique nous ayons quelque connoissance de l'une & de l'autre. En Géométrie même combien est-il de personnes qui ne pourroient démontrer les théoremes des figures qui leur sont le plus distinctement connues, quoique ces mêmes théoremes ayent été déjà découverts, & leurs démonstrations publiées par d'autres Géometres ?

J'ai objecté plus haut que *les miracles*

sont au-dessus de la raison. L'Auteur dans le chapitre cinquieme se fait cette objection à lui-même; la définition qu'il donne des miracles est assez conforme au sentiment commun des Théologiens; il les définit *un effet qui est au-dessus des lois de la nature & de ses opérations ordinaires.* Il reconnoît en même temps qu'*ils sont possibles & intelligibles ;* mais c'est dans le même sens que les Théologiens soutiennent que les mysteres sont possibles & intelligibles ; car ils sont tous très-persuadés qu'ils ne renferment aucune contradiction, & qu'on a quelque idée des termes qui les énoncent, quoique la maniere d'expliquer les uns & les autres soit inaccessible à la raison humaine ; l'objection me paroît donc subsister dans toute sa force. Inutilement observeroit-on que *les mysteres* sont *des dogmes*, & *les miracles des faits ;* car les miracles sont pour ainsi dire des mysteres passagers, & il est certains mysteres qui sont en quelque sorte des miracles subsistans....

Je finis en ajoutant que les grands Philosophes de notre siecle reconnoissent dans la nature une multitude de mysteres. Quelques illustres Cartésiens,

par

par exemple, voient dans l'union de l'ame & du corps un continuel miracle. D'autres nient qu'on puisse jamais concevoir la composition du continu, & l'accord du libre arbitre avec la prédestination. Locke, Philosophe Anglois très-fameux, avoit autrefois enseigné que l'explication de tous les phénomenes des corps pouvoit être déduite de la solidité, de l'étendue & de leurs autres modifications; mais il vient de rétracter ce sentiment avec une candeur bien digne d'un vrai Philosophe. Il déclare que, persuadé par les argumens du grand Newton, il admet aujourd'hui dans chaque partie de la matiere, une attraction primitive, non fondée dans le mécanisme, & qui est par conséquent naturellement inexplicable. Pour moi, quoique je pense que quelques-uns des articles précédens puissent être expliqués jusqu'à un certain point, & que j'aie même publié un essai d'explication sur l'union de l'ame & du corps, je suis pourtant d'un tout autre avis sur l'intérieur de la nature; je la crois d'une hauteur incompréhensible, & cette incompréhensibilité, je l'attribue à l'infini que chaque substance enveloppe, &

qui est la source de ces idées claires & en même temps confuses, telles que sont les idées que nous avons de quelques qualités sensibles, & dont aucune créature ne se dépouillera jamais parfaitement, à quelque degré de pénétration qu'on l'éleve.

Toutes ces réflexions montrent sans doute qu'il est beaucoup moins étonnant que les choses divines offrent des abymes impénétrables à toute l'intelligence humaine. Si donc on rencontre en Théologie quelques questions difficiles & embarrassées, qui ne soient point résolues avec netteté & avec clarté, ce n'est pas une raison d'insulter aux Théologiens, & de rejeter tous leurs systêmes, c'est-à-dire, l'exposition méthodique de leurs sentimens, autrement & par la même raison il faudroit proscrire tous les systêmes de Philosophie ou de Médecine. Les Théologiens doivent seulement éviter avec soin le reproche qu'on a fait si justement aux Médecins, c'est de consumer trop de temps en disputes, & de négliger ainsi le salut & la pratique.

CRITIQUE ET RAILLERIE
en matiere de Religion.

Tome 5. pag. 47. Remarques sur un Livre intitulé : Lettres sur l'Enthousiasme.

I.

Il semble à Milord Shaftsbury (*), que l'autorité publique met trop de bornes à la liberté de critiquer, & il voudroit que rien n'en fût exempt. Je veux croire qu'il ne parle pas des dogmes, & qu'il ne niera pas qu'on doit respecter certaines personnes. Mais souvent les dogmes sont liés avec ces personnes ; & quand ces dogmes sont véritables, & contiennent des vérités très-utiles & très-importantes, je ne vois point à quoi peut servir la liberté de critiquer ces vérités & de les rendre douteuses.

(*) Le Comte de Shaftsbury mourut à Naples le 15 Février 1713 ; Monsieur Leibnitz qui étoit entré en correspondance avec ce Seigneur quelque temps avant sa mort, assure qu'*il étoit fort revenu des pensées qu'il avoit eues, en donnant sa petite Piece sur l'usage de la raillerie*. Tome 6. pag. 290.

II.

(*pag. 48.*) Il y a encore moins de sujet de vouloir qu'il soit permis de tourner tout en ridicule. Le ridicule, dit-on, ne peut tenir contre la raison. Cela seroit vrai si les hommes aimoient plus à raisonner qu'à rire. Mais le faux ridicule, ajoute-t-on, n'éblouira que le vulgaire. Je réponds, que le vulgaire a plus d'étendue qu'on ne pense; il y a quantité de gens polis qui sont peuple par rapport au raisonnement. Souvent même les plus raisonnables se laissent aller au plaisir de rire plus qu'il ne faut. Nous avons de l'indulgence pour ce qui nous donne du plaisir, & nous n'aimons point à l'examiner à la rigueur; outre qu'il n'est point raisonnable d'abandonner le peuple à l'erreur, & de permettre facilement qu'il soit ébloui.

III.

On peut dire avec raison que la gravité convient à l'imposture; mais je ne voudrois point dire qu'elle y est essentielle. La badinerie n'y convient pas moins : tout ce qui amuse & détourne la vue du point dont il s'agit, est propre à tromper. Cependant on reconnoît ici que nous ne pouvons jamais être trop graves, pourvu que le sujet soit réellement grave ou solide; mais on prétend en même temps que, lorsqu'il y a lieu d'en douter, on peut se donner carriere pour s'en moquer. Tout le monde ne sera pas de cet avis; il faut choisir le parti le plus sûr; & comme on ne doit point maltraiter les masques, on ne doit tourner en ridicule que les doctrines dont le peu de solidité est assez reconnu; & pendant qu'on doute, il est bon d'être réservé. Car de vouloir, avec notre Auteur, que pour découvrir si une chose est solide ou non, il faille se servir de la pierre de touche du ridicule, & voir si le sujet en est susceptible ou non, ce n'est point recommander un moyen: il n'y a rien au monde qu'on ne puisse tourner en ridicule, au moins par quelque chose d'emprunté, que le hasard ou la coutume y peuvent joindre. *Confucius* étoit le Socrate des Chinois; cependant les Allemands, aussi bien que les François, qui entendent prononcer ce nom, ont de la peine à s'empêcher de rire, chacun par rapport à sa langue.....

IV.

Mais l'Auteur se figure que le grave ou le sérieux fait du tort au raisonnement. Car, dit-il, lorsque nous avons cru devoir être formalistes à l'égard d'un certain point, il n'en faut pas davantage pour que nous ne puissions pas nous empêcher de l'être à l'égard de tous les autres : mais, à mon avis, c'est aller trop vîte en conclusions. On a besoin d'être formaliste dans l'Arithmétique, & ceux qui tiennent les Livres de compte des Marchands y sont obligés ; sont-ils formalistes en tout ? Les Magistrats, les Maîtres de cérémonie, & les Hérauts d'armes, se dépouillent de leur *formulaire* avec leurs robes, & avec l'exercice de leurs fonctions publiques.....

V.

(*pag.* 49.) *Les sages d'autrefois*, dit-on, *laissoient au peuple la liberté d'être fou.* Cela se peut par rapport à quelques folies innocentes ; mais pour que cela se puisse approuver, il faut qu'elles soient bien innocentes & bien réjouissantes. Le Sénat Romain empêcha la célébration des Bacchanales, parce qu'il y avoit de grands désordres....

V I.

On fait bien d'approuver le sentiment de Monsieur Harrington, lorsqu'il veut dans son *Oceana* qu'il y ait un culte public établi par les Lois.... Mais notre Auteur ne donne point ici une raison suffisante de l'établissement d'un culte public. *Quoi! dit-on, n'y auroit-il pas des promenades publiques aussi bien que des jardins particuliers, des bibliotheques publiques aussi bien que des bibliotheques particulieres ?* Ce raisonnement tend seulement à prouver que la chose se peut, mais non pas qu'elle se doit : les promenades & les bibliotheques sont agréables & utiles ; mais le culte public est nécessaire, parce que le culte de Dieu est nécessaire : plusieurs particuliers qui participent au culte public, n'en auroient aucun, s'il n'y en avoit point de public.

V I I.

On loue les Anciens qui toléroient

les visionnaires, & donnoient une entiere liberté aux Philosophes de railler la Religion établie. On peut excuser ces Anciens ; car le Paganisme n'avoit presque point de dogmes fixes. En raillant cette Religion, on pouvoit toujours dire que la Religion véritable n'étoit point touchée, & les visionnaires pouvoient toujours se couvrir de quelque Divinité. Cependant cette tolérance des Anciens n'étoit pas sans exception ; Socrate l'éprouva. Mais c'est quelque chose d'assez remarquable, que les Anciens n'ont point connu de guerres de Religion ; ce fléau étoit réservé aux temps postérieurs.

VIII.

C'est une bonne remarque qu'on fait, que la contrainte est ennemie de la vérité, & que nous aurions de fort mauvais Philosophes & de fort mauvais Mathématiciens, si les Lois se mêloient de régler ces Sciences. On a éprouvé cela lorsque la Philosophie d'Aristote avoit pour elle la Religion & les Magistrats : mais c'est outrer les choses lorsqu'on dit, que pour empêcher que l'esprit ne soit banni du monde, il faut lui laisser une entiere liberté, même pour l'usage de la raillerie. Cela ne se peut, ni ne se doit, sur-tout dans les Ecrits qui doivent paroître en public sur des choses saintes & révérées ; on ne détruit point l'esprit en l'empêchant de se tourner au mal.

IX.

(*pag. 50.*) C'est une bonne remarque, que s'il y avoit un Tribunal établi contre la licence poétique, tout le monde voudroit être Poëte, & donneroit dans les Romans. Il y eut effectivement un Pape assez entêté pour former une espece d'Inquisition contre les Poëtes, dans le temps que les bonnes Lettres commençoient à renaître ; ce fut Paul II. Il croyoit qu'ils vouloient rétablir le Paganisme, mais on se moqua de ses soupçons. L'Auteur ne veut donc point qu'on traite sérieusement certains maux, & juge avec raison que le vrai moyen de guérir les gens du romanesque, c'est de le tourner en ridicule ; mais comme les gens romanesques ne forment point de parti, & que peu de personnes donnent là-dedans, on n'en peut point tirer de

G v

conséquence : il n'en est pas de même à l'égard des sentimens de Religion. Cependant, pour le dire en passant, le Chevalier Temple a cru que Don-Quichotte a fait du tort à sa nation, & qu'en guérissant ses compatriotes de l'entêtement d'une valeur outrée & romanesque, il les a fait revenir à l'autre extrémité, & jusqu'à la mollesse. Je ne sais si M. Temple a raison ; mais je craindrois qu'il n'en fût ainsi de celui qui voudroit retirer les gens de la superstition par les railleries ; car je crois que s'il réussissoit, il les feroit devenir impies.

X.

(*pag. 51.*) L'Auteur dit : *J'aime mieux risquer le tout pour le tout en m'attachant à la Religion, que de tâcher de bannir mes scrupules en occupant mon esprit à des bagatelles.* Cela ne s'accorde pas avec le dessein de railler : aussi paroît-il que l'Auteur commence maintenant à en revenir ; & il se borne à la gaieté. *Tout ce que je prétends,* dit-il, *c'est qu'on se doit mettre en bonne humeur, lorsqu'on veut penser à la Religion.* Si la bonne humeur signifie des sentimens de joie, il n'y a rien de si raisonnable,

X I.

Ce qui suit est excellent ; savoir que la bonne humeur, c'est-à-dire le contentement ou la joie, est le plus sûr fondement de la Religion & de la piété; que cet état de l'ame nous éloigne de l'opinion de ceux qui croient que le monde est gouverné par un mauvais principe, & qu'il n'y a presque que la mauvaise humeur qui puisse faire tomber dans l'athéisme ; parce qu'un homme de mauvaise humeur trouve à redire à ce qu'il y a dans l'univers, & est porté à nier Dieu, ou à en avoir de mauvaises pensées. Car il n'y a, dit-il, que notre propre humeur chagrine qui fasse attribuer à Dieu de l'aigreur, de la fierté, de l'orgueil. Tout cela est de fort bon sens.

X I I.

L'Auteur loue les Empereurs Païens qui n'ont pas été persécuteurs ; cependant il attribue à l'Empereur Julien d'avoir ôté aux Chrétiens les biens des Eglises & les Ecoles publiques. Cela ne se trouve pas ainsi ; il leur défendit de lire Homere dans leurs Ecoles, &

leur ordonna de se contenter de Saint Matthieu & de Saint Luc, suivant leurs propres maximes, à ce qu'il disoit. Il crut par-là leur ôter le secours des Belles-Lettres.

XIII.

On dit que si pour être vrai Chrétien, il faut imiter les anciens Martyrs, il n'y aura point de Chrétien aujourd'hui, parce qu'il n'y aura point d'homme de bon sens qui veuille aller dans une Mosquée interrompre le culte des Turcs. Il a raison en cela, mais il se trompe de croire que c'étoit l'esprit des anciens Martyrs : au contraire, on trouve que les Peres ont blâmé le zele mal réglé de ceux qui irritoient les Païens mal à propos.

XIV.

(*pag. 52.*) Mais on croit que si Rome & les Païens s'étoient contenté de tourner les Protestans & les Chrétiens en ridicule, le Christianisme n'auroit guere fait de progrès, & qu'il n'y auroit point eu de réforme. Il en est peut-être quelque chose ; mais peut-être aussi que, sans l'obstacle de la rigueur, le Christianifme & la Réformation auroient fait leurs progrès plutôt ; & il est difficile de déterminer ces questions de la science que les Théologiens appellent *moyenne*, c'est-à-dire, de ce qui feroit peut-être arrivé dans un certain cas.

X V.

On loue Socrate de ne s'être point fâché des railleries du Comédien Aristophane. Socrate ne pouvoit guere prendre de meilleur parti, car il ne pouvoit point empêcher ces railleries. Mais les Magistrats & les Ecclésiastiques n'en usent pas de même à l'égard de celles qu'ils jugent trop fortes & nuisibles, & ils ont raison, car ils font en état d'en arrêter une bonne partie. Cependant ils font bien de ne pas se formaliser des bagatelles. Les sages Magistrats laissent parler le peuple, pourvu que le peuple les laisse faire.

X V I.

On revient à dire qu'il est bon d'être de bonne humeur quand on pense à la Religion, & j'y consens ; mais il ne s'ensuit point que le temps des souffrances y soit toujours contraire.

J'avoue qu'en général la persécution n'est point souhaitable, & qu'elle fait du tort à la foi de plusieurs ; mais elle donne du relief à celle de quelques-uns. On ne remarque jamais plus de zele que dans ces occasions d'épreuve, & on ne trouve jamais de plus grands exemples d'un grand attachement ; cela doit entrer sans doute dans les raisons secrettes que la Providence peut avoir de permettre la persécution de la vérité. On peut même dire, qu'assez souvent la Religion rend la bonne humeur dans les adversités, & sert à faire trouver notre consolation en Dieu & dans l'espérance de la vie à venir, lorsqu'on est abandonné par les hommes d'ici-bas : & quand même la religion de ceux qu'elle console seroit fausse, leur erreur même ne laisseroit pas de leur être utile dans cette occasion.

JUSTICE ET PROVIDENCE
DE DIEU.

Tome 5. page 54.

JE conviens, avec Milord Shaftsbury, qu'un grand homme ne se fâchera pas si quelqu'homme ignorant & simple ne connoît point son mérite ; & qu'ainsi cela convient encore moins à Dieu. Mais comme un homme qui ne connoît point le bon Médecin en est assez puni, parce qu'il n'est point guéri, il peut arriver par la même raison que ceux qui ne connoissent point les perfections de la Divinité, s'en punissent eux-mêmes, parce qu'ils n'en tirent pas le secours qu'ils pourroient attendre de cette connoissance.

Il est bien dit aussi, que rien que ce qui est moralement excellent, ne doit avoir place dans la Divinité, & qu'il s'ensuit que Dieu surpasse infiniment tous les hommes en bonté ; mais lorsqu'on ajoute que de cette maniere il ne nous restera plus aucune frayeur, ni aucun doute qui puisse nous inquiéter, & que nous ne pouvons rien craindre de ce qui est bon, mais uniquement de ce qui est méchant, je trouve quelque chose à dire à cette conséquence, qui ressemble un peu au sentiment de quelques peuples, où l'on ne craint qu'une Divinité mauvaise. Il y a des peines qui servent à corriger ou ceux qui pechent, ou au moins quelques autres : il y a aussi des peines naturelles qui sont la suite des péchés, comme j'ai déjà dit ; & dans toutes ces peines, ou dans tous ces maux infligés au péché, il n'y a rien de contraire à la bonté de Dieu ; au contraire, c'est la bonté ou la sagesse qui les demande pour un plus grand bien.

Ces pensées sont excellentes, que Dieu est un Esprit universel, une Intelligence qui a rapport au tout, un Pere commun ; & que cette idée nous doit moins effrayer, que celle d'un monde orphelin, abandonné au hasard. Mais lorsqu'on ajoute, que sur le pied où la Religion est parmi nous, il y a plusieurs bonnes ames, qui craindroient moins de se voir exposées à cet accident, & qui auroient l'esprit plus en repos, si elles étoient assurées qu'on n'a rien à craindre après cette vie ; je crois qu'il faut ajouter encore que ces bonnes ames font mal instruites. Cependant il est bon que les méchans craignent le châtiment, & que les bons craignent de devenir méchans. On poursuit en disant, que la pensée qu'il n'y a point de Dieu, n'a jamais fait trembler personne, mais bien celle qu'il y en a un. Mais je ne suis point de cet avis. On peut trembler non-seulement lorsqu'on appréhende un grand mal, mais aussi lorsqu'on pense à la perte d'un grand bien.

FACILITÉ
De résoudre les Objections contre les Mysteres.

Théodicée, Discours sur la conformité de la foi avec la raison, §. 27.

IL semble que Monsieur Bayle ne prend les objections qu'il propose contre nos mysteres pour invincibles, que par rapport à nos lumieres présentes,

& il ne désespere pas même que quelqu'un ne puisse un jour trouver un dénouement peu connu jusqu'ici.... Cependant je suis d'une opinion, qui surprendra peut-être : c'est que je crois que ce dénouement est tout trouvé, & n'est pas même des plus difficiles; & qu'un génie médiocre, capable d'assez d'attention, en se servant exactement des regles de la Logique vulgaire, est en état de répondre à l'objection la plus embarrassante contre la vérité, lorsque l'objection n'est prise que de la raison, & qu'on prétend que c'est une démonstration. Et quelque mépris que le vulgaire des modernes ait aujourd'hui pour la Logique d'Aristote, il faut reconnoître qu'elle enseigne des moyens infaillibles de résister à l'erreur dans ces occasions. Car on n'a qu'à examiner l'argument suivant les regles, & il y aura toujours moyen de voir s'il manque dans la forme, ou s'il y a des prémisses qui ne soient pas encore prouvées par un bon argument.

C'est tout autre chose quand il ne s'agit que des *vraisemblances*; car l'art de juger des raisons vraisemblables n'est pas encore bien établi ; de sorte que notre Logique à cet égard est encore très-imparfaite, & que nous n'en avons presque jusqu'ici que l'art de juger des démonstrations. Mais cet art suffit ici : car quand il s'agit d'opposer la raison à un article de notre foi, on ne se met point en peine des objections qui n'aboutissent qu'à la vraisemblance : puisque tout le monde convient que les mysteres sont contre les apparences, & n'ont rien de vraisemblable, quand on ne les regarde que du côté de la raison ; mais il suffit qu'il n'y ait rien d'absurde. Ainsi il faut des démonstrations pour les réfuter.

Et c'est ainsi sans doute qu'on le doit entendre, quand la Sainte Ecriture nous avertit que la sagesse de Dieu est une folie devant les hommes, & quand S. Paul a remarqué que l'Evangile de Jesus-Christ est une folie aux Grecs, aussi bien qu'un scandale aux Juifs ; car au fond une vérité ne sauroit contredire l'autre ; & la lumiere de la raison n'est pas moins un don de Dieu que celle de la révélation. Aussi est-ce une chose sans difficulté parmi les

Théologiens qui entendent leur métier, que les *motifs de crédibilité* justifient, une fois pour toutes, l'autorité de la Sainte Ecriture devant le tribunal de la raison ; afin que la raison lui cede dans la suite, comme à une nouvelle lumiere, & lui sacrifie toutes ses vraisemblances. C'est à peu près comme un nouveau chef envoyé par le Prince doit faire voir les Lettres-Patentes dans l'assemblée où il doit présider par après.

OBJECTIONS
Des Manichéens à résoudre par les Déistes.

Théodicée, Discours de la conformité, §. 43.

LES objections des Manichéens ne sont gueres moins contraires à la Théologie naturelle qu'à la Théologie révélée. Et quand on leur abandonneroit la Sainte Écriture, le péché originel, la grace de Dieu en Jesus-Christ, les peines de l'enfer, & les autres articles de notre Religion, on ne se délivreroit point par-là de leurs objections; car on ne fauroit nier qu'il y a dans le monde du mal phyſique, (c'eſt-à-dire des ſouffrances) & du mal moral, (c'eſt-à-dire des crimes) & même que le mal phyſique n'eſt pas toujours diſtribué ici bas ſuivant la proportion du mal moral, comme il ſemble que la juſtice le demande. Il reſte donc cette queſtion de la Théologie naturelle, comment un Principe tout bon, tout-ſage & tout-puiſſant, a pu admettre le mal, & ſur-tout comment il a pu permettre le péché, & comment il a pu ſe réſoudre à rendre ſouvent les méchans heureux & les bons malheureux.

Or nous n'avons point beſoin de la foi révélée, pour ſavoir qu'il y a un tel Principe unique de toutes choſes parfaitement bon & ſage. La raiſon nous l'apprend par des démonſtrations infaillibles ; & par conſéquent toutes les objections priſes du train des choſes, où nous remarquons des imperfections, ne ſont fondées que ſur de fauſſes apparences. Car ſi nous étions capables d'entendre l'harmonie univerſelle, nous verrions que ce que nous ſommes tentés de blâmer, eſt lié avec le plan le plus digne d'être choisi ; en un mot nous *verrions*, & ne *croirions* pas seulement, que ce que Dieu a fait est le meilleur.

FOI DES CHRÉTIENS
RAISONNABLE.

Théodicée, Discours de la conformité, §. 51.

ORigène a montré à Celse comment le Christianisme est raisonnable, & pourquoi cependant la plupart des Chrétiens doivent croire sans examen. Celse s'étoit moqué de la conduite des Chrétiens, « qui ne voulant, disoit-il, ni écouter vos raisons, ni vous en donner de ce qu'ils croient, se contentent de vous dire : n'examinez point, croyez seulement ; ou bien, votre foi vous sauvera ; & ils tiennent pour maxime, que la sagesse du monde est un mal. »

Origène y répond en habile homme (*), & d'une maniere conforme aux principes que nous avons établis

(*) Liv. 1. chap. 2.

ci-dessus. C'est que la raison bien loin d'être contraire au Christianisme, sert de fondement à cette Religion, & la fera recevoir à ceux qui pourront venir à l'examen. Mais comme peu de gens en sont capables, le don céleste d'une foi toute nüe qui porte au bien, suffit pour le général. « S'il étoit pos-
» sible, dit-il, que tous les hommes,
» négligeant les affaires de la vie,
» s'attachassent à l'étude & à la mé-
» ditation, il ne faudroit point cher-
» cher d'autre voie pour leur faire re-
» cevoir la Religion Chrétienne. Car
» pour ne rien dire qui offense per-
» sonne, (il insinue que la Religion
» Païenne est absurde, mais il ne le
» veut point dire ici expressément,)
» on n'y trouvera pas moins d'exac-
» titude qu'ailleurs; soit dans la dis-
» cussion de ses dogmes, soit dans l'é-
» claircissement des expressions énig-
» matiques de ses Prophetes, soit
» dans l'explication des paraboles de
» ses Evangiles, & d'une infinité d'au-
» tres choses arrivées ou ordonnées
» symboliquement. Mais puisque ni
» les nécessités de la vie, ni les in-
» firmités des hommes ne permettent

» qu'à un fort petit nombre de per-
» sonnes de s'appliquer à l'étude, quel
» moyen pouvoit-on trouver plus ca-
» pable de profiter à tout le reste du
» monde, que celui que Jesus-Christ
» a voulu qu'on employât pour la con-
» version des peuples! & je voudrois
» bien que l'on me dît sur le sujet du
» grand nombre de ceux qui croient,
» & qui par là se sont retirés du bour-
» bier des vices où ils étoient aupara-
» vant enfoncés, lequel vaut le mieux,
» d'avoir de la sorte changé ses mœurs
» & corrigé sa vie, en croyant sans
» examen qu'il y a des peines pour les
» péchés & des récompenses pour les
» bonnes actions; ou d'avoir attendu
» à se convertir lorsqu'on ne croiroit
» pas seulement, mais qu'on auroit
» examiné avec soin les fondemens de
» ces dogmes? Il est certain qu'à sui-
» vre cette méthode, il y en auroit
» bien peu qui en viendroient jusqu'où
» leur foi toute simple & toute nue les
» conduit, mais que la plupart demeu-
» reroient dans leur corruption.... »

Celse fait encore une autre objection aux Chrétiens au même endroit.
» S'ils se renferment, dit-il, à l'ordi-
» naire

« naire dans leur, *n'examinez point, croyez seulement*; il faut qu'ils me disent au moins quelles sont les choses qu'ils veulent que je croie. » En cela il a raison sans doute, & cela va contre ceux qui diroient que Dieu est bon & juste, & qui soutiendroient cependant que nous n'avons aucune notion de la bonté ou de la justice, quand nous lui attribuons ces perfections. Mais il ne faut pas demander toujours ce que j'appelle des notions *adéquates*, & qui n'enveloppent rien qui ne soit expliqué; puisque même les qualités sensibles, comme la chaleur, la lumiere, la douceur, ne sauroient donner de telles notions. Ainsi nous convenons que les mysteres reçoivent une explication, mais cette explication est imparfaite. Il suffit que nous ayons quelque intelligence analogique d'un mystere, tel que la Trinité & que l'Incarnation, afin qu'en les recevant nous ne prononcions pas des paroles entiérement destituées de sens; mais il n'est point nécessaire que l'explication aille aussi loin qu'il seroit à souhaiter, c'est-à-dire, qu'elle aille jusqu'à la compréhension & au *comment*....

Nous entendons quelque chose par l'union, quand on nous parle de celle d'un corps avec un autre corps, ou d'une substance avec son accident, d'un sujet avec son adjoint, d'un lieu avec le mobile, de l'acte avec la puissance; nous entendons aussi quelque chose, quand nous parlons de l'union de l'ame avec le corps, pour en faire une seule personne. Car quoique je ne tienne point que l'ame change les lois du corps, ni que le corps change les lois de l'ame, & que j'aye introduit l'harmonie préétablie pour éviter ce dérangement; je ne laisse pas d'admettre une vraie union entre l'ame & le corps, qui en fait un suppôt. Cette union va au métaphysique, au lieu qu'une union d'influence iroit au physique. Mais quand nous parlons de l'union du Verbe de Dieu avec la nature humaine, nous devons nous contenter d'une connoissance analogique, telle que la comparaison de l'union de l'ame avec le corps est capable de nous donner; & nous devons au reste nous contenter de dire que l'incarnation est l'union la plus étroite qui puisse exister entre le Créateur & la créature, sans qu'il soit besoin d'aller plus avant.

Il en est de même des autres mysteres, où les esprits modérés trouveront toujours une explication suffisante pour croire, & jamais autant qu'il en faut pour comprendre.

LA RÉPONSE

de S. Paul, *ô altitudo*, très-raisonnable.

Théodicée, §. 134. pag. 55.

Dire avec Saint Paul : *O altitudo divitiarum & sapientiæ*, ce n'est point renoncer à la raison, c'est employer plutôt les raisons que nous connoissons; car elles nous apprennent cette immensité de Dieu, dont l'Apôtre parle: mais c'est avouer notre ignorance sur les faits; c'est reconnoître cependant, avant que de voir, que Dieu fait tout le mieux qu'il est possible, suivant la sagesse infinie qui regle ses actions. Il est vrai que nous en avons déja des preuves & des essais devant nos yeux, lorsque nous voyons quelque chose d'entier, quelque tout accompli en soi & isolé, pour ainsi dire, parmi les ouvrages de Dieu; un tel tout formé, pour ainsi dire, de la main de Dieu, est une plante, un animal, un homme. Nous ne saurions assez admirer la beauté & l'artifice de sa structure. Mais lorsque nous voyons quelque os cassé, quelque morceau de chair des animaux, quelque brin d'une plante, il n'y paroît que du désordre, à moins qu'un excellent Anatomiste ne le regarde; & celui-là même n'y reconnoîtroit rien, s'il n'avoit vu auparavant des morceaux semblables attachés à leur tout. Il en est de même du gouvernement de Dieu: ce que nous en pouvons voir jusqu'ici, n'est pas un assez gros morceau pour y reconnoître la beauté & l'ordre du tout. Ainsi la nature même des choses porte que cet ordre de la cité divine, que nous ne voyons pas encore ici bas, soit un objet de notre foi, de notre espérance, de notre confiance en Dieu. S'il y en a qui en jugent autrement, tant pis pour eux; ce sont des mécontens dans l'Etat du plus grand & du meilleur de tous les Monarques, & ils ont tort de ne point profiter des échantillons qu'il leur a donné de sa sagesse & de sa bonté infinie, pour se faire connoître non-seulement admirable, mais encore aimable au-delà de toutes choses.

MANIERE DE PROCÉDER
dans la justification de la Providence.

Théodicée, Discours de la conformité, §. 32.

UNE des choses qui pourroit avoir contribué le plus à faire croire à Monsieur Bayle qu'on ne sauroit satisfaire aux difficultés de la raison contre la foi, c'est qu'il semble demander que Dieu soit justifié d'une maniere pareille à celle dont on se sert ordinairement pour plaider la cause d'un homme accusé devant son juge. Mais il ne s'est point souvenu que dans les tribunaux des hommes qui ne sauroient toujours pénétrer jusqu'à la vérité, on est souvent obligé de se régler sur les indices & sur les *vraisemblances*, & sur-tout sur les présomptions ou préjugés, au lieu qu'on convient, comme nous l'avons déja remarqué, que les myſteres ne ſont point vraiſemblables. Par exemple, Monſieur Bayle ne veut point qu'on puiſſe juſtifier la bonté de Dieu dans la permiſſion du péché, parce que la vraiſemblance ſeroit contre un homme qui ſe trouveroit dans un cas qui nous paroîtroit ſemblable à cette permiſſion. Dieu prévoit qu'Eve ſera trompée par le ſerpent, s'il la met dans les circonſtances où elle s'eſt trouvée depuis; & cependant il l'y a miſe. Or ſi un pere ou un tuteur en faiſoit autant à l'égard de ſon enfant ou de ſon pupille, un ami à l'égard d'une jeune perſonne dont la conduite le regarde, le juge ne ſe payeroit pas des excuſes d'un Avocat qui diroit qu'on a ſeulement permis le mal, ſans le faire, ni le vouloir: il prendroit cette permiſſion même pour une marque de mauvaiſe volonté, & il la conſidéreroit comme un péché d'omiſſion, qui rendroit celui qui en ſeroit convaincu complice du péché de commiſſion d'un autre.

Mais il faut conſidérer que lorſqu'on a prévu le mal, qu'on ne l'a point empêché, quoiqu'il paroiſſe qu'on ait pu le faire aisément, & qu'on a même fait des choses qui l'ont facilité, il ne s'ensuit point pour cela *nécessairement* qu'on en soit le complice ; ce n'est qu'une présomption très-forte, qui tient ordinairement lieu de vérité dans les choses humaines, mais qui seroit détruite par une discussion exacte du fait, si nous en étions capables par rapport à Dieu ; car on appelle *présomption* chez les Jurisconsultes, ce qui doit passer pour une vérité par provision, en cas que le contraire ne se prouve point ; & il dit plus que *conjecture*, quoique le Dictionnaire de l'Académie n'en ait point épluché la différence. Or il y a lieu de juger indubitablement qu'on apprendroit par cette discussion, si l'on y pouvoit arriver, que des raisons très-justes, & plus fortes que celles qui y paroissent contraires, ont obligé le plus Sage de permettre le mal, & de faire même des choses qui l'ont facilité. On en donnera quelques instances ci-dessous.

Il n'est pas fort aisé, je l'avoue, qu'un pere, qu'un tuteur, qu'un ami puisse avoir de telles raisons dans le cas dont il s'agit. Cependant la chose n'est pas absolument impossible, & un habile faiseur de Romans pourroit peut-être trouver un cas extraordinaire qui justifieroit même un homme dans les circonstances que je viens de marquer: mais à l'égard de Dieu, l'on n'a point besoin de s'imaginer ou de vérifier des raisons particulieres qui l'ayent pu porter à permettre le mal; les raisons générales suffisent. L'on sait qu'il a soin de tout l'Univers, dont toutes les parties sont liées, & l'on en doit inférer qu'il a eu une infinité d'égards, dont le résultat lui a fait juger qu'il n'étoit pas à propos d'empêcher certains maux.

On doit même dire qu'il faut nécessairement qu'il y ait eu de ces grandes, ou plutôt d'invincibles raisons, qui ayent porté la divine Sagesse à la permission du mal, qui nous étonne par cela même que cette permission est arrivée; car rien ne peut venir de Dieu qui ne soit parfaitement conforme à la bonté, à la justice & à la sainteté. Ainsi nous pouvons juger par l'événement (ou *à posteriori*) que cette permission étoit indispensable, quoiqu'il ne nous soit pas possible de le démontrer (*a priori*) par le détail des raisons que Dieu peut avoir eues pour cela; comme il n'est pas nécessaire non plus que nous le montrions pour le justifier: Monsieur Bayle lui-même dit fort bien là-dessus: (*) Le péché s'est introduit dans le monde, Dieu donc a pu le permettre sans déroger à ses perfections; *ab actu ad potentiam valet consequentia*. En Dieu cette conséquence est bonne: il l'a fait, donc il l'a bien fait. Ce n'est donc pas que nous n'ayons aucune notion de la justice en général, qui puisse convenir aussi à celle de Dieu; & ce n'est pas non plus que la justice de Dieu ait d'autres regles que la justice connue des hommes; mais c'est que le cas dont il s'agit est tout différent de ceux qui sont ordinaires parmi les hommes. Le droit universel est le même pour Dieu & pour les hommes; mais le fait est tout différent dans le cas dont il s'agit.

Nous pouvons même supposer ou feindre, comme j'ai déja remarqué, qu'il y ait quelque chose de semblable parmi les hommes à ce cas qui a lieu

---

(*) Réponse aux Provinciales, Tome 3, chapitre 165, page 1067.

en Dieu. Un homme pourroit donner de si grandes & de si fortes preuves de sa vertu & de sa sainteté, que toutes les raisons les plus apparentes que l'on pourroit faire valoir contre lui pour le charger d'un prétendu crime, par exemple d'un larcin, d'un assassinat, mériteroient d'être rejetées comme des calomnies de quelques faux témoins, ou comme un jeu extraordinaire du hasard, qui fait soupçonner quelquefois les plus innocens. De sorte que dans un cas où tout autre seroit en danger d'être condamné, ou d'être mis à la question, selon les droits des lieux, cet homme seroit absous par ses juges d'une commune voix. Or dans ce cas, qui est rare en effet, mais qui n'est pas impossible, on pourroit dire en quelque façon (*sano sensu*) qu'il y a un combat entre la raison & la foi; & que les regles du droit sont autres par rapport à ce personnage, que par rapport au reste des hommes. Mais cela bien expliqué signifiera seulement, que des apparences de raisons cedent ici à la foi qu'on doit à la parole & à la probité de ce grand & saint homme, & qu'il est privilégié par dessus les autres hommes; non pas comme s'il y avoit une autre jurisprudence pour lui, ou comme si l'on n'entendoit pas ce que c'est que la justice par rapport à lui; mais parce que les regles de la justice universelle ne trouvent point ici l'application qu'elles reçoivent ailleurs, ou plutôt parce qu'elles le favorisent, bien loin de le charger, puisqu'il y des qualités si admirables dans ce personnage, qu'en vertu d'une bonne logique des vraisemblances, on doit ajouter plus de foi à sa parole qu'à celle de plusieurs autres.

Puisqu'il est permis ici de faire des fictions possibles, ne peut-on pas s'imaginer que cet homme incomparable soit l'*Adepte*, ou le Possesseur

De la bénite Pierre,
Qui peut seule enrichir tous les Rois de la terre,

& qu'il fasse tous les jours des dépenses prodigieuses pour nourrir & pour tirer de la misere une infinité de pauvres ? Or s'il y avoit je ne sais combien de témoins, ou je ne sais quelles apparences, qui tendissent à prouver que ce grand bienfaiteur du genre humain vient de commettre quelque larcin, n'est-il pas vrai que toute la terre se moqueroit de l'accusation, quelque spécieuse qu'elle pût être ? Or Dieu est infiniment au-dessus de la bonté & de la puissance de cet homme, & par conséquent il n'y a point de raisons, quelque apparentes qu'elles soient, qui puissent tenir contre la foi, c'est-à-dire, contre l'assurance ou contre la confiance en Dieu, avec laquelle nous pouvons & nous devons dire que Dieu a tout fait comme il faut. Les objections ne sont donc point insolubles ; elles ne contiennent que des préjugés & des vraisemblances, mais qui sont détruites par des raisons incomparablement plus fortes.

LE MAL, OCCASION DU BIEN;
& le Bien, supérieur au mal dans l'Univers.

Théodicée, §. 8. *pag.* 488.

La suprême sagesse de Dieu, jointe à une bonté qui n'est pas moins infinie qu'elle, n'a pu manquer de choisir le meilleur. Car comme un moindre mal est une espece de bien, de même un moindre bien est une espece de mal, s'il fait obstacle à un bien plus grand; & il y auroit quelque chose à corriger dans les actions de Dieu, s'il y avoit moyen de mieux faire....

Quelque adversaire ne pouvant répondre à cet argument, répondra peut-être à la conclusion par un argument contraire, en disant que le monde auroit pu être sans péché & sans souffrances; mais je nie qu'alors il auroit été *meilleur*. Car il faut savoir que tout est lié dans chacun des mondes possibles: l'Univers, quel qu'il puisse être, est tout d'une piece comme un Océan; le moindre mouvement y étend son effet à quelque distance que ce soit, quoique cet effet devienne moins sensible à proportion de la distance; de sorte que Dieu y a tout réglé par avance une fois pour toutes, ayant prévu les prieres, les bonnes & les mauvaises actions, & tout le reste; & chaque chose a contribué *idéalement* avant son existence à la résolution qui a été prise sur l'existence de toutes les choses. De sorte que rien ne peut être changé dans l'Univers, non plus que dans un nombre, sauf son essence, ou si vous voulez, sauf son *individualité numérique*. Ainsi, si le moindre mal qui arrive dans le monde y manquoit, ce ne seroit plus ce monde ; qui tout compté, tout rabattu, a été trouvé le meilleur par le Créateur qui l'a choisi.

Il est vrai qu'on peut s'imaginer des Mondes possibles, sans péché & sans malheur, & on en pourroit faire comme des Romans des Utopies, des Sevarambes ; mais ces mêmes mondes seroient d'ailleurs fort inférieurs en bien au nôtre. Je ne saurois vous le faire voir en détail ; car puis-je connoître, & puis-je vous représenter des infinis, & les comparer ensemble ? Mais vous le devez juger avec moi *ab effectu*, puisque Dieu a choisi ce monde tel qu'il est. Nous savons d'ailleurs que souvent un mal cause un bien auquel on ne seroit point arrivé sans ce mal. Souvent même deux maux ont fait un grand bien :

Et si fata volunt, bina venena juvant.

Comme deux liqueurs produisent quelquefois un corps sec, témoin l'esprit de vin & l'esprit d'urine mêlés par Van Helmont ; ou comme deux corps froids & ténébreux produisent un grand feu, témoin une liqueur acide & une huile aromatique combinées par Monsieur Hofman. Un Général d'armée fait quelquefois une faute heureuse qui cause le gain d'une grande bataille ; & ne chante-t-on pas la veille de Pâques dans les Eglises du Rit Romain :

> O certè necessarium Adæ peccatum,
> Quod Christi morte deletum est !
> O felix culpa, quæ talem ac tantum
> Meruit habere redemptorem !

Les illustres Prélats de l'Eglise Gallicane, qui ont écrit au Pape Innocent XII. contre le livre du Cardinal Sfondrate sur la Prédestination, comme ils sont dans les principes de Saint Augustin, ont dit des choses fort propres à éclaircir ce grand point. Le Cardinal paroît préférer l'état des enfans morts sans baptême, au regne même des cieux; parce que le péché est le plus grand des maux, & qu'ils sont morts innocens de tout péché actuel.... Messieurs les Prélats ont bien remarqué que ce sentiment est mal fondé. « L'A- » pôtre, disent-ils, (*) a raison de dé-

(*) Rom. c. 3. v. 8.

» fapprouver qu'on faſſe des maux afin
» que des biens arrivent : mais on ne
» peut pas déſapprouver que Dieu
» par ſa furéminente puiſſance tire de
» la permiſſion des péchés, des biens
» plus grands que ceux qui ſont ar-
» rivés avant les péchés. Ce n'eſt pas
» que nous devions prendre plaiſir au
» péché ; à Dieu ne plaiſe ! mais c'eſt
» que nous croyons au même Apô-
» tre qui dit (*) que là ou le péché
» a été abondant, la grace a été fur-
» abondante ; & nous nous ſouvenons
» que nous avons obtenu Jeſus-Chriſt
» lui-même à l'occaſion du péché. »
Ainſi l'on voit que le ſentiment de ces
Prélats va à ſoutenir qu'une ſuite de
choſes où le péché entre, a pu être &
a été effectivement meilleure qu'une
autre ſuite ſans péché.

On s'eſt ſervi de tout temps des
comparaiſons priſes des plaiſirs des
ſens, mêlés avec ce qui approche de
la douleur, pour faire juger qu'il y a
quelque choſe de ſemblable dans les
plaiſirs intellectuels. Un peu d'acide,
d'âcre ou d'amer, plaît ſouvent mieux
que du ſucre ; les ombres rehauſſent

(*) Rom. 5. v. 20.

les couleurs; & même une diffonnance placée où il faut, donne du relief à l'harmonie. Nous voulons être effrayés par des danfeurs de corde qui font fur le point de tomber, & nous voulons que les Tragédies nous faffent prefque pleurer. Goûte-t-on affez la fanté, & en rend-on affez graces à Dieu, fans avoir jamais été malade? & ne-faut-il pas le plus fouvent qu'un peu de mal rende le bien plus fenfible, c'eft-à-dire plus grand?

Mais l'on dira que les maux font grands & en grand nombre, en comparaifon des biens : l'on fe trompe. Ce n'eft que le défaut d'attention qui diminue nos biens, & il faut que cette attention nous foit donnée par quelque mélange de maux. Si nous étions ordinairement malades & rarement en bonne fanté, nous fentirions merveilleufement ce grand bien, & nous fentirions moins nos maux ; mais ne vaut-il pas mieux néanmoins que la fanté foit ordinaire & la maladie rare ? Suppléons donc par notre réflexion à ce qui manque à notre perception, afin de nous rendre le bien de la fanté plus fenfible. Si nous n'avions point la connoiſſance de la vie future, je crois qu'il ſe trouveroit peu de perſonnes qui ne fuſſent contentes à l'article de la mort de reprendre la vie, à condition de repaſſer par la même valeur des biens & des maux, pourvu ſur-tout que ce ne fût point par la même eſpece. On ſe contenteroit de varier, ſans exiger une meilleure condition que celle où l'on avoit été.

Quand on conſidere auſſi la fragilité du corps humain, on admire la ſageſſe & la bonté de l'Auteur de la Nature qui l'a rendu ſi durable, & ſa condition ſi tolérable. C'eſt ce qui m'a ſouvent fait dire que je ne m'étonne pas ſi les hommes ſont quelquefois malades, mais que je m'étonne qu'ils le ſont ſi peu & qu'ils ne le ſont pas toujours. Et c'eſt auſſi ce qui nous doit faire eſtimer davantage l'artifice divin du méchaniſme des animaux, dont l'Auteur a fait des machines ſi frêles & ſi ſujettes à la corruption, & pourtant ſi capables de ſe maintenir; car c'eſt la nature qui nous guérit plutôt que la médecine. Or cette fragilité même eſt une ſuite de la nature des choses, à moins qu'on ne veuille que cette espece de créatures qui raisonne & qui est habillée de chair & d'os, ne soit point dans le monde. Mais ce seroit apparemment un défaut que quelques Philosophes d'autrefois auroient appellé *vacuum formarum*, un vide dans l'ordre des especes.

Ceux qui sont d'humeur à se louer de la nature & de la fortune, & non pas à s'en plaindre, quand même ils ne seroient pas les mieux partagés, me paroissent préférables aux autres. Car outre que ces plaintes sont mal fondées, c'est murmurer en effet contre les ordres de la Providence. Il ne faut pas être facilement du nombre des mécontens dans la République où l'on est, & il ne le faut point être du tout dans la cité de Dieu, où l'on ne le peut être qu'avec injustice. Les livres de la misere humaine, tels que celui du Pape Innocent III. ne me paroissent pas des plus utiles: on redouble les maux en leur donnant une attention qu'on en devroit détourner, pour la tourner vers les biens qui l'emportent de beaucoup. J'approuve encore moins les livres tels que celui de l'Abbé

Esprit, *de la fausseté des vertus humaines*, dont on nous a donné derniérement un Abrégé; un tel livre servant à tourner tout du mauvais côté, & à rendre les hommes tels qu'il les représente.

Il faut avouer cependant qu'il y a des désordres dans cette vie, qui se font voir particuliérement dans la prospérité de plusieurs méchans, & dans l'infélicité de beaucoup de gens de bien.... Cependant il arrive souvent aussi, quoique ce ne soit peut-être pas le plus souvent,

Qu'aux yeux de l'Univers le Ciel se justifie;

& qu'on peut dire avec Claudien:

Abstulit tandem Rufini pœna tumultum,
Absolvitque Deos.

Mais quand cela n'arriveroit pas ici, le remede est tout prêt dans l'autre vie. La Religion & même la raison nous l'apprennent; & nous ne devons point murmurer contre un petit délai que la Sagesse suprême a trouvé bon de donner aux hommes pour se repentir. Cependant c'est là où les objections redoublent d'un autre côté, quand on considere le salut & la damnation, parce qu'il paroît étrange que même dans le grand avenir de l'éternité, le mal doive avoir l'avantage fur le bien, fous l'autorité suprême de celui qui est le souverain bien; puisqu'il y aura beaucoup d'appellés & peu d'élus ou de sauvés. Il est vrai qu'on voit par quelques vers de Prudence, (*Hymn. ante somnum.*)

> Idem tamen benignus
> Ultor retundit iram,
> Paucosque non piorum
> Patitur perire in ævum,

que plusieurs ont cru de son temps, que le nombre de ceux qui seront assez méchans pour être damnés seroit très-petit....

En nous en tenant à la doctrine établie, que le nombre des hommes damnés éternellement sera incomparablement plus grand que celui des sauvés; il faut dire que le mal ne laisseroit pas de paroître presque comme rien en comparaison du bien, quand on considérera la véritable grandeur de la Cité de Dieu. Cœlius Secundus Curio a fait un petit livre, *de amplitudine Regni cœlestis*, qui a été réimprimé il n'y a pas long-temps; mais il s'en faut beaucoup qu'il ait compris l'étendue du Royaume des Cieux. Les anciens avoient de petites idées des ouvrages de Dieu, & Saint Augustin, faute de savoir les découvertes modernes, étoit bien en peine, quand il s'agissoit d'excuser la prévalence du mal. Il sembloit aux anciens qu'il n'y avoit que notre terre d'habitée, où ils avoient même peur des Antipodes; le reste du monde étoit, selon eux, quelques globes luisans & quelques spheres cristallines. Aujourd'hui, quelques bornes qu'on donne ou qu'on ne donne pas à l'Univers, il faut reconnoître qu'il y a un nombre innombrable de globes, autant & plus grands que le nôtre, qui ont autant de droit que lui à avoir des habitans raisonnables, quoiqu'il ne s'ensuive point que ce soient des hommes. Il n'est qu'une Planete, c'est-à-dire, un des six Satellites principaux de notre Soleil; & comme toutes les Fixes sont des Soleils aussi, l'on voit combien notre Terre est peu de chose par rapport aux choses visibles, puisqu'elle n'est qu'un appendice de l'un d'entre eux. Il se peut que tous les Soleils ne soient habités que par des créatures heureuses, & rien ne nous oblige de croire qu'il y en a beaucoup de damnées, car peu d'exemples ou peu d'échantillons suffisent pour l'utilité que le bien retire du mal. D'ailleurs comme il n'y a nulle raison qui porte à croire qu'il y a des étoiles par-tout, ne se peut-il point qu'il y ait un grand espace au-delà de la région des étoiles? Que ce soit le Ciel empyrée, ou non, toujours cet espace immense qui environne toute cette région, pourra être rempli de bonheur & de gloire. Il pourra être conçu comme l'Océan, où se rendent les fleuves de toutes les créatures bienheureuses, quand elles seront venues à leur perfection dans le système des étoiles. Que deviendra la considération de notre globe & de ses habitans? Ne sera-ce pas quelque chose d'incomparablement moindre qu'un point physique, puisque notre Terre est comme un point au prix de la distance de quelques Fixes? Ainsi la proportion de la partie de l'Univers que nous connoissons, se perdant presque dans le néant au prix de ce qui nous est inconnu, & que nous avons pourtant sujet d'admettre; & tous les maux qu'on nous peut objecter n'étant que dans ce presque néant, il se peut que tous les maux ne soient aussi qu'un presque néant en comparaison des biens qui sont dans l'Univers.

SORT DES ENFANS

Qui meurent dans le péché originel, & des adultes qui n'ont point connu Jesus-Christ.

Théodicée, Tome 1. §. 92.

CETTE disposition de l'ame qui constitue le péché originel dans un homme qui n'a pas été régénéré par le Baptême, suffit-elle pour le damner quand même il ne viendroit jamais au péché actuel, comme il peut arriver & arrive souvent, soit qu'il meure avant l'âge de raison, soit qu'il devienne hébété avant que d'en faire usage? On soutient que Saint Grégoire de Nazianze le nie (*): mais S. Augustin est pour l'affirmative, & prétend que le seul péché originel suffit pour faire mériter les flammes

(*) Orat. de Baptismo.

de l'enfer; quoique ce sentiment soit bien dur, pour ne rien dire de plus. Quand je parle ici de la damnation & de l'enfer, j'entends des douleurs, & non pas une simple privation de la félicité suprême ; j'entends *pœnam sensûs, non damni*. Grégoire de Rimini, Général des Augustins, avec peu d'autres, a suivi Saint Augustin contre l'opinion reçue des Ecoles de son temps, & pour cela il étoit appellé le bourreau des enfans, *tortor infantium*. Les Scholastiques, au lieu de les envoyer dans les flammes de l'enfer, leur ont assigné un limbe exprès, où ils ne souffrent point, & ne sont punis que par la privation de la vision béatifique. Les révélations de Sainte Brigitte, comme on les appelle, fort estimées à Rome, sont aussi pour ce dogme. Salmeron & Molina, après Ambroise Catharin & autres, leur accordent une certaine béatitude naturelle, & le Cardinal Sfondrat, homme de savoir & de piété, qui l'approuve, est allé derniérement jusqu'à préférer en quelque façon leur état, qui est l'état d'une heureuse innocence, à celui d'un pécheur sauvé; comme l'on voit dans son *Nodus præ-*

destinationis solutus ; mais il paroît que c'est un peu trop. Il est vrai qu'une ame éclairée comme il faut, ne voudroit point pécher, quand elle pourroit obtenir par ce moyen tous les plaisirs imaginables ; mais le cas de choisir entre le péché & la véritable béatitude, est un cas chimérique ; il vaut mieux obtenir la béatitude, quoiqu'après la pénitence, que d'en être privé pour toujours.

Beaucoup de Prélats & de Théologiens de France, qui sont bien aises de s'éloigner de Molina & de s'attacher à Saint Augustin, semblent pancher vers l'opinion de ce grand Docteur, qui condamne aux flammes éternelles les enfans morts dans l'âge d'innocence avant que d'avoir reçu le baptême. C'est ce qui paroît par la lettre que cinq insignes Prélats de France écrivirent au Pape Innocent XII, contre ce livre posthume du Cardinal Sfondrat ; mais dans laquelle ils n'oserent condamner la doctrine de la peine purement privative des enfans morts sans baptême, la voyant approuvée par le vénérable Thomas d'Aquin, & par d'autres grands hommes. Je ne parle point de ceux qu'on appelle d'un côté

Jansénistes, & de l'autre côté Disciples de Saint Augustin, car ils se déclarent entièrement & fortement pour le sentiment de ce Pere. Mais il faut avouer que ce sentiment n'a point de fondement suffisant ni dans la raison, ni dans l'Ecriture, & qu'il est d'une dureté des plus choquantes. Monsieur Nicole l'excuse assez mal dans son livre de l'unité de l'Eglise opposé à Monsieur Jurieu, quoique Monsieur Bayle prenne son parti. (*) Monsieur Nicole se sert de ce prétexte, qu'il y a encore d'autres dogmes dans la Religion Chrétienne qui paroissent durs. Mais outre que ce n'est pas une conséquence qu'il doit être permis de multiplier des duretés sans preuve, il faut considérer que les autres dogmes que Monsieur Nicole allegue, qui sont le péché originel & l'éternité des peines, ne sont durs & injustes qu'en apparence ; au lieu que la damnation des enfans morts sans péché actuel & sans régénération, le seroit véritablement, & que ce seroit damner en effet des innocens. Et cela me fait croire que le parti qui sou-

(*) Chap. 178. De la Réponse aux Questions du Provincial, tome 3.

tient cette opinion, n'aura jamais entiérement le dessus dans l'Eglise Romaine même. Les Théologiens Evangéliques ont coutume de parler avec assez de modération sur ce sujet, & d'abandonner ces ames au jugement & à la clémence de leur Créateur; & nous ne savons pas toutes les voies extraordinaires, dont Dieu peut se servir pour éclairer les ames....

Il n'y a guere moins de difficulté sur ceux qui parviennent à l'âge de discrétion, & se plongent dans le péché en suivant l'inclination de la nature corrompue, s'ils ne reçoivent point le secours de la grace nécessaire pour s'arrêter sur le penchant du précipice, ou pour se tirer de l'abyme où ils sont tombés; car il paroît dur de les damner éternellement, pour avoir fait ce qu'ils n'avoient point le pouvoir de s'empêcher de faire. Ceux qui damnent jusqu'aux enfans incapables de discrétion, se soucient encore moins des adultes, & l'on diroit qu'ils se sont endurcis à force de penser voir souffrir les gens. Mais il n'en est pas de même des autres, & je serois assez pour ceux qui accordent à tous les hommes une grace suffisante à les tirer du mal, pourvu qu'ils ayent assez de disposition pour profiter de ce secours & pour ne point le rejeter volontairement. L'on objecte qu'il y a eu, & qu'il y a encore une infinité d'hommes parmi les peuples civilisés & parmi les barbares, qui n'ont jamais eu cette connoissance de Dieu & de Jesus-Christ, dont on a besoin pour être sauvé par les voies ordinaires. Mais sans les excuser par la prétention d'un péché purement philosophique, & sans s'arrêter à une peine de privation, choses qu'il n'y a pas lieu de discuter ici, on peut douter du fait: car que savons-nous s'ils ne reçoivent point de secours ordinaires ou extraordinaires qui nous sont inconnus? Cette maxime: *Facienti quod in se est, non denegatur gratia necessaria*, me paroit d'une vérité éternelle. Thomas d'Aquin, l'Archevêque Bradwardin & d'autres, ont insinué qu'il se passoit là-dedans quelque chose que nous ne savons pas, (*) & plusieurs Théolo-

―――――――――
(*) Thom. quæst. 14. de veritate, art. 11. ad 1. & alibi Bradwardin de causâ Dei, non procul ab initio.

giens fort autorisés dans l'Eglise Romaine même, ont enseigné qu'un acte sincere de l'amour de Dieu sur toutes choses suffit pour le salut, lorsque la grace de Jesus-Christ le fait exciter. Le Pere François Xavier répondit aux Japonois, que si leurs ancêtres avoient bien usé de leurs lumieres naturelles, Dieu leur auroit donné les graces nécessaires pour être sauvés; & l'Evêque de Geneve, François de Sales, approuve fort cette réponse (*).

C'est ce que j'ai remontré autrefois à l'excellent Monsieur Pelisson, pour lui faire voir que l'Eglise Romaine allant plus loin que les Protestans, ne damne point absolument ceux qui sont hors de sa communion, & même hors du Christianisme, en ne le mesurant que par la foi explicite.... (**) Je lui

(*) Livre 4. De l'amour de Dieu, chap. 5.

(**) Leibnitz confond ici l'Eglise Romaine avec quelques Théologiens de cette même Eglise. Voici la maniere dont la Faculté de Théologie de Paris s'explique sur la nécessité de la croyance en Jesus-Christ pour le salut, dans la Censure de Bélisaire. Elle est très-remarquable. Après avoir dit que nul dans l'antiquité la plus reculée ne fut jamais justifié ni sauvé, sans croire au moins d'une foi implicite en Jesus-Christ & à ses mysteres; elle ajoute, » que depuis le temps de la promulgation évangé-

donnai alors à confidérer ce qu'un célebre Théologien Portugais, nommé Jacques Payva Andradius, envoyé au Concile de Trente, en a écrit contre Chemnice pendant ce même Concile. Et maintenant, fans alléguer beaucoup d'autres Auteurs, je me contenterai de nommer le Pere Fréderic Spee Jéfuite, un des plus excellens hommes de fa Société, qui a auffi été de ce fentiment commun de l'efficace de l'amour de Dieu, comme il paroît par la préface du beau livre qu'il a fait en Allemand fur les Vertus Chrétiennes. Il parle de cette obfervation comme d'un fecret de piété fort important, & s'étend fort diftinctement fur la force de

" lique, jamais perfonne n'eft juftifié ni fauvé, fi
" par fa faute ou par négligence à s'inftruire il n'a
" pas la foi explicite en Jefus-Chrift, Fils de Dieu,
" Dieu & homme, & Rédempteur des hommes par
" fa mort ; quelque foi explicite qu'il ait d'ailleurs
" en un feul Dieu rémunérateur, avec une foi im-
" plicite en Jefus-Chrift : nous n'ignorons pas que
" beaucoup de Théologiens des plus diftingués en-
" feignent outre cela, que depuis la promulgation
" de la Loi nouvelle, cette foi explicite en Jefus-
" Chrift & au myftere de la Trinité eft néceffaire,
" *de néceffité de moyen......* Nous favons auffi, com-
" bien cette doctrine eft fondée dans l'Ecriture, dans
" les Ecrits des Saints Peres, & fur-tout dans ceux
" de Saint Auguftin. Mais il vaut mieux n'infifter
" ici que fur ce qui eft de Foi Catholique ".

I iv,

l'amour divin, d'effacer le péché sans même l'intervention des Sacremens de l'Eglise Catholique, pourvu qu'on ne les méprise pas, ce qui ne seroit point compatible avec cet amour....

J'ajouterai qu'en supposant qu'aujourd'hui une connoissance de Jesus-Christ selon la chair est nécessaire au salut, comme en effet c'est le plus sûr de l'enseigner, l'on pourra dire que Dieu la donnera à tous ceux qui font ce qui dépend humainement d'eux, quand même il faudroit le faire par miracle. Aussi ne pouvons-nous savoir ce qui se passe dans les ames à l'article de la mort; & si plusieurs Théologiens savans & graves soutiennent que les enfans reçoivent une espece de foi dans le Baptême, quoiqu'ils ne s'en souviennent point depuis quand on les interroge là-dessus; pourquoi prétendroit-on que rien de semblable, ou même de plus exprès, ne se pût faire dans les mourans, que nous ne pouvons pas interroger après leur mort? de sorte qu'il y a une infinité de chemins ouverts à Dieu, qui lui donnent moyen de satisfaire à sa justice & à sa bonté; & tout ce qu'on peut objecter, c'est que nous ne savons pas de quelle voie il se sert: ce qui n'est rien moins qu'une objection valable.

ÉTERNITÉ DES PEINES.
Théodicée, Tome 2. §. 266. pag. 236.

La méthode de dériver le mal de peine du mal de coulpe, qui ne sauroit être blâmée, sert sur-tout pour rendre raison du plus grand mal physique, qui est la damnation. Ernest Sonerus, autrefois Professeur en Philosophie à Altorf, Université établie dans le pays de la République de Nuremberg, qui passoit pour un excellent Aristotélicien, mais qui a été reconnu enfin Socinien caché, avoit fait un petit discours intitulé, *Démonstration contre l'éternité des peines*. Elle étoit fondée sur ce principe assez rebattu, qu'il n'y a point de proportion entre une peine infinie & une coulpe finie. On me la communiqua, imprimée, ce sembloit, en Hollande; & je répondis qu'il y avoit une considération à faire, qui étoit échappée à feu Monsieur Sonerus : c'étoit qu'il fuffifoit de dire que la durée de la coulpe caufoit la durée de la peine ; que les damnés demeurant méchans, ils ne pouvoient être tirés de leur mifere, & qu'ainfi on n'avoit point befoin pour juftifier la continuation de leurs fouffrances, de fuppofer que le péché eft devenu d'une valeur infinie par l'objet infini offenfé qui eft Dieu ; thefe que je n'avois pas affez examinée pour en prononcer. Je fais que l'opinion commune des Scholaftiques, après le Maître des Sentences, eft que dans l'autre vie il n'y a ni mérite ni démérite ; mais je ne crois pas qu'elle puiffe paffer pour un article de foi, lorfqu'on la prend à la rigueur. Monfieur Fechtius, Théologien célebre à Roftock, l'a fort bien réfutée dans fon livre de l'état des damnés. Elle eft très-fauffe, dit-il §. 59. Dieu ne fauroit changer fa nature ; la juftice lui eft effentielle ; la mort a fermé la porte de la grace, & non pas celle de la juftice.

J'ai remarqué que plufieurs habiles Théologiens ont rendu raifon de la durée des peines des damnés, comme je viens de faire.... Le P. Drexelius,

Jésuite, dit dans son Livre intitulé: *Nicetas ou l'Incontinence triomphée*, (*a*) *Nec mirum damnatos semper torqueri: continuè blasphemant; & sic quasi semper peccant, semper ergo plectuntur.* Il rapporte & approuve la même raison dans son Ouvrage de l'Eternité, (*b*) en disant: *Sunt qui dicant, nec displicet responsum: scelerati in locis infernis semper peccant, ideo semper puniuntur.* Et il donne à connoître par-là que ce sentiment est assez ordinaire aux Docteurs de l'Eglise Romaine. Il est vrai qu'il allegue encore une raison plus subtile, prise du Pape Grégoire le Grand, (*c*) que les damnés sont punis éternellement, parce que Dieu a prévu par une espece de science moyenne qu'ils auroient toujours péché, s'ils avoient toujours vécu sur la terre. Mais c'est une hypothese où il y a bien à dire....

Monsieur Bayle même en divers endroits m'a fourni des passages de deux habiles Théologiens de son parti, qui se rapportent assez à ce que je

(*a*) Liv. 2. chap. 11. §. 9.
(*b*) Liv. 2. chap. 15.
(*c*) Lib. 4. Dial. 6. 44.

viens de dire. Monsieur Jurieu dans son livre de l'Unité de l'Eglise, opposé à celui que Monsieur Nicole avoit fait sur le même sujet, juge, p. 379, que la raison nous dit, qu'une créature qui ne peut cesser d'être criminelle, ne peut aussi cesser d'être misérable. Monsieur Jaquelot, dans son livre de la Foi & de la Raison, p. 220, croit que les damnés doivent subsister éternellement privés de la gloire des bienheureux, & que cette privation pourroit bien être l'origine & la cause de toutes leurs peines, par les réflexions que ces malheureuses créatures feront sur leurs crimes qui les auront privées d'un bonheur éternel. On sait quels cuisans regrets, quelle peine l'envie cause à ceux qui se voient privés d'un bien, d'un bonheur considérable qu'on leur avoit offert, & qu'ils ont rejeté, sur-tout lorsqu'ils en voient d'autres qui en sont revêtus. Ce tour est un peu différent de celui de Monsieur Jurieu, mais ils conviennent tous deux dans ce sentiment, que les damnés sont eux-mêmes la cause de la continuation de leurs tourmens. L'Origéniste de Monsieur le Clerc ne s'en éloigne pas entiérement, lorsqu'il dit dans la Bibliotheque choisie : (*) Dieu qui a prévu que l'homme tomberoit, ne le damne pas pour cela; mais seulement parce que pouvant se relever, il ne se releve pas, c'est-à-dire, qu'il conserve librement ses mauvaises habitudes jusqu'à la fin de sa vie. S'il pousse ce raisonnement au-delà de la vie, il attribuera la continuation des peines des méchans à la continuation de leur coulpe.

Monsieur Bayle dit que ce dogme de l'Origéniste est hérétique, en ce qu'il enseigne que la damnation n'est pas simplement fondée sur le péché, mais sur l'impénitence volontaire : mais cette impénitence volontaire n'est-elle pas une continuation de péché? Je ne voudrois pourtant pas dire simplement, que c'est parce que l'homme pouvant se relever, ne se releve pas; & j'ajouterois que c'est parce que l'homme ne s'aide pas du secours de la Grace pour se relever. Mais après cette vie, quoiqu'on suppose que ce secours cesse, il y a toujours dans l'homme qui peche, lors même qu'il est damné,

(*) Tome 7. pag. 341.

une liberté qui le rend coupable, & une puissance, mais éloignée, de se relever, quoiqu'elle ne vienne jamais à l'acte; & rien n'empêche qu'on ne puisse dire que ce degré de liberté, exempt de la nécessité, mais non exempt de la certitude, reste dans les damnés aussi bien que dans les bienheureux; outre que les damnés n'ont point besoin d'un secours dont on a besoin dans cette vie, car ils ne savent que trop ce qu'il faut croire ici.

L'illustre Prélat de l'Eglise Anglicane, qui a publié depuis peu un livre sur l'origine du mal, sur lequel Monsieur Bayle a fait des remarques dans le second tome de sa Réponse aux Questions d'un Provincial, parle fort ingénieusement des peines des damnés. On représente le sentiment de ce Prélat, (après l'Auteur des Nouvelles de la République des Lettres, Juin 1703,) comme s'il faisoit des damnés tout autant de fous qui sentiront vivement leurs miseres, mais qui s'applaudiront pourtant de leur conduite, & qui aimeront mieux être, & être ce qu'ils sont, que de ne point être du tout. Ils aimeront leur état, tout malheureux qu'il fera, comme les gens en colere, les amoureux, les ambitieux, les envieux fe plaifent dans les chofes mêmes qui ne font qu'accroître leur mifere. On ajoute, que les impies auront tellement accoutumé leur efprit aux faux jugemens, qu'ils n'en feront plus déformais d'autres, & paffant perpétuellement d'une erreur dans une autre, ils ne pourront s'empêcher de défirer perpétuellement des chofes dont ils ne pourront jouir, & dont la privation les jettera dans des défefpoirs inconcevables, fans que l'expérience les puiffe jamais rendre plus fages pour l'avenir, parce que par leur propre faute ils auront entiérement corrompu leur entendement, & l'auront rendu incapable de juger fainement d'aucune chofe.

Les anciens ont déjà conçu que le Diable demeure éloigné de Dieu volontairement au milieu de fes tourmens, & qu'il ne voudroit point fe racheter par une foumiffion. Ils ont feint qu'un Anachorete étant en vifion, tira parole de Dieu, qu'il recevroit en grace le Prince des mauvais Anges, s'il vouloit reconnoître fa faute ; mais que le Diable rebuta ce médiateur d'une étrange maniere. Au moins les Théologiens conviennent ordinairement, que les diables & les damnés haïssent Dieu & le blasphement ; & un tel état ne peut manquer d'être suivi de la continuation de la misere. On peut lire sur cela le savant Traité de Monsieur Fechtius de l'état des damnés.

Il y a eu des temps où l'on a cru qu'il n'étoit pas impossible qu'un damné fût délivré. Le conte qu'on a fait du Pape Grégoire le Grand est connu, comme si par ses prieres il avoit tiré de l'enfer l'ame de l'Empereur Trajan, dont la bonté étoit si célebre, qu'on souhaitoit aux nouveaux Empereurs de surpasser Auguste en bonheur & Trajan en bonté. C'est ce qui attira au dernier la pitié du saint Pape : Dieu déféra à ses prieres, dit-on ; mais il lui défendit d'en faire de semblables à l'avenir.....

Godescalc, Moine du neuvieme siecle, qui a brouillé ensemble les Théologiens de son temps, & même ceux du nôtre, vouloit que les réprouvés devoient prier Dieu de rendre leurs peines plus supportables : mais on n'a jamais droit de se croire réprouvé, tant qu'on vit. Le passage *de la Messe des morts* est plus raisonnable, il demande la diminution des peines des damnés ; & suivant l'hypothese que nous venons d'exposer, il faudroit leur souhaiter *meliorem mentem*. Origene s'étant servi du passage du Pseaume 77 v. 10, *Dieu n'oubliera pas d'avoir pitié, & ne supprimera pas toutes ses miséricordes dans sa colere ;* Saint Augustin répond, (*) qu'il se peut que les peines des damnés durent éternellement, & qu'elles soient pourtant mitigées. (*a*) Si le texte alloit à cela,

---

(*) Enchirid. c. 112.

(*a*) Saint Augustin n'a point avancé affirmativement & absolument que les peines des damnés pouvoient être adoucies par les prieres des vivans. Il paroît seulement n'être point éloigné de le penser, ou du moins il ne condamne point ceux qui étoient alors dans cette opinion. Saint Jean Chrysostome, Saint Jean Damascene, Prudence, l'ont ouvertement soutenue ; & le Pere Petau déclare que, quoiqu'elle soit aujourd'hui contraire au sentiment commun des Catholiques, on ne doit pourtant pas la rejetter, ni comme condamnée par l'Eglise Catholique, ni comme absurde. Voici ces termes : « De » hac damnatorum saltem hominum respiratione, » nihil adhuc certi decretum est ab Ecclesia Catho- » licâ : ut propterea non temere, tanquam absurda, » fit explodenda Sanctissimorum Patrum hæc opinio : » quamvis à communi sensu Catholicorum hoc tem- » pore sit aliena. *De Angelis, lib.* 3. *c.* 7. §. 18.

la diminution iroit à l'infini, quant à la durée; & néanmoins elle auroit un *non plus ultra*, quant à la grandeur de la diminution; comme il y a des figures asymptotes dans la Géométrie, où une longueur infinie ne fait qu'un espace fini. Si la parabole du mauvais riche représentoit l'état d'un véritable damné, les hypothèses qui les font si fous & si méchans, n'auroient point de lieu. Mais la charité qu'elle lui attribue pour ses freres, ne paroît point convenir à ce degré de méchanceté qu'on donne aux damnés. Saint Grégoire le Grand (*) croit qu'il avoit peur que leur damnation n'augmentât la sienne : mais cette crainte n'est pas assez conforme au naturel d'un méchant achevé. Bonaventure, sur le Maître des Sentences, dit que le mauvais riche auroit souhaité de voir damner tout le monde; mais puisque cela ne devoit point arriver, il souhaitoit plutôt le salut de ses freres, que celui des autres. Il n'y a pas trop de solidité dans cette réponse. Au contraire la mission du Lazare qu'il souhaitoit, auroit servi à sauver beaucoup de monde; & celui

(*) IX. Mor. 39.

qui se plaît tant à la damnation d'autrui, qu'il souhaite celle de tout le monde, souhaitera peut-être celle des uns plus que celle des autres; mais absolument parlant, il n'aura point de penchant à faire sauver quelqu'un. Quoi qu'il en soit, il faut avouer que tout ce détail est problématique, Dieu nous ayant révélé ce qu'il faut pour craindre le plus grand des malheurs, & non pas ce qu'il faut pour l'entendre.

DIALOGUE
de LAURENT VALLA sur le libre Arbitre & la Providence, abrégé & continué par LEIBNITZ.

Théodicée, tom. 2. §. 405. pag. 398.

LE Dialogue de Valla & ses Livres sur la Volupté & le Vrai Bien, font assez voir qu'il n'étoit pas moins Philosophe qu'Humaniste. Ces quatre Livres étoient opposés aux quatre Livres de la Consolation de Boëce, & le Dialogue au cinquieme. Un certain Antoine Glarea, Espagnol, lui demande un éclairciffement fur la difficulté du libre arbitre, auffi peu connu qu'il eft digne de l'être, d'où dépend la juftice & l'injuftice, le châtiment & la récompenfe dans cette vie & dans la vie future. Laurent Valla lui répond qu'il faut fe confoler d'une ignorance qui nous eft commune avec tout le monde, comme l'on fe confole de n'avoir point les ailes des oifeaux.

ANTOINE. Je fais que vous me pouvez donner ces ailes, comme un autre Dédale, pour fortir de la prifon de l'Ignorance, & pour m'élever jufqu'à la région de la Vérité, qui eft la patrie des ames. Les Livres que j'ai vus ne m'ont point fatisfait, pas même le célebre Boëce, qui a l'approbation générale. Je ne fais s'il a bien compris lui-même ce qu'il dit de l'entendement de Dieu, & de l'éternité fupérieure au temps. Et je vous demande votre fentiment fur fa maniere d'accorder la prefcience avec la liberté.

LAURENT. J'appréhende de choquer bien des gens, en réfutant ce grand homme; je veux pourtant préférer à cette crainte l'égard que j'ai aux prieres d'un ami, pourvu que vous me promettiez....

ANT. Quoi ?

LAUR. C'est que lorsque vous aurez dîné chez moi, vous ne demanderez point que je vous donne à souper ; c'est-à-dire, je désire que vous soyez content de la solution de la question que vous m'avez faite, sans m'en proposer une autre.

ANT. Je vous le promets. Voici le point de la difficulté : Si Dieu a prévu la trahison de Judas, il étoit nécessaire qu'il trahît, il étoit impossible qu'il ne trahît pas. Il n'y a point d'obligation à l'impossible. Il ne péchoit donc pas, il ne méritoit point d'être puni. Cela détruit la justice & la religion, avec la crainte de Dieu.

LAUR. Dieu a prévu le péché ; mais il n'a point forcé l'homme à le commettre ; le péché est volontaire.

ANT. Cette volonté étoit nécessaire, puisqu'elle étoit prévue.

LAUR. Si ma science ne fait pas que les choses passées ou présentes existent, ma prescience ne fera pas non plus exister les futures.

ANT. Cette comparaison est trompeuse : le présent ni le passé ne sauroient être changés, ils sont déjà nécessaires ;

mais le futur, muable en soi, devient fixe & nécessaire par la prescience. Feignons qu'un Dieu du Paganisme se vante de savoir l'avenir; je lui demanderai s'il sait quel pied je mettrai devant, puis je ferai le contraire de ce qu'il aura prédit.

LAUR. Ce Dieu sait ce que vous voudrez faire.

ANT. Comment le sait-il, puisque je ferai le contraire de ce qu'il dit, & je suppose qu'il dira ce qu'il pense?

LAUR. Votre fiction est fausse: Dieu ne vous répondra pas, ou bien s'il vous répondoit, la vénération que vous auriez pour lui, vous feroit hâter de faire ce qu'il auroit dit; sa prédiction vous feroit un ordre. Mais nous avons changé de question. Il ne s'agit point de ce que Dieu prédira, mais de ce qu'il prévoit. Revenons donc à la prescience, & distinguons entre le nécessaire & le certain. Il n'est pas impossible que ce qui est prévu n'arrive pas; mais il est infaillible qu'il arrivera. Je puis devenir Soldat ou Prêtre, mais je ne le deviendrai pas.

ANT. C'est ici que je vous tiens. La regle des Philosophes veut que tout ce qui est possible, peut être considéré comme existant. Mais si ce que vous dites être possible, c'est-à-dire un événement différent de ce qui a été prévu, arrivoit actuellement, Dieu se feroit trompé.

LAUR. Les regles des Philosophes ne sont point des oracles pour moi. Celle-ci particuliérement n'est point exacte. Les deux contradictoires sont souvent possibles toutes deux : est-ce qu'elles peuvent aussi exister toutes deux ? Mais pour vous donner plus d'éclaircissement, feignons que Sextus Tarquinius venant à Delphes pour consulter l'oracle d'Apollon, ait pour réponse :

Exul inopsque cades iratâ pulsus ab urbe.
  Pauvre & banni de ta patrie,
  On te verra perdre la vie.

Le jeune homme s'en plaindra. Je vous ai apporté un présent royal, ô Apollon, & vous m'annoncez un sort si malheureux! Apollon lui dira : Votre présent m'est agréable, & je fais ce que vous me demandez, je vous dis ce qui arrivera. Je sais l'avenir, mais je ne le fais pas. Allez vous plaindre à Jupiter & aux Parques. Sextus seroit ridicule, s'il continuoit après cela de se plaindre d'Apollon; n'est-il pas vrai?

ANT. Il dira: Je vous remercie, ô Saint Apollon, de m'avoir découvert la vérité. Mais d'où vient que Jupiter est si cruel à mon égard, qu'il prépare un destin si dur à un homme innocent, à un adorateur religieux des Dieux?

LAUR. Vous, innocent, dira Apollon. Sachez que vous serez superbe, que vous commettrez des adulteres, que vous serez traître à la patrie. Sextus pourroit-il répliquer: C'est vous qui en êtes la cause, ô Apollon; vous me forcez de le faire, en le prévoyant?

ANT. J'avoue qu'il auroit perdu le sens, s'il faisoit cette réplique.

LAUR. Donc le traître Judas ne peut point se plaindre non plus de la préscience de Dieu. Et voilà la solution de la question.

ANT. Vous m'avez satisfait au-delà de ce que j'espérois; vous avez fait ce que Boëce n'a pu faire: je vous en ferai obligé toute ma vie.

LAUR. Cependant poursuivons encore un peu notre historiette. Sextus dira: Non, Apollon, je ne veux point faire ce que vous dites.

ANT.

ANT. Comment! dira le Dieu, je serois donc un menteur? Je vous le répete encore, vous ferez tout ce que je viens de dire.

LAUR. Sextus prieroit peut-être les Dieux de changer les destins, de lui donner un meilleur cœur.

ANT. On lui répondroit:

Define fata Deûm flecti sperare precando.

Il ne sauroit faire mentir la prescience divine. Mais que dira donc Sextus? N'éclatera-t-il pas en plaintes contre les Dieux? Ne dira-t-il pas: Comment? Je ne suis donc point libre? Il n'est pas dans mon pouvoir de suivre la vertu?

LAUR. Apollon lui dira peut-être: Sachez, mon pauvre Sextus, que les Dieux font chacun tel qu'il est. Jupiter a fait le loup ravissant, le lievre timide, l'âne sot, le lion courageux; il vous a donné une ame méchante & incorrigible; vous agirez conformément à votre naturel, & Jupiter vous traitera comme vos actions le mériteront; il en a juré par le Styx.

ANT. Je vous avoue qu'il me semble qu'Apollon, en s'excusant, accuse Jupiter plus qu'il n'accuse Sextus; &

Sextus lui répondroit : Jupiter condamne donc en moi son propre crime, & c'est lui qui est le seul coupable. Il me pouvoit faire tout autre ; mais fait comme je suis, je dois agir comme il a voulu. Pourquoi donc me punit-il ? Pouvois-je résister à sa volonté ?

LAUR. Je vous avoue que je me trouve arrêté ici, aussi bien que vous. J'ai fait venir les Dieux sur le théâtre, Apollon & Jupiter, pour vous faire distinguer la prescience & la providence divine. J'ai fait voir qu'Apollon, que la prescience ne nuisent point à la liberté ; mais je ne saurois vous satisfaire sur les décrets de la volonté de Jupiter, c'est-à-dire sur les ordres de la Providence.

ANT. Vous m'avez tiré d'un abyme, & vous me replongez dans un autre abyme plus grand.

LAUR. Souvenez-vous de notre contrat. Je vous ai fait dîner, & vous me demandez de vous donner aussi à souper.

ANT. Je vois maintenant votre finesse ; vous m'avez attrapé ; ce n'est pas un contrat de bonne foi.

LAUR. Que voulez-vous que je fasse ?

Je vous ai donné du vin & des viandes de mon cru, que mon petit bien peut fournir : pour le nectar & l'ambroisie, vous les demanderez aux Dieux. Cette divine nourriture ne se trouve point parmi les hommes. Ecoutez S. Paul, ce vaisseau d'élection qui a été ravi jusqu'au troisieme ciel, qui y a entendu des paroles inexprimables : il vous répondra par la comparaison du Potier, par l'incompréhensibilité des voies de Dieu, par l'admiration de la profondeur de sa sagesse. Cependant il est bon de remarquer qu'on ne demande pas pourquoi Dieu prévoit la chose, car cela s'entend ; c'est parce qu'elle sera. Mais on demande pourquoi il en ordonne ainsi, pourquoi il endurcit un tel, pourquoi il a pitié d'un autre. Nous ne connoissons pas les raisons qu'il en peut avoir ; mais c'est assez qu'il soit très-bon & très-sage, pour nous faire juger qu'elles sont bonnes. Et comme il est juste aussi, il s'ensuit que ses décrets & ses opérations ne détruisent point notre liberté. Quelques-uns y ont cherché quelque raison. Ils ont dit que nous sommes faits d'une masse corrompue & impure, de boue. Mais

Adam, mais les Anges étoient faits d'argent & d'or, & ils n'ont pas laissé de pécher. On est encore endurci quelquefois, après la régénération. Il faut donc chercher une autre cause du mal, & je doute que les Anges mêmes la sachent. Ils ne laissent pas d'être heureux & de louer Dieu. Boëce a plus écouté la réponse de la Philosophie que celle de Saint Paul; c'est ce qui l'a fait échouer. Croyons à Jesus-Christ, il est la vertu & la sagesse de Dieu; il nous apprend que Dieu veut le salut de tous, qu'il ne veut point la mort du pécheur. Fions-nous à la miséricorde divine, & ne nous en rendons pas incapables par notre vanité & par notre malice.

Ce dialogue de Valla est beau, quoiqu'il y ait quelque chose à redire par-ci par-là; mais le principal défaut y est, qu'il coupe le nœud & qu'il semble condamner la Providence sous le nom de Jupiter, qu'il fait presque auteur du péché. Poussons donc plus avant la petite fable.

Sextus quittant Apollon & Delphes, va trouver Jupiter à Dodone. Il fait des sacrifices, & puis il étale ses plaintes. Pourquoi m'avez-vous condamné, ô grand Dieu, à être méchant, à être malheureux ? Changez mon sort & mon cœur, ou reconnoissez votre tort. *Jupiter* lui répondit : Si vous voulez renoncer à Rome, les Parques vous fileront d'autres destinées; vous deviendrez sage; vous serez heureux. *Sextus.* Pourquoi dois-je renoncer à l'espérance d'une couronne ? Ne pourrai-je pas être bon Roi ? *Jupiter.* Sextus, je sais mieux ce qu'il vous faut. Si vous allez à Rome, vous êtes perdu. Sextus ne pouvant se résoudre à un si grand sacrifice, sortit du temple & s'abandonna à son destin. Théodore, le grand sacrificateur qui avoit assisté au dialogue du Dieu avec Sextus, adressa ces paroles à Jupiter: Votre sagesse est adorable, ô grand maître des Dieux. Vous avez convaincu cet homme de son tort; il faut qu'il impute dès-à-présent son malheur à sa mauvaise volonté; il n'a pas le mot à dire. Mais vos fidelles adorateurs sont étonnés; ils souhaiteroient d'admirer votre bonté, aussi bien que votre grandeur : il dépendoit de vous de lui donner une autre volonté. *Jupiter.* Allez à ma fille *Pallas*, elle vous apprendra ce que je devois faire.

Théodore fit le voyage d'Athenes: on lui ordonna de coucher dans le temple de la Déeſſe. En ſongeant, il ſe trouva tranſporté dans un pays inconnu. Il y avoit là un Palais d'un brillant inconcevable & d'une grandeur immenſe. La Déeſſe *Pallas* parut à la porte, environnée des rayons d'une majeſté éblouiſſante :

Qualiſque videri
Cœlicolis & quanta ſolet.

Elle toucha le viſage de Théodore, d'un rameau d'olivier qu'elle tenoit dans la main. Le voilà capable de ſoutenir le divin éclat de la fille de Jupiter, & de tout ce qu'elle lui devoit montrer. Jupiter qui vous aime, lui dit-elle, vous a recommandé à moi pour être inſtruit. Vous voyez ici *le Palais des Deſtinées*, dont j'ai la garde ; il y a des repréſentations non-ſeulement de ce qui arrive, mais encore de tout ce qui eſt poſſible; & Jupiter en ayant fait la revue, avant le commencement du monde exiſtant, a digéré les poſſibilités en mondes, & a fait le choix du meilleur de tous. Il vient quelquefois viſiter ces lieux pour ſe donner le plaiſir de récapituler les choses, & de renouveller son propre choix, où il ne peut manquer de se complaire. Je n'ai qu'à parler, & nous allons voir tout un monde que mon pere pouvoit produire, où se trouvera représenté tout ce qu'on en peut demander; & par ce moyen on peut savoir encore ce qui arriveroit, si telle ou telle possibilité devoit exister. Et quand les conditions ne seroient pas assez déterminées, il y aura autant qu'on voudra de tels mondes différens entr'eux, qui répondront différemment à la même question, en autant de manieres qu'il est possible. Vous avez appris la Géométrie, quand vous étiez encore jeune, comme tous les Grecs bien élevés. Vous savez donc que lorsque les conditions d'un point qu'on demande, ne le déterminent pas assez, & qu'il y en a une infinité, ils tombent tous dans ce que les Géometres appellent un lieu; & ce lieu au moins, (qui est souvent une ligne), sera déterminé. Ainsi vous pouvez vous figurer une suite réglée de mondes, qui contiendront tous & seuls le cas dont il s'agit, & en varieront les circonstances & les conséquences. Mais si vous posez un cas qui ne diffère du monde actuel, que dans une seule chose définie & dans ses suites, un certain monde déterminé vous répondra : Ces mondes sont tous ici, c'est-à-dire en idées. Je vous en montrerai où se trouvera, non pas tout-à-fait le même Sextus que vous avez vu, (cela ne se peut, il porte toujours avec lui ce qu'il sera), mais des Sextus approchans, qui auront tout ce que vous connoissez déjà du véritable Sextus ; mais non pas tout ce qui est déjà dans lui, sans qu'on s'en apperçoive, ni par conséquent tout ce qui lui arrivera encore. Vous trouverez dans un monde, un Sextus fort heureux & élevé ; dans un autre, un Sextus content d'un état médiocre ; des Sextus de toute espece & d'une infinité de façons.

Là-dessus la Déesse mena Théodore dans un des appartemens : quand il y fut, ce n'étoit plus un appartement, c'étoit un monde :

Solemque suum, sua sidera norat.

Par l'ordre de Pallas, on vit paroître Dodone avec le temple de Jupiter, & Sextus qui en sortoit. On l'entendoit dire, qu'il obéiroit au Dieu. Le voilà qui va à une ville placée entre deux mers, semblable à Corinthe. Il y achete un petit jardin; en le cultivant il trouve un tréfor; il devient un homme riche, aimé, confidéré; il meurt dans une grande vieilleffe, chéri de toute la ville. Théodore vit toute fa vie comme d'un coup d'œil, & comme dans une repréfentation de théatre. Il y avoit un grand volume d'écritures dans cet appartement; Théodore ne put s'empêcher de demander ce que cela vouloit dire. C'eft l'hiftoire de ce monde où nous fommes maintenant en vifite, *lui dit la Déeffe*; c'eft le livre de fes deftinées. Vous avez vu un nombre fur le front de Sextus, cherchez dans ce livre l'endroit qu'il marque. Théodore le chercha & y trouva l'hiftoire de Sextus plus ample que celle qu'il avoit vue en abrégé. Mettez le doigt fur la ligne qu'il vous plaira, *lui dit Pallas*, & vous verrez repréfenté effectivement dans tout fon détail ce que la ligne marque en gros. Il obéit, & il vit paroître toutes les particularités d'une partie de la vie de ce Sextus. On paffa dans un autre appartement, & voilà un autre monde,

K v

un autre Sextus, qui sortant du temple & résolu d'obéir à Jupiter, va en Thrace. Il y épouse la fille du roi, qui n'avoit point d'autres enfans, & lui succede. Il est adoré de ses sujets. On alloit en d'autres chambres, & on voyoit toujours de nouvelles scenes.

Les appartemens alloient en pyramide ; ils devenoient toujours plus beaux à mesure qu'on montoit vers la pointe, & ils représentoient de plus beaux mondes. On vint enfin dans le suprême qui terminoit la pyramide, & qui étoit le plus beau de tous ; car la pyramide avoit un commencement, mais on n'en voyoit point la fin ; elle avoit une pointe, mais point de base ; elle alloit croissant à l'infini. C'est, (comme *la Déesse* l'expliqua), parce qu'entre une infinité de mondes possibles, il y a le meilleur de tous, autrement Dieu ne se seroit point déterminé à en créer aucun ; mais il n'y en a aucun qui n'en ait encore de moins parfaits au-dessous de lui ; c'est pourquoi la pyramide descend à l'infini. Théodore entrant dans cet appartement suprême, se trouva ravi en extase ; il lui fallut le secours de la Déesse : une goutte d'une liqueur divine mise sur la langue, le remit. Il ne se sentoit pas de joie. Nous sommes dans le vrai monde actuel, (dit *la Déesse*), & vous y êtes à la source du bonheur. Voilà ce que Jupiter vous y prépare, si vous continuez de le servir fidellement. Voici Sextus tel qu'il est, & tel qu'il sera actuellement. Il sort du temple tout en colere ; il méprise le conseil des Dieux. Vous le voyez allant à Rome, mettant tout en désordre, violant la femme de son ami. Le voilà chassé avec son pere, battu, malheureux. Si Jupiter avoit pris ici un Sextus heureux à Corinthe, ou Roi en Thrace, ce ne seroit plus ce monde. Et cependant il ne pouvoit manquer de choisir ce monde, qui surpasse en perfection tous les autres, qui fait la pointe de la pyramide ; autrement Jupiter auroit renoncé à sa sagesse ; il m'auroit bannie, moi qui suis sa fille. Vous voyez que mon pere n'a point fait Sextus méchant ; il l'étoit de toute éternité ; il l'étoit toujours librement ; il n'a fait que lui accorder l'existence, que sa sagesse ne pouvoit refuser au monde où il est compris : il l'a fait passer de la région des possibles à celle des êtres actuels. Le crime de Sextus sert à de grandes choses; il en naîtra un grand Empire, qui donnera de grands exemples. Mais cela n'est rien au prix du total de ce monde, dont vous admirerez la beauté, lorsque après un heureux passage de cet état mortel à un autre meilleur, les Dieux vous auront rendu capable de le connoître.

Dans ce moment Théodore s'éveille, il rend graces à la Déesse, il rend justice à Jupiter, & pénétré de ce qu'il a vu & entendu, il continue la fonction de grand Sacrificateur, avec tout le zele d'un vrai serviteur de son Dieu, avec toute la joie dont un mortel est capable. Il me semble que cette continuation de la fiction peut éclaircir la difficulté, à laquelle Valla n'a point voulu toucher. Si Apollon a bien représenté la science divine de vision, (qui regarde les existences), j'espere que Pallas n'aura pas mal fait le personnage de ce qu'on appelle la science de simple intelligence, (qui regarde tous les possibles), où il faut enfin chercher la source des choses.

ABRÉGÉ DE LA CONTROVERSE

Entre BAYLE & M. LEIBNITZ, sur la bonté de Dieu, la liberté de l'homme & l'origine du mal, réduite à des argumens en forme.

Tome 2. pag. 415.

PREMIERE OBJECTION.

QUICONQUE ne prend point le meilleur parti, manque de puissance, ou de connoissance, ou de bonté.

Dieu n'a point pris le meilleur parti en créant le monde.

Donc Dieu a manqué de puissance, ou de connoissance, ou de bonté.

RÉPONSE. On nie la mineure, c'est-à-dire la seconde prémisse de ce syllogisme, & l'adversaire la prouve par ce

PROSYLLOGISME. Quiconque fait des choses où il y a du mal, qui pouvoient être faites sans aucun mal, ou dont la production pouvoit être omise, ne prend point le meilleur parti.

Dieu a fait un monde où il y a du mal; un monde, dis-je, qui pouvoit être fait sans aucun mal, ou dont la production pouvoit être omise tout-à-fait.

Donc Dieu n'a point pris le meilleur parti.

RÉPONSE. On accorde la mineure de ce Profyllogifme; car il faut avouer qu'il y a du mal dans le monde que Dieu a fait, & qu'il étoit poffible de faire un monde fans mal, ou même de ne point créer de monde, puifque la création a dépendu de la volonté libre de Dieu; mais on nie la majeure, c'eft-à-dire, la premiere des deux prémiffes du Profyllogifme, & on pourroit fe contenter d'en demander la preuve. Mais pour donner plus d'éclairciffement à la matiere, on a voulu juftifier cette négation, en faifant remarquer que le meilleur parti n'eft pas toujours celui qui tend à éviter le mal, puifqu'il fe peut que le mal foit accompagné d'un plus grand bien. Par exemple, un Général d'Armée aimera mieux une grande victoire avec une légere bleffure, qu'un état fans bleffure & fans victoire. On a montré cela plus amplement dans cet Ouvrage, en faifant même voir par des inftances prifes des Mathématiques & d'ailleurs, qu'une imperfection dans la partie peut être requise à une plus grande perfection dans le tout. On a suivi en cela le sentiment de S. Augustin, qui a dit cent fois que Dieu a permis le mal pour en tirer un bien, c'est-à-dire, un plus grand bien : & celui de Thomas d'Aquin, (*in lib. 2. sent. dist. 32. quæst. 1. art. 1.*), que la permission du mal tend au bien de l'univers. On a fait voir que chez les anciens, la chute d'Adam a été appellée *felix culpa*, un péché heureux, parce qu'il avoit été réparé avec un avantage immense, par l'incarnation du Fils de Dieu, qui a donné à l'univers quelque chose de plus noble que tout ce qu'il y auroit eu sans cela parmi les créatures. Et pour plus d'intelligence on a ajouté, après plusieurs bons Auteurs, qu'il étoit de l'ordre & du bien général, que Dieu laissât à certaines créatures l'occasion d'exercer leur liberté, lors même qu'il a prévu qu'elles se tourneroient au mal, mais qu'il pouvoit si bien redresser ; parce qu'il ne convenoit pas que pour empêcher le péché, Dieu agît toujours d'une maniere extraordinaire. Il suffit donc pour anéantir l'objection, de faire voir qu'un monde avec le mal, pouvoit être meilleur qu'un monde sans mal; mais on est encore allé plus avant dans l'Ouvrage, & l'on a même montré que cet univers doit être effectivement meilleur que tout autre univers possible.

Seconde Objection.

S'il y a plus de mal que de bien dans les créatures intelligentes, il y a plus de mal que de bien dans tout l'ouvrage de Dieu.

Or il y a plus de mal que de bien dans les créatures intelligentes.

Donc il y a plus de mal que de bien dans tout l'ouvrage de Dieu.

Réponse. On nie la majeure & la mineure de ce Syllogisme conditionnel. Quant à la majeure on ne l'accorde point, parce que cette prétendue conséquence de la partie au tout, des créatures intelligentes à toutes les créatures, suppose tacitement & sans preuve, que les créatures destituées de raison ne peuvent point entrer en comparaison & en ligne de compte avec celles qui en ont; mais pourquoi ne se pourroit-il pas que le surplus du bien dans les créatures non intelligentes qui rempliffent le monde, récompensât & furpafsât même incomparablement le furplus du mal dans les créatures raifonnables? Il eft vrai que le prix des dernieres eft plus grand ; mais en récompenfe les autres font en plus grand nombre fans comparaifon, & il fe peut que la proportion du nombre & de la quantité furpaffe celle du prix & de la qualité.

Quant à la mineure, on ne la doit point accorder non plus, c'eft à-dire, on ne doit point accorder qu'il y a plus de mal que de bien dans les créatures intelligentes. On n'a pas même befoin de convenir qu'il y a plus de mal que de bien dans le genre humain, parce qu'il fe peut, & il eft même fort raifonnable que la gloire & la perfection des Bienheureux foient incomparablement plus grandes que la mifere & l'imperfection des damnés, & qu'ici l'excellence du bien total dans le plus petit nombre, prévale au mal total dans le nombre plus grand. Les Bienheureux approchent de la Divinité par le moyen du divin Médiateur, autant qu'il peut convenir à ces créatures, & font des progrès dans le bien, qu'il est impossible que les damnés fassent dans le mal, quand ils approcheroient le plus près qu'il se peut de la nature des démons. Dieu est infini, & le démon est borné; le bien peut aller & va à l'infini, au lieu que le mal a ses bornes. Il se peut donc & il est à croire qu'il arrive dans la comparaison des Bienheureux & des damnés, le contraire de ce que nous avons dit pouvoir arriver dans la comparaison des créatures intelligentes & non intelligentes; c'est-à-dire, il se peut que dans la comparaison des heureux & des malheureux, la proportion des degrés surpasse celle des nombres, & que dans la comparaison des créatures intelligentes & non intelligentes, la proportion des nombres soit plus grande que celle des prix. On est en droit de supposer qu'une chose se peut, tant qu'on ne prouve point qu'elle est impossible; & même ce qu'on avance ici passe la supposition.

Mais en second lieu, quand on accorderoit qu'il y a plus de mal que de bien dans le genre humain, on a encore tout sujet de ne point accorder qu'il y a plus de mal que de bien dans toutes les créatures intelligentes ; car il y a un nombre inconcevable de génies, & peut-être encore d'autres créatures raisonnables. Et un adversaire ne sauroit prouver que dans toute la cité de Dieu, composée tant de génies que d'animaux raisonnables sans nombre & d'une infinité d'especes, le mal surpasse le bien. Et quoiqu'on n'ait point besoin pour répondre à une objection, de prouver qu'une chose est, quand sa seule possibilité suffit, on n'a pas laissé de montrer dans cet Ouvrage que c'est une suite de la suprême perfection du Souverain de l'univers, que le royaume de Dieu soit le plus parfait de tous les Etats ou Gouvernemens possibles ; & que par conséquent le peu de mal qu'il y a, soit requis pour le comble du bien immense qui s'y trouve.

Troisieme Objection.

S'il est toujours impossible de ne point pécher, il est toujours injuste de punir.

Or il est toujours impossible de ne point pécher ; ou bien, tout péché est nécessaire.

Donc il est toujours injuste de punir.

On en prouve la mineure.

I. PROSYLLOGISME. Tout prédéterminé est nécessaire. Tout événement est prédéterminé.

Donc tout événement, (& par conséquent le péché aussi), est nécessaire.

On prouve encore ainsi cette seconde mineure.

II. PROSYLLOGISME. Ce qui est futur, ce qui est prévu, ce qui est enveloppé dans les causes, est prédéterminé. Tout événement est tel.

Donc tout événement est prédéterminé.

RÉPONSE. On accorde dans un certain sens la conclusion du second Prosyllogisme, qui est la mineure du premier ; mais on niera la majeure du premier Prosyllogisme, c'est-à-dire, que tout prédéterminé est nécessaire : entendant par la nécessité de pécher, par exemple, ou par l'impossibilité de ne point pécher, ou de ne point faire quelqu'action, la nécessité dont il s'agit ici, c'est-à-dire celle qui est essentielle & absolue, & qui détruit la moralité de l'action & la justice des châtimens. Car si quelqu'un entendoit une autre nécessité ou impossibilité, c'est-à-dire une nécessité qui ne fût que morale, ou qui ne fût qu'hypothétique, (qu'on expliquera tantôt) il est manifeste qu'on lui nieroit la majeure de l'objection même. On se pourroit contenter de cette réponse, & demander la preuve de la proposition niée ; mais on a bien voulu encore rendre raison de son procédé dans cet Ouvrage, pour mieux éclaircir la chose & pour donner plus de jour à toute cette matiere, en expliquant la nécessité qui doit être rejetée & la détermination qui doit avoir lieu. C'est que la nécessité, contraire à la moralité, qui doit être évitée, & qui feroit que le châtiment seroit injuste, est une nécessité insurmontable, qui rendroit toute opposition inutile, quand même on voudroit de tout son cœur éviter l'action nécessaire, & quand on feroit tous les efforts possibles pour cela. Or il est manifeste que cela n'est point applicable aux actions volontaires, puisqu'on ne les feroit point, si on ne le vouloit bien. Aussi leur prévision & prédétermination n'est point absolue, mais elle suppose la volonté : s'il est sûr qu'on les fera, il n'est pas moins sûr qu'on les voudra faire. Ces actions volontaires & leurs suites n'arriveront point, quoi qu'on fasse, ou soit qu'on les veuille ou non, mais parce qu'on fera & parce qu'on voudra faire ce qui y conduit ; & cela est contenu dans la prévision & dans la prédétermination, & en fait même la raison : & la nécessité de tels événemens est appellée conditionnelle hypothétique, ou bien nécessité de conséquence, parce qu'elle suppose la volonté & les autres *requisits* ; au lieu que la nécessité qui détruit la moralité, & qui rend le châtiment injuste & la récompense inutile, est dans les choses qui feront, quoi qu'on fasse & quoi qu'on veuille faire, & en un mot, dans ce qui est essentiel ; & c'est ce qu'on appelle une nécessité absolue. Aussi ne sert-il de rien à l'égard de ce qui est nécessaire absolument, de faire des défenses ou des commandemens, de proposer des peines ou des prix, de blâmer ou de louer ; il n'en sera ni plus ni moins. Au lieu que dans les actions volontaires, & dans ce qui en dépend, les préceptes, armés du pouvoir de punir & de récompenser, servent très-souvent, & sont compris dans l'ordre des causes qui font exister l'action : & c'est par cette raison que non-seulement les soins & les travaux, mais encore les prieres sont utiles, Dieu ayant encore eu ces prieres en vue, avant qu'il ait réglé les choses & y ayant eu l'égard qui étoit convenable. C'est pourquoi le précepte qui dit, *ora & labora*, (priez & travaillez) subsiste tout entier; & non-seulement ceux qui prétendent, sous le vain prétexte de la nécessité des événemens, qu'on peut négliger les soins que les affaires demandent, mais encore ceux qui raisonnent contre les prieres, tombent dans ce que les Anciens appelloient déjà le *Sophisme paresseux*. Ainsi la prédétermination des événemens par les causes, est justement ce qui contribue à la moralité au lieu de la détruire, & les causes inclinent la volonté sans la nécessiter. C'est pourquoi la détermination dont il s'agit n'est point une nécessitation : il est certain (à celui qui sait tout) que l'effet suivra cette inclination ; mais cet effet n'en suit point par une conséquence nécessaire, c'est-à-dire, dont le contraire implique contradiction : & c'est aussi par une telle inclination interne que la volonté se détermine, sans qu'il y ait de la nécessité. Supposé qu'on ait la plus grande passion du monde (par exemple une grande soif) vous m'avouerez que l'ame peut trouver quelque raison pour y résister, quand ce ne seroit que celle de montrer son pouvoir. Ainsi quoiqu'on ne soit jamais dans une parfaite indifférence d'équilibre, & qu'il y ait toujours une prévalence d'inclination pour le parti qu'on prend, elle ne rend pourtant jamais la résolution qu'on prend absolument nécessaire.

Quatrieme Objection.

Quiconque peut empêcher le péché d'autrui, & ne le fait pas, mais y contribue plutôt, quoiqu'il en soit bien informé, en est complice.

Dieu peut empêcher le péché des créatures intelligentes ; mais il ne le fait pas, & y contribue plutôt par son concours & par les occasions qu'il fait naître, quoiqu'il en ait une parfaite connoissance.

Donc, &c.

RÉPONSE.

RÉPONSE. On nie la majeure de ce syllogisme. Car il se peut qu'on puisse empêcher le péché, mais qu'on ne doive point le faire, parce qu'on ne le pourroit sans commettre soi-même un péché, ou (quand il s'agit de Dieu) sans faire une action déraisonnable. On en a donné des instances, & on en a fait l'application à Dieu lui même. Il se peut aussi qu'on contribue au mal & qu'on lui ouvre même quelquefois le chemin, en faisant des choses qu'on est obligé de faire : & quand on fait son devoir, ou (en parlant de Dieu) quand, tout bien considéré, on fait ce que la raison demande, on n'est point responsable des événemens, lors même qu'on les prévoit. On ne veut pas ces maux ; mais on les veut permettre pour un plus grand bien, qu'on ne sauroit se dispenser raisonnablement de préférer à d'autres considérations ; & c'est une volonté conséquente qui résulte des volontés antécédentes, par lesquelles on veut le bien. Je sais que quelques-uns, en parlant de la volonté de Dieu antécédente & conséquente, ont entendu par *l'antécédente* celle qui veut que tous les hommes soient sauvés ; & par la *conséquente*, celle qui veut, en conséquence du péché persévérant, qu'il y en ait de damnés. Mais ce ne sont que des exemples d'une notion plus générale ; & on peut dire par la même raison, que Dieu veut par sa volonté antécédente que les hommes ne pechent point ; & que par sa volonté conséquente ou finale & décrétoire, (qui a toujours son effet) il veut permettre qu'ils pechent, cette permission étant une suite des raisons supérieures ; & on a sujet de dire généralement, que la volonté antécédente de Dieu va à la production du bien & à l'empêchement du mal, chacun pris en soi, & comme détaché (*particulariter & secundùm quid*, Thom. 1. q. 19. art. 6.) suivant la mesure du degré de chaque bien ou de chaque mal ; mais que la volonté divine conséquente, ou finale & totale, va à la production d'autant de biens qu'on en peut mettre ensemble, dont la combinaison devient par-là déterminée, & comprend aussi la permission de quelques maux & l'exclusion de quelques biens, comme le meilleur plan possible de l'univers le demande. Arminius, dans son *Antiperkinsus*, a fort bien expliqué que la volonté de Dieu peut être appellée conséquente, non-seulement par rapport à l'action de la créature considérée auparavant dans l'entendement divin, mais encore par rapport à d'autres volontés divines antérieures. Mais il suffit de considérer le passage cité de Thomas d'Aquin, & celui de Scot, dist. 46, quest. 11, pour voir qu'ils prennent cette distinction comme on l'a prise ici. Cependant si quelqu'un ne veut point souffrir cet usage des termes, qu'il mette *volonté préalable*, au lieu d'antécédente; & *volonté finale* ou décrétoire, au lieu de conséquente; car on ne veut point disputer des mots.

Cinquieme Objection.

Quiconque produit tout ce qu'il y a de réel dans une chose, en est la cause.

Dieu produit tout ce qu'il y a de réel dans le péché : donc Dieu est la cause du péché.

RÉPONSE. On pourroit se contenter

de nier la majeure ou la mineure, parce que le terme de réel reçoit des interprétations qui peuvent rendre ces propositions fausses. Mais pour mieux s'expliquer, l'on distinguera. *Réel* signifie ou ce qui est positif seulement, ou bien il comprend encore les êtres privatifs: au premier cas on nie la majeure, & on accorde la mineure: au second cas, on fait le contraire. On auroit pu se borner à cela; mais on a bien voulu aller encore plus loin, pour rendre raison de cette distinction. On a donc été bien aise de faire considérer que toute réalité purement positive ou absolue, est une perfection; & que l'imperfection vient de la limitation, c'est-à-dire, du privatif: car limiter, est refuser le progrès, ou le plus outre. Or Dieu est la cause de toutes les perfections, & par conséquent de toutes les réalités, lorsqu'on les considere comme purement positives. Mais les limitations, ou les privations, résultent de l'imperfection des créatures, qui borne leur réceptivité: & il en est comme d'un bateau chargé, que la riviere fait aller plus ou moins lentement, à mesure du poids qu'il porte; ainsi sa vîtesse vient de la riviere; mais le retardement qui borne cette vîtesse, vient de la charge. Aussi a-t-on fait voir dans cet Ouvrage, comment la créature, en causant le péché, est une cause déficiente; comment les erreurs & les mauvaises inclinations naissent de la privation; & comment la privation est efficace par accident; & on a justifié le sentiment de Saint Augustin, (*lib. 1. ad Simpl. q. 2.*) qui explique, par exemple, comment Dieu endurcit, non pas en donnant quelque chose de mauvais à l'ame, mais parce que l'effet de sa bonne impression est borné par la résistance de l'ame & par les circonstances qui contribuent à cette résistance; en sorte qu'il ne lui donne pas tout le bien qui surmonteroit son mal: *Nec*, inquit, *ab illo arrogatur aliquid quo homo fit deterior, sed tantùm quo fit melior, non erogatur.* Mais si Dieu y avoit voulu faire davantage, il auroit fallu faire, ou d'autres natures de créatures, ou d'autres miracles, pour changer leurs natures, que le meilleur plan n'a pu admettre. C'est comme il faudroit que le courant de la riviere fût plus rapide que sa pente ne permet, ou que les bateaux fussent moins chargés, s'il devoit faire aller ces bateaux avec plus de vîtesse : & la limitation ou l'imperfection originale des créatures fait que même le meilleur plan de l'univers ne sauroit être exempté de certains maux, mais qui y doivent tourner à un plus grand bien. Ce sont quelques désordres dans les parties, qui relevent merveilleusement la beauté du tout ; comme certaines dissonnances, employées comme il faut, rendent l'harmonie plus belle. Mais cela dépend de ce qu'on a déjà répondu à la premiere Objection.

Sixieme Objection.

Quiconque punit ceux qui ont fait aussi bien qu'il étoit en leur pouvoir de faire, est injuste.

Dieu le fait.

Donc, &c.

RÉPONSE. On nie la mineure de cet argument ; & l'on croit que Dieu donne toujours les aides & les graces qui suffiroient, à ceux qui auroient une bonne volonté, c'est-à-dire, qui ne rejetteroient pas ces graces par un nouveau péché. Ainsi on n'accorde point la damnation des enfans morts sans baptême, ou hors de l'Eglise, ni la damnation des adultes qui ont agi suivant les lumieres que Dieu leur a données : & l'on croit que si quelqu'un a suivi les lumieres qu'il avoit, il en recevra indubitablement de plus grandes dont il a besoin, comme feu Monsieur Hulseman, Théologien célebre & profond à Leipzig, a remarqué quelque part ; & si un tel homme en avoit manqué pendant sa vie, il les recevroit au moins à l'article de la mort.

Septieme Objection.

Quiconque donne à quelques-uns seulement, & non pas à tous les moyens qui leur font avoir effectivement la bonne volonté & la foi finale salutaire, n'a pas assez de bonne volonté.

Dieu le fait.

Donc, &c.

Réponse. On nie la majeure. Il est vrai que Dieu pourroit surmonter la plus grande résistance du cœur humain ; & il le fait aussi quelquefois, soit par une grace interne, soit par les circonstances externes qui peuvent beaucoup sur les ames ; mais il ne le fait point toujours. D'où vient cette distinction, dira-t-on, & pourquoi sa bonté paroit-elle bornée ? C'est qu'il n'auroit point été dans l'ordre d'agir toujours extraordinairement, & de renverser la liaison des choses, comme on a déjà remarqué en répondant à la premiere Objection. Les raisons de cette liaison, par laquelle l'un est placé dans des circonstances plus favorables que l'autre, sont cachées dans la profondeur de la Sagesse de Dieu: elles dépendent de l'harmonie universelle. Le meilleur plan de l'univers, que Dieu ne pouvoit point manquer de choisir, le portoit ainsi. On le juge par l'événement même ; puisque Dieu l'a fait, il n'étoit point possible de mieux faire. Bien loin que cette conduite soit contraire à la bonté, c'est la suprême bonté qui l'y a porté. Cette objection avec sa solution pouvoit être tirée de ce qui a été dit à l'égard de la premiere objection ; mais il a paru utile de la toucher à part.

Huitieme Objection.

Quiconque ne peut manquer de choisir le meilleur, n'est point libre.

Dieu ne peut manquer de choisir le meilleur.

Donc Dieu n'est point libre.

RÉPONSE. On nie la majeure de cet argument : c'est plutôt la vraie liberté, & la plus parfaite, de pouvoir user le mieux de son franc-arbitre, & d'exercer toujours ce pouvoir, sans en être détourné, ni par la force externe, ni par les passions internes, dont l'une fait l'esclavage des corps, & les autres celui des ames. Il n'y a rien de moins servile que d'être toujours mené au bien, & toujours par sa propre inclination, sans aucune contrainte & sans aucun déplaisir : & objecter que Dieu avoit donc besoin des choses externes, ce n'est qu'un sophisme. Il les crée librement : mais s'étant proposé une fin, qui est d'exercer sa bonté, la sagesse l'a déterminé à choisir les moyens les plus propres à obtenir cette fin. Appeller cela *besoin*, c'est prendre le terme dans un sens non ordinaire qui le purge de toute imperfection, à peu près comme l'on fait quand on parle de la colere de Dieu.

Seneque dit quelque part, que Dieu n'a commandé qu'une fois, mais qu'il obéit toujours, parce qu'il obéit aux Lois qu'il a voulu se prescrire: *Semel jussit, semper paret*. Mais il auroit mieux dit, que Dieu commande toujours, & qu'il est toujours obéi : car en voulant, il suit toujours le penchant de sa propre nature, & tout le reste des choses suit toujours sa volonté ; & comme cette volonté est toujours la même, on ne peut point dire qu'il n'obéit qu'à celle qu'il avoit autrefois. Cependant, quoique sa volonté soit toujours immanquable, & aille toujours au meilleur, le mal, ou le moindre bien qu'il rebute, ne laisse pas d'être possible en soi ; autrement la nécessité du bien seroit géométrique, (pour dire ainsi) ou métaphysique, & tout-à-fait absolue ; la contingence des choses seroit détruite, il n'y auroit point de choix. Mais cette maniere de nécessité, qui ne détruit point la possibilité du contraire, n'a ce nom que par analogie; elle devient effective, non pas par la seule essence des choses, mais par ce qui est hors d'elles & au-dessus d'elles, savoir par la volonté de Dieu. Cette nécessité est appellée morale, parce que chez le Sage, *nécessaire & dû* sont des choses équivalentes; & quand elle a toujours son effet, comme elle l'a véritablement dans le Sage parfait, c'est-à-dire, en Dieu, on peut dire que c'est une nécessité heureuse. Plus les créatures en approchent, plus elles approchent de la félicité parfaite. Aussi cette maniere de nécessité n'est-elle pas celle qu'on tâche d'éviter, & qui détruit la moralité, les récompenses, les louanges. Car ce qu'elle porte, n'arrive pas quoi qu'on fasse & quoi qu'on veuille, mais parce qu'on le veut bien : & une volonté à laquelle il est naturel de bien choisir, mérite le plus d'être louée : aussi porte-t-elle sa récompense avec elle, qui est le souverain bonheur : & comme cette constitution de la nature divine donne une satisfaction entiere à celui qui la possede, elle est aussi la meilleure, & la plus souhaitable, pour les créatures qui dépendent toutes de Dieu. Si la volonté de Dieu n'avoit point pour regle le principe du meilleur, elle iroit au mal, ce qui seroit le pis; ou bien elle seroit indifférente en quelque façon au bien & au mal, & guidée par le hasard : mais une volonté qui se laisseroit toujours aller au hasard, ne vaudroit guere mieux pour le gouvernement de l'univers, que le concours fortuit des corpuscules, sans qu'il y eût aucune Divinité; & quand même Dieu ne s'abandonneroit au hasard qu'en quelque cas, & en quelque maniere, (comme il feroit, s'il n'alloit pas toujours entiérement au meilleur, & s'il étoit capable de préférer un moindre bien à un bien plus grand, c'est-à-dire, un mal à un bien, puisque ce qui empêche un plus grand bien est un mal) il feroit imparfait, aussi bien que l'objet de son choix; il ne mériteroit point une confiance entiere; il agiroit sans raison dans un tel cas, & le gouvernement de l'univers feroit comme certains jeux mi-partis entre la Raison & la Fortune; & tout cela fait voir que cette objection, qu'on fait contre le choix du meilleur, pervertit les notions du libre & du nécessaire, & nous représente le meilleur même comme mauvais: ce qui est malin, ou ridicule.

※

DIALOGUE

d'un Disciple de Locke & de Leibnitz sur la Foi & la Raison (*).

Page 461. Nouveaux Essais sur l'Entendement humain.

PHILALETHE (*Disciple de Locke.*)

APRÈS avoir dit un mot du rapport de notre raison aux autres hommes, ajoutons quelque chose de son rapport à Dieu, qui fait que nous distinguons entre ce qui est *contraire à la raison* & ce qui est *au-dessus de la raison*. De la premiere sorte est tout ce qui est incompatible avec nos idées claires & distinctes ; de la seconde est tout sentiment, dont nous ne voyons pas que

(*) Ce Dialogue est tiré des nouveaux Essais sur l'Entendement humain, de Leibnitz. Philalethe est un admirateur de Locke, qui expose la doctrine de cet Auteur d'après ses fameux Essais. Nous n'avons pu faire entendre suffisamment les pensées de Leibnitz que nous destinions au Lecteur, qu'en laissant subsister toute la partie de Locke, qui donne lieu à Leibnitz de les proposer ; & les pensées de Leibnitz sont ici le plus souvent si belles & si importantes, qu'il convenoit de les présenter dans tout leur jour.

la vérité ou la probabilité puiſſe être déduite de la ſenſation ou de la réflexion par le ſecours de la raiſon. Ainſi l'exiſtence de plus d'un Dieu eſt *contraire à la raiſon*, & la réſurrection des morts eſt *au-deſſus de la raiſon*.

THÉOPHILE (*Leibnitz.*)

Je trouve quelque choſe à remarquer ſur votre définition de ce qui eſt *au-deſſus de la raiſon*, au moins ſi vous la rapportez à l'uſage reçu de cette phraſe; car il me ſemble que de la maniere dont cette définition eſt couchée, elle va trop loin d'un côté & pas aſſez loin de l'autre; & ſi nous la ſuivons, tout ce que nous ignorons, & que nous ne ſommes pas en pouvoir de connoître dans notre préſent état, ſeroit au-deſſus de la raiſon, par exemple qu'une telle étoile fixe eſt plus ou moins grande que le ſoleil; *item*, que le Veſuve jettera du feu dans une telle année; ce ſont des faits dont la connoiſſance nous ſurpaſſe, non parce qu'ils ſont au-deſſus des ſens; car nous pourrions fort bien juger de cela, ſi nous avions des organes plus parfaits & plus d'information des circonstances. Il y a aussi des difficultés qui sont au-dessus de notre faculté présente, mais non pas au-dessus de toute la raison; par exemple il n'y a point d'Astronome ici bas qui puisse calculer le détail d'une éclipse dans l'espace d'un *Pater* & sans mettre la plume à la main; cependant il y a peut-être des génies à qui cela ne seroit qu'un jeu. Ainsi toutes ces choses pourroient être rendues connues ou praticables par le secours de la raison, en supposant plus d'information des faits, des organes plus parfaits & l'esprit plus élevé.

PHILAL. Cette objection cesse, si j'entends ma définition non-seulement de notre sensation ou réflexion, mais aussi de celle de tout autre esprit créé possible.

THEOPH. Si vous le prenez ainsi, vous avez raison. Mais il restera l'autre difficulté, c'est qu'il n'y aura rien au-dessus de la raison suivant votre définition, parce que Dieu pourra toujours donner des moyens d'apprendre par la sensation & la réflexion quelque vérité que ce soit; comme en effet les plus grands mysteres nous deviennent connus par le témoignage de Dieu, qu'on reconnoît par *les motifs de crédibilité*, sur lesquels notre religion est fondée, & ces motifs dépendent sans doute de la sensation & de la réflexion. Il semble donc que la question est, non pas si l'existence d'un fait ou la vérité d'une proposition peut être déduite des principes dont se sert la raison, c'est-à-dire, de la sensation & de la réflexion, ou bien des sens externes & internes, mais si un esprit créé est capable de connoître le comment de ce fait, ou *la raison à priori* de cette vérité ; de sorte qu'on peut dire que ce qui est au dessus de la raison peut bien être *appris*, mais il ne peut pas être *compris* par les voies & les forces de la raison créée, quelque grande & relevée qu'elle soit. Il est réservé à Dieu seul de l'entendre comme il appartient à lui seul de le mettre en fait.

PHILAL. Cette considération me paroît bonne, & c'est ainsi que je veux qu'on prenne ma définition. Cette même considération me confirme aussi dans l'opinion où je suis, que la maniere de parlér qui oppose la raison à la foi, quoiqu'elle soit fort autorisée, est impropre ; car c'est par la raison que nous vérifions ce que nous devons croire. La foi est un ferme assentiment, & l'assentiment réglé comme il faut, ne peut être donné que sur de bonnes raisons. Ainsi celui qui croit sans avoir aucune raison de croire, peut être amoureux de ses fantaisies, mais il n'est pas vrai qu'il cherche la vérité, ni qu'il rende une obéissance légitime à son divin Maître qui voudroit qu'il fît usage des facultés dont il l'a enrichi pour le préserver de l'erreur. Autrement, s'il est dans le bon chemin, c'est par hasard, & s'il est dans le mauvais, c'est par sa faute, dont il est comptable à Dieu.

THEOPH. Je vous applaudis fort, Monsieur, lorsque vous voulez que la foi soit fondée en raison : sans cela pourquoi préférerions-nous la Bible à l'Alcoran, ou aux anciens livres des Bramines ? Aussi nos Théologiens & autres savans hommes l'ont bien reconnu, & c'est ce qui nous a fait avoir de si beaux Ouvrages sur la vérité de la Religion Chrétienne, & tant de belles preuves qu'on a mises en avant contre les Païens & autres mécréans anciens & modernes. Aussi les personnes sages ont toujours tenu pour suspects ceux qui ont prétendu qu'il ne falloit point se mettre en peine des raisons & preuves, quand il s'agit de croire; chose impossible en effet, à moins que *croire* ne signifie réciter, ou répéter & laisser passer sans s'en mettre en peine, comme font bien des gens, & comme c'est même le caractere de quelques nations plus que d'autres. C'est pourquoi quelques Philosophes Aristotéliciens du quinzieme & du seizieme siecle, dont des restes ont subsisté encore long-temps depuis, (comme l'on peut juger par les Lettres de feu Monsieur Naudé & les Naudeana,) ayant voulu soutenir deux vérités oposées, l'une Philosophique & l'autre Théologique, le dernier Concile de Latran sous Léon X eut raison de s'y opposer, comme je crois avoir déjà remarqué.... Il est vrai que de notre temps une personne de la plus grande élévation disoit, qu'en matiere de foi il falloit se crever les yeux pour voir clair, & Tertullien dit quelque part : ceci est vrai, car il est impossible; il le faut croire, car c'est une absurdité. Mais si l'intention de ceux qui s'expliquent de cette maniere est bonne, les expressions sont pourtant outrées & peuvent faire du tort. Saint Paul parle plus juste lorsqu'il dit que la sagesse de Dieu est folie devant les hommes; c'est parce que les hommes ne jugent des choses que suivant leur expérience, qui est extrêmement bornée, & tout ce qui n'y est point conforme, leur paroît une absurdité. Mais ce jugement est fort téméraire, car il y a même une infinité de choses naturelles qui passeroient auprès de nous pour absurdes, si on nous les racontoit, comme la glace qu'on disoit couvrir nos rivieres, le parut au Roi de Siam. Mais l'ordre de la nature même, n'étant d'aucune nécessité métaphysique, n'est fondé que dans le bon plaisir de Dieu, de sorte qu'il peut s'en éloigner par des raisons supérieures de la grace, quoiqu'il n'y faille point aller que sur de bonnes preuves, qui ne peuvent venir que du témoignage de Dieu lui-même, auquel on doit déférer absolument lorsqu'il est dûment vérifié.

DES BORNES

de la Foi & de la Raison ; & du salut des Païens.

PHILALETE. Accommodons-nous cependant de la maniere de parler reçue, & souffrons que dans un certain sens on distingue la foi de la raison. Mais il est juste qu'on explique bien nettement ce sens, & qu'on établisse les bornes qui sont entre ces deux choses; car l'incertitude de ces bornes a certainement produit dans le monde de grandes disputes, & peut-être causé même de grands désordres. Il est au moins manifeste, que jusqu'à ce qu'on les ait déterminées, c'est en vain qu'on dispute, puisqu'il faut employer la raison en disputant de la foi. Je trouve que chaque Secte se sert avec plaisir de la raison, tant qu'elle en croit pouvoir tirer quelque secours: cependant dès que la raison vient à manquer, on s'écrie que c'est un article de foi, qui est au-dessus de la raison. Mais l'antagoniste auroit pu se servir de la même défaite lorsqu'on se mêloit de raisonner contre lui, à moins qu'on ne marque pourquoi cela ne lui étoit pas permis dans un cas qui semble pareil. Je suppose que la raison est ici la découverte de la certitude ou de la probabilité des propositions tirées des connoissances que nous avons acquises par l'usage de nos facultés naturelles, c'est à dire, par sensation & par réflexion, & que la foi est l'assentiment qu'on donne à une proposition fondée sur la révélation, c'est-à-dire, sur une communication extraordinaire de Dieu qui l'a fait connoître aux hommes. Mais un homme inspiré de Dieu ne peut point communiquer aux autres aucune nounouvelle idée simple, parce qu'il ne se sert que des paroles ou d'autres signes, qui réveillent en nous des idées simples que la coutume y a attachées, ou de leur combinaison : & quelques idées nouvelles que Saint Paul eût reçu lorsqu'il fut ravi au troisieme Ciel, tout ce qu'il en a pu dire fut, que ce sont des choses que *l'œil n'a point vues, que l'oreille n'a point ouies, & qui ne sont jamais entrées dans le cœur de l'homme*. Supposé qu'il y eût des créatures dans le globe de Jupiter pourvues de six sens, & que Dieu donnât surnaturellement à un homme d'entre nous les idées de ce sixieme sens, il ne pourra point les faire naître par des paroles dans l'esprit des autres hommes. Il faut donc distinguer *entre révélation originale & traditionale*. La premiere est une impression que Dieu fait immédiatement sur l'esprit, à laquelle nous ne pouvons fixer aucunes bornes; l'autre ne vient que par les voies ordinaires de la communication & ne sauroit donner de nouvelles idées simples. Il est encore vrai que les vérités qu'on peut découvrir par la raison, nous peuvent être communiquées par une révélation traditionale, comme si Dieu avoit voulu communiquer aux hommes des Theoremes géométriques; mais ce ne seroit pas avec autant de certitude que si nous en avions la démonstration, tirée de la liaison des idées. C'est aussi comme Noé avoit une connoissance plus certaine du déluge que celle que nous en acquérons par le Livre de Moïse; & comme l'assurance de celui qui a vu que Moïse l'écrivoit actuellement, & qu'il faisoit les miracles qui juſtifient ſon inſpiration, étoit plus grande que la nôtre. C'eſt ce qui fait que la révélation ne peut aller contre une claire évidence de raiſon, parce que lors même que la révélation eſt immédiate & originale, il faut ſavoir avec évidence que nous ne nous trompons point en l'attribuant à Dieu & que nous en comprenons le ſens; & cette évidence ne peut jamais être plus grande que celle de notre connoiſſance intuitive, & par conſéquent nulle propoſition ne ſauroit être reçue pour révélation divine, lorſqu'elle eſt oppoſée contradictoirement à cette connoiſſance immédiate. Autrement il ne reſteroit plus de différence dans le monde entre la vérité & la fauſſeté, nulle meſure du croyable & de l'incroyable. Et il n'eſt pas concevable qu'une choſe vienne de Dieu, cet Auteur bienfaiſant de notre être, laquelle étant reçue pour véritable, doit renverſer les fondemens de nos connoiſſances & rendre toutes nos facultés inutiles. Et ceux qui n'ont la révélation que médiatement, ou par tradition de bouche en bouche, ou par écrit, ont encore plus beſoin de la raiſon pour s'en assurer. Cependant il est toujours vrai que les choses qui sont au-delà de ce que nos facultés naturelles peuvent découvrir, sont les propres matieres de la foi, comme la chute des Anges rebelles, la résurrection des morts. C'est là où il faut écouter uniquement la révélation; & même à l'égard des propositions probables, une révélation évidente nous déterminera contre la probabilité.

THEOPH. Si vous ne prenez la foi que pour ce qui est fondé dans des motifs de crédibilité, comme on les appelle, & si vous la détachez de la grace interne qui y détermine l'esprit immédiatement, tout ce que vous dites, Monsieur, est incontestable. Il faut avouer qu'il y a bien des jugemens plus évidens que ceux qui dépendent de ces motifs. Les uns y sont plus avancés que les autres, & même il y a quantité de personnes qui ne les ont jamais connus & encore moins pesés, & qui par conséquent n'ont pas même ce qui pourroit passer pour *un motif de probabilité*. Mais la grace interne du Saint-Esprit y supplée immédiatement d'une maniere surnaturelle,

&

& c'est ce qui fait ce que les Théologiens appellent proprement une foi divine. Il est vrai que Dieu ne la donne jamais que lorsque ce qu'il faut croire est fondé en raison ; autrement il détruiroit les moyens de connoître la vérité, & ouvriroit la porte à l'enthousiasme : mais il n'est point nécessaire que tous ceux qui ont cette foi divine connoissent ces raisons, & encore moins qu'ils les ayent toujours devant les yeux. Autrement les simples & les idiots, au moins aujourd'hui, n'auroient jamais la vraie foi, & les plus éclairés ne l'auroient pas quand ils pourroient en avoir le plus de besoin, car ils ne peuvent pas se souvenir des raisons de croire.

La question de l'usage de la raison en Théologie a été des plus agitées, tant entre les Sociniens & ceux qu'on peut appeler Catholiques dans un sens général, qu'entre les Réformés & les Evangéliques, comme on nomme préférablement en Allemagne ceux que plusieurs appellent Luthériens mal-à-propos.... On peut dire généralement, que les Sociniens vont trop vîte à rejeter tout ce qui n'est pas conforme à

Tome I. M

l'ordre de la nature, lors même qu'ils n'en sauroient prouver absolument l'impossibilité. Mais aussi leurs adversaires quelquefois vont trop loin & poussent le mystere jusqu'aux bords de la contradiction; en quoi ils font du tort à la vérité qu'ils tâchent de défendre, & je fus surpris de voir un jour dans la Somme de Théologie du P. Honoré Fabry, qui d'ailleurs a été un des plus habiles de son Ordre, qu'il nioit dans les choses divines, comme font encore quelques autres Théologiens, ce grand principe qui dit: *Que les choses qui sont les mêmes avec une troisieme, sont les mêmes entr'elles.* C'est donner cause gagnée aux adversaires sans y penser, & ôter toute certitude à tout raisonnement. Il faut dire plutôt que ce principe y est mal appliqué. Le même Auteur rejette dans sa Philosophie les distinctions virtuelles que les Scotistes mettent dans les choses créées, parce qu'elles renverseroient, dit-il, le principe de contradiction; & quand on lui objecte qu'il faut admettre ces distinctions en Dieu, il répond que la foi l'ordonne. Mais comment la foi peut-elle ordonner quoi que ce soit qui renverse un principe, sans lequel toute créance, affirmation ou négation seroit vaine ? Il faut donc nécessairement que deux propositions vraies en même-temps ne soient point tout-à-fait contradictoires ; & si A & C ne sont point la même chose, il faut bien que B, qui est le même avec A, soit pris autrement que B, qui est le même avec C. Nicolaus Vedelius, Professeur de Geneve & depuis de Deventer, a publié autrefois un Livre intitulé : *Rationale Theologicum*, à qui Jean Musæus Professeur de Jena, (qui est une Université Evangélique en Thuringe,) opposa un autre Livre sur le même sujet, c'est-à-dire, sur *l'usage de la raison en Théologie*.... Musæus convenoit lui-même que les principes de la raison, nécessaires d'une nécessité logique, c'est-à-dire, dont l'opposé implique contradiction, doivent & peuvent être employés surement en Théologie ; mais il avoit sujet de nier que ce qui est seulement nécessaire d'une nécessité physique, c'est-à-dire, fondé sur l'induction de ce qui se pratique dans la nature ou sur les lois naturelles, qui sont pour ainsi dire d'institution di-

M ij

vine, suffit pour réfuter la créance d'un myftere ou d'un miracle ; puifqu'il dépend de Dieu de changer le cours ordinaire des chofes. C'eft ainfi que felon l'ordre de la nature, on peut affurer qu'une même perfonne ne fauroit être en même-temps mere & vierge, ou qu'un corps humain ne fauroit manquer de tomber fous les fens, quoique le contraire de l'un & de l'autre foit poffible à Dieu. Vedelius auffi paroît convenir de cette diftinction. Mais on difpute quelquefois fur certains principes, s'ils font néceffaires logiquement, ou s'ils ne le font que phyfiquement. Telle eft la difpute avec les Sociniens, fi la fubftance peut être multipliée lorfque l'effence finguliere ne l'eft pas ; & la difpute avec les Zwingliens, fi un corps ne peut être que dans un lieu. Or il faut avouer que toutes les fois que la néceffité logique n'eft point démontrée, on ne peut préfumer dans une propofition qu'une néceffité phyfique. Mais il me femble qu'il refte une queftion que les Auteurs, dont je viens de parler, n'ont pas affez examinée, que voici : Suppofé que d'un côté fe trouve le fens littéral d'un texte de la sainte Ecriture, & que de l'autre côté se trouve une grande apparence d'une impossibilité logique, ou du moins d'une impossibilité physique reconnue, s'il est plus raisonnable de renoncer au sens littéral, ou de renoncer au principe philosophique ? Il est sûr qu'il y a des endroits où l'on ne fait point difficulté de quitter la lettre, comme lorsque l'Ecriture donne des mains à Dieu, & lui attribue la colere, la pénitence & les autres affections humaines; autrement il faudroit se ranger du côté des Anthropomorphites, & de certains fanatiques d'Angleterre, qui crurent qu'Hérode avoit été métamorphosé en un renard, lorsque Jesus-Christ l'appella de ce nom. C'est ici que les regles d'interprétation ont lieu, & si elles ne fournissent rien qui combatte le sens littéral pour favoriser la maxime philosophique, & si d'ailleurs le sens littéral n'a rien qui attribue à Dieu quelque imperfection, ou entraîne quelque danger dans la pratique de la piété, il est plus sûr & même plus raisonnable de le suivre. Ces deux Auteurs que je viens de nommer disputent encore sur l'entreprise de Kekermann, qui vouloit démontrer la Trinité par la raison, comme Raimond Lulle avoit aussi tâché de faire autrefois. Mais Musæus reconnoît avec assez d'équité que si la démonstration de l'Auteur Réformé avoit été bonne & juste, il n'y auroit rien eu à dire, & qu'il auroit eu raison de soutenir par rapport à cet article, que la lumiere du Saint-Esprit pourroit être allumée par la Philosophie. Ils ont agité aussi la question fameuse : si ceux qui, sans avoir connoissance de la révélation du Vieux ou du Nouveau Testament, sont morts dans des sentimens d'une piété naturelle, ont pu être sauvés par ce moyen & obtenir la rémission de leurs péchés ? L'on sait que Clément d'Alexandrie, Justin Martyr & Saint Chrysostome en quelque façon y ont incliné, & même je fis voir autrefois à Monsieur Pelisson, que quantité d'excellens Docteurs de l'Eglise Romaine, bien loin de condamner les Protestans non opiniâtres, ont même voulu sauver des Païens, & soutenir que les personnes dont je viens de parler, avoient pu être sauvées par un acte de *contrition*, c'est-à-dire, de pénitence fondée sur l'amour de bienveillance, en vertu duquel on aime Dieu sur toutes choses, parce que ses perfections le rendent souverainement aimable : ce qui fait qu'ensuite on est porté de tout son cœur à se conformer à sa volonté & à imiter ses perfections pour nous mieux joindre avec lui, puisqu'il paroît juste que Dieu ne refuse point sa grace à ceux qui sont dans de tels sentimens. Et sans parler d'Erasme & de Ludovicus Vives, je produisis le sentiment de Jacques Payva Andradius, Docteur Portugais fort célebre de son temps, qui avoit été un des Théologiens du Concile de Trente, & qui avoit dit même que ceux qui n'en convenoient pas, faisoient Dieu cruel au suprême degré, (*neque enim, inquit, immanitas deterior ulla esse potest.*) Monsieur Pelisson eut de la peine à trouver ce Livre dans Paris, marque que des Auteurs estimés dans leur temps sont souvent négligés ensuite. C'est ce qui a fait juger à M. Bayle que plusieurs ne citent Andradius que sur la foi de Chemnitius son antagoniste, ce qui peut bien être : mais pour moi je l'avois lu avant que de l'alléguer. Et sa dispute avec Chemnitius l'a rendu célebre en Allemagne, car il avoit écrit pour les Jésuites contre cet Auteur, & on trouve dans son Livre quelques particularités touchant l'origine de cette fameuse Compagnie. J'ai remarqué que quelques Protestans nommoient Andradiens ceux qui étoient de son avis sur la matiere dont je viens de parler. Il y a eu des Auteurs qui ont écrit exprès du salut d'Aristote sur ces mêmes principes avec l'approbation des Censeurs. Les Livres aussi de Collius en Latin & de Monsieur la Mothe le Vayer en François sur le salut des Païens, sont fort connus. Mais un certain Franciscus Puccius alloit trop loin. Saint Augustin, tout habile & pénétrant qu'il a été, s'est jeté dans une autre extrémité, jusqu'à condamner les enfans morts sans baptême, & les Scolastiques paroissent avoir eu raison de l'abandonner ; quoique des personnes habiles d'ailleurs, & quelques-unes d'un grand mérite, mais d'une humeur un peu misanthrope à cet égard, ayent voulu ressusciter cette doctrine de ce Pere, & l'ayent peut-être outré. Cet esprit peut avoir eu quelque influence dans la dispute entre plusieurs Docteurs trop animés; & les Jésuites Missionnaires de la Chine, ayant insinué que les anciens Chinois avoient eu la vraie Religion de leur temps & de vrais Saints, & que la doctrine de Confucius n'avoit rien d'idolâtre ni d'athée, il semble qu'on a eu plus de raison à Rome de ne pas vouloir condamner une des plus grandes nations sans l'entendre. Bien nous en prend que Dieu est plus Philanthrope que les hommes. Je connois des personnes qui, croyant marquer leur zele pour des sentimens durs, s'imaginent qu'on ne sauroit croire le péché originel, sans être de leur opinion; mais c'est en quoi ils se trompent. Et il ne s'ensuit point que ceux qui sauvent les Païens ou autres qui manquent des secours ordinaires, le doivent attribuer aux seules forces de la nature, quoique peut-être quelques Peres ayent été de cet avis, puisqu'on peut soutenir que Dieu leur donnant la grace d'exciter un acte de contrition, leur donne aussi, soit explicitement, soit virtuellement, mais toujours surnaturellement, avant que de mourir, quand ce ne seroit qu'aux derniers momens, toute la lumiere de

M v

la foi & toute l'ardeur de la charité qui leur est nécessaire pour le salut. Et c'est ainsi que des Réformés expliquent chez Vedelius le sentiment de Zwinglius, qui avoit été aussi exprès sur ce point du salut des hommes vertueux du Paganisme, que les Docteurs de l'Eglise Romaine l'ont pu être. Aussi cette doctrine n'a-t-elle rien de commun pour cela avec la doctrine particuliere des Pélagiens ou des Semi-Pélagiens, dont on sait que Zwingle étoit fort éloigné. Et puisqu'on enseigne contre les Pélagiens une grace surnaturelle en tous ceux qui ont la foi, (en quoi conviennent les trois Religions reçues, excepté peut-être les disciples de Monsieur Pajon) & qu'on accorde même ou la foi ou du moins des mouvemens approchans aux enfans qui reçoivent le baptême, il n'est pas fort extraordinaire d'en accorder autant, au moins à l'article de la mort, aux personnes de bonne volonté qui n'ont pas eu le bonheur d'être instruites à l'ordinaire dans le Christianisme. Mais le parti le plus sage est de ne rien déterminer sur des points si peu connus, & de se contenter de juger en général que Dieu ne sauroit rien faire qui ne soit plein de bonté & de justice : *Melius est dubitare de occultis quàm litigare de incertis.* (August. lib. 8. Genes. ad lit. c. 5.) ·

DE L'ENTHOUSIASME.

PHILALETHE. Plût à Dieu que tous les Théologiens & Saint Augustin lui-même eussent toujours pratiqué la maxime exprimée dans ce passage. Mais les hommes croient que l'esprit dogmatisant est une marque de leur zele pour la vérité ; & c'est tout le contraire. On ne l'aime véritablement qu'à proportion qu'on aime à examiner les preuves, qui la font connoître pour ce qu'elle est ; & quand on précipite son jugement, on est toujours poussé par des motifs moins sinceres. L'esprit de dominer n'est pas un des moins ordinaires, & une certaine complaisance qu'on a pour ses propres rêveries, en est un autre qui fait naître l'enthousiasme. C'est le nom qu'on donne au défaut de ceux qui s'imaginent une révélation immédiate, lorsqu'elle n'est point fondée en raison; & comme on peut dire que la raison est une révélation naturelle dont Dieu est l'auteur, de même qu'il l'est de la nature; l'on peut dire aussi que la révélation est une raison surnaturelle, c'est-à-dire, une raison étendue par un nouveau fonds de découvertes, émanées immédiatement de Dieu. Mais ces découvertes supposent que nous avons le moyen de les discerner, qui est la raison même: & la vouloir proscrire pour faire place à la révélation, ce seroit s'arracher les yeux pour mieux voir les Satellites de Jupiter à travers d'un télescope. La source de l'enthousiasme est qu'une révélation immédiate est plus commode & plus courte qu'un raisonnement long & pénible, & qui n'est pas toujours suivi d'un heureux succès. On a vu dans tous les siecles des hommes, dont la mélancolie mêlée avec la dévotion jointe à la bonne opinion qu'ils ont eue d'eux-mêmes, leur a fait accroire qu'ils avoient une toute autre familiarité avec Dieu que les autres hommes. Ils supposent qu'il l'a promise aux siens, & ils croient être son peuple préférablement aux autres. Leur fantaisie devient une illumination & une autorité divine, & leurs desseins sont une direction infaillible du ciel, qu'ils sont obligés de suivre. Cette opinion a fait de grands effets & causé de grands maux; car un homme agit plus vigoureusement lorsqu'il suit ses propres impulsions & que l'opinion d'une autorité divine est soutenue par notre inclination. Il est difficile de le tirer de là, parce que cette prétendue certitude sans preuve flatte la vanité & l'amour qu'on a pour ce qui est extraordinaire. Les fanatiques comparent leur opinion à la vue & au sentiment : ils voient la lumiere divine comme nous voyons celle du soleil en plein midi, sans avoir besoin que le crépuscule de la raison la leur montre. Ils sont assurés parce qu'ils sont assurés, & leur persuasion est droite parce qu'elle est forte; car c'est à quoi se réduit leur langage figuré. Mais comme il y a deux perceptions, celle de la proposition & celle de la révélation, on peut leur demander où est la clarté. Si c'est dans la vue de la proposition, à quoi bon la révélation ? il faut donc que ce soit dans le sentiment de la révélation. Mais comment peuvent-ils voir que c'est Dieu qui révele, & que ce n'est pas un feu follet qui les promene autour de ce cercle ? c'est une révélation parce que je le crois fortement, & je le crois parce c'est une révélation. Y a-t-il quelque chose plus propre à se précipiter dans l'erreur que de prendre l'imagination pour guide ? Saint Paul avoit un grand zele quand il persécutoit les Chrétiens, & ne laissoit pas de se tromper. L'on sait que le diable a eu ses martyrs, & s'il suffit d'être bien persuadé, on ne sauroit distinguer les illusions de Satan des inspirations du Saint-Esprit. C'est donc la raison qui fait connoître la vérité de la révélation ; & si notre créance la prouvoit, ce seroit le cercle dont je viens de parler. Les saints hommes qui recevoient des révélations de Dieu, avoient des signes extérieurs qui les persuadoient de la vérité de la lumiere interne. Moïse vit un buisson brûlant sans se consumer, & entendit une voix du milieu du buisson ; & Dieu pour l'assurer davantage de sa mission lorsqu'il l'envoya en Egypte pour délivrer ses freres, y employa le miracle de la verge changée en serpent. Gedeon fut envoyé par un Ange pour délivrer le peuple d'Israël du joug des Madianites. Cependant il demanda un signe pour être convaincu que cette commission lui étoit donnée de la part de Dieu. Je ne nie cependant pas que Dieu n'illumine quelquefois l'esprit des hommes, pour leur faire comprendre certaines vérités importantes, ou pour les porter à de bonnes actions, par l'influence & l'assistance immédiate du Saint-Esprit, sans aucuns signes extraordinaires qui accompagnent cette influence. Mais aussi dans ces cas nous avons la raison & l'Ecriture, deux regles infaillibles pour juges de ces illuminations, car si elles s'accordent avec ces regles, nous ne courons du moins aucun risque en les regardant comme inspirées de Dieu, encore que ce ne soit peut-être pas une révélation immédiate.

Theoph. L'enthousiasme étoit au commencement un bon nom; & comme le sophisme marque proprement un exercice de la sagesse, l'enthousiasme signifie qu'il y a une divinité en nous, *est Deus in nobis*; & Socrate prétendoit qu'un Dieu ou Démon lui donnoit des avertissemens intérieurs, de sorte qu'*enthousiasme* seroit un instinct divin. Mais les hommes ayant consacré leurs passions, leurs fantaisies & leurs songes & jusqu'à leur fureur pour quelque chose de divin; l'enthousiasme commença à signifier un déréglement d'esprit attribué à la force de quelque divinité, qu'on supposoit dans ceux qui en étoient frappés; car les devins & les devineresses faisoient paroître une aliénation d'esprit lorsque leur Dieu s'emparoit d'eux, comme la Sybille de Cume chez Virgile. Depuis on l'attribue à ceux qui croient sans fondement que leurs mouvemens viennent de Dieu. Nisus chez le même Poëte se sentant poussé par je ne sais quelle impulsion à une entreprise dangereuse, où il périt avec son ami, la lui propose en ces termes pleins d'un doute raisonnable:

> Dîne hunc ardorem mentibus addunt,
> Euriale, an sua cuique Deus fit dira cupido?

Il ne laissa pas de suivre cet instinct, qu'il ne savoit pas s'il venoit de Dieu ou d'une malheureuse envie de se signaler. Mais s'il avoit réussi, il n'auroit point manqué de s'en autoriser dans un autre cas, & de se croire poussé par quelque puissance divine. Les enthousiastes d'aujourd'hui croient recevoir encore de Dieu des dogmes qui les éclairent. Les Trembleurs sont dans cette persuasion, & Barclay leur premier auteur méthodique prétend qu'ils trouvent en eux une certaine lumiere qui se fait connoître par elle-même. Mais pourquoi appeller lumiere ce qui ne fait rien voir ? je sais qu'il y a des personnes de cette disposition d'esprit, qui voient des étincelles & même quelque chose de plus lumineux; mais cette image de lumiere corporelle, excitée quand leurs esprits sont échauffés, ne donne point de lumiere à l'esprit. Quelques hommes idiots, ayant l'imagination agitée, se forment des conceptions qu'ils n'avoient point auparavant; ils sont en état de dire de belles choses à leurs sens, ou du moins de fort animées ; ils admirent eux-mêmes & font admirer aux autres cette fertilité qui passe pour inspiration. Cet avantage leur vient en bonne partie d'une forte imagination que la passion anime, & d'une mémoire heureuse qui a bien retenu les manieres de parler des Livres prophétiques, que la lecture ou les discours des autres leur ont rendu familiers. Antoinette de Bourignon se servoit de la facilité qu'elle avoit de parler & d'écrire, comme d'une preuve de sa mission divine, & je connois un visionnaire, qui fonde la sienne sur le talent qu'il a de parler & prier tout haut presque une journée entiere sans se lasser & sans demeurer à sec. Il y a des personnes qui, après avoir pratiqué des austérités ou après un état de tristesse, goûtent une paix & une consolation dans l'ame qui les ravit, & ils y trouvent tant de douceur, qu'ils croient que c'est un effet du S. Esprit. Il est bien vrai que le contentement qu'on trouve dans la considération de la grandeur & de la bonté de Dieu, dans l'accomplissement de sa volonté, dans la pratique des vertus, est une grace de Dieu & des plus grandes; mais ce n'est pas toujours une grace qui ait besoin d'un secours surnaturel nouveau, comme beaucoup de ces bonnes gens le prétendent.... Il y auroit pourtant un cas où ces inspirations porteroient leurs preuves avec elles. Ce seroit si elles éclairoient véritablement l'esprit par des découvertes importantes de quelque connoissance extraordinaire, qui seroient au-dessus des forces de la personne qui les auroit acquises sans aucun secours externe. Si Jacob Bohme, fameux cordonnier de la Lusace, dont les écrits ont été traduits de l'Allemand en d'autres Langues sous le nom du Philosophe Teutonique, & ont en effet quelque chose de grand & de beau pour un homme de cette condition, avoit su faire de l'or comme quelques-uns se le persuadent, ou comme fit Saint Jean l'Evangéliste, si nous en croyons ce que dit un hymne fait à son honneur,

>   Inexhauftum fert thesaurum
>   Qui de Virgis fecit aurum,
>   Gemmas de Lapidibus,

on auroit eu quelque lieu de donner plus de créance à ce cordonnier extraordinaire. Et si Mademoiselle Antoinette Bourignon avoit fourni à Bertrand la Coste, Ingénieur François à

Hambourg, la lumiere dans les sciences qu'il crut avoir reçu d'elle, comme il le marque en lui dédiant son Livre de la Quadrature du Cercle, où, faisant allusion à Antoinette & Bertrand, il l'appelloit l'A en Théologie, comme il se disoit être lui-même le B en Mathematique, on n'auroit su que dire. Mais on ne voit point d'exemples d'un succès considérable de cette nature, non plus que de prédictions bien circonstanciées qui ayent réussi à de telles gens.... Il est vrai cependant que ces persuasions font quelquefois un bon effet, & servent à de grandes choses ; car Dieu peut se servir de l'erreur pour établir ou maintenir la vérité. Mais je ne crois point qu'il soit permis facilement à nous, de se servir de fraudes pieuses pour une bonne fin. Et quant aux dogmes de la Religion, nous n'avons point besoin de nouvelles révélations : c'est assez qu'on nous propose des regles salutaires pour que nous soyons obligés de les suivre, quoique celui qui les propose ne fasse aucun miracle ; & quoique Jesus-Christ en fût muni, il ne laissa pas de refuser quelquefois d'en faire pour complaire à cette race perverse, qui demandoit des signes lorsqu'il ne prêchoit que la vertu, & ce qui avoit déjà été enseigné par la raison naturelle & par les Prophetes.

―――――

DE L'ERREUR,
principalement en matiere de Religion.

PHILALETHE. Après avoir assez parlé de tous les moyens qui nous font connoître ou deviner la vérité, disons encore quelque chose de nos erreurs & de nos mauvais jugemens. Il faut que les hommes se trompent souvent, puisqu'il y a tant de dissentions entr'eux. Les raisons de cela se peuvent réduire à ces quatre, 1°. le manque de preuves; 2°. le peu d'habileté à s'en servir; 3°. le manque de volonté d'en faire usage; 4°. les fausses regles des probabilités. Quand je parle du défaut de preuves, je comprends encore celles qu'on pourroit trouver, si on en avoit les moyens & la commodité; mais c'est de quoi on manque le plus souvent. Tel est l'état des hommes, dont la vie se passe à chercher de quoi subsister : ils sont aussi peu instruits de ce qui se passe dans le monde, qu'un cheval de somme qui va toujours par le même chemin, peut devenir habile dans la carte du pays. Il leur faudroit les langues, la lecture, la conversation, les observations de la nature & les expériences de l'art. Or tout cela ne convenant point à leur état, dirons-nous donc que le gros des hommes n'est conduit au bonheur & à la misere que par un hasard aveugle ? Faut-il qu'ils s'abandonnent aux opinions courantes & aux guides autorisés dans le pays, même par rapport au bonheur ou malheur éternel ? Ou sera-t-on malheureux éternellement pour être né plutôt dans un pays que dans un autre ? Il faut pourtant avouer que personne n'est si fort occupé du soin de pourvoir à sa subsistance, qu'il n'ait aucun temps de reste pour penser à son ame & pour s'instruire de ce qui regarde la Religion, s'il y étoit aussi appliqué qu'il l'est à des choses moins importantes.

THÉOPH. Supposons que les hommes ne soient pas toujours en état de s'instruire eux-mêmes, & que ne pouvant pas abandonner avec prudence le soin de la subsistance de leur famille pour chercher des vérités difficiles, qu'ils soient obligés de suivre les sentimens autorisés chez eux, il faudra toujours juger que dans ceux qui ont la vraie Religion sans en avoir des preuves, la grace intérieure suppléera au défaut des motifs de crédibilité; & la charité nous fait juger encore, comme j'ai déjà remarqué, que Dieu fait pour les personnes de bonne volonté, élevées parmi les épaisses ténebres des erreurs les plus dangereuses, tout ce que sa bonté & sa justice demandent, quoique peut-être d'une maniere qui nous est inconnue. On a des histoires applaudies dans l'Eglise Romaine de personnes qui ont été ressuscitées exprès pour ne point manquer des secours salutaires. Mais Dieu peut secourir les ames par l'opération interne du Saint-Esprit, sans avoir besoin d'un si grand miracle; & ce qu'il y a de bon & de consolant pour le genre humain, c'est que pour se mettre dans l'état de la grace de Dieu, il ne faut que la bonne volonté, mais sincere & sérieuse. Je reconnois qu'on n'a pas même cette bonne volonté sans la grace de Dieu, d'autant que tout bien naturel ou surnaturel vient de lui; mais c'est toujours assez qu'il ne faut qu'avoir la volonté, & qu'il est impossible que Dieu puisse demander une condition plus facile & plus raisonnable.

PHILAL. Il y en a qui sont assez à leur aise pour avoir toutes les commodités propres à éclaircir leurs doutes; mais ils sont détournés de cela par des obstacles pleins d'artifices, qu'il est assez facile d'appercevoir, sans qu'il soit nécessaire de les étaler en cet endroit. J'aime mieux parler de ceux qui manquent d'habileté pour faire valoir les preuves qu'ils ont pour ainsi dire sous la main, & qui ne sauroient retenir une longue suite de conséquences, ni peser toutes les circonstances. Il y a des gens d'un seul syllogisme, & il y en a de deux seulement. Ce n'est pas le lieu ici de déterminer si cette imperfection vient d'une différence naturelle des ames mêmes ou des organes, ou si elle dépend du défaut de l'exercice qui polit les facultés naturelles. Il nous suffit ici qu'elle est visible, & qu'on n'a qu'à aller du Palais ou de la Bourse aux
Hôpitaux

Hôpitaux & aux petites maisons pour s'en appercevoir.

THÉOPH. Ce ne sont pas les pauvres seuls qui sont nécessiteux; il manque plus à certains riches qu'à eux, parce que ces riches demandent trop, & se mettent volontairement dans une espece d'indigence qui les empêche de vaquer aux considérations importantes. L'exemple y fait beaucoup. On s'attache à suivre celui de ses pareils qu'on est obligé de pratiquer sans faire paroître un esprit de contrariété, & cela fait aisément qu'on leur devient semblable. Il est bien difficile de contenter en même temps la raison & la coutume. Quant à ceux qui manquent de capacité, il y en a peut-être moins qu'on ne pense; je crois que le bon sens avec l'application peuvent suffire à tout ce qui ne demande pas de la promptitude. Je présuppose le bon sens, parce que je ne crois pas que vous vouliez exiger la recherche de la vérité des habitans des petites maisons. Il est vrai qu'il n'y en a pas beaucoup qui n'en pussent revenir, si nous en connoissions les moyens; & quelque différence originale qu'il y ait entre nos ames, (comme je crois en effet qu'il y en a), il est toujours sûr que l'une pourroit aller aussi loin que l'autre, (mais non pas peut-être si vîte) si elle étoit menée comme il faut.

PHILAL. Il y a une autre sorte de gens qui ne manquent que de volonté. Un violent attachement au plaisir, une constante application à ce qui regarde leur fortune, une paresse ou négligence générale, une aversion particulière pour l'étude & la méditation, les empêchent de penser sérieusement à la vérité. Il y en a même qui craignent qu'une recherche, exempte de toute partialité, ne fût point favorable aux opinions qui s'accommodent le mieux à leurs préjugés & à leurs desseins. On connoît des personnes qui ne veulent pas lire une lettre qu'on suppose porter de méchantes nouvelles, & bien des gens évitent d'arrêter leurs comptes ou de s'informer de l'état de leur bien, de peur d'apprendre ce qu'ils voudroient toujours ignorer. Il y en a qui ont de grands revenus & les emploient tous à des provisions pour le corps, sans songer aux moyens de perfectionner l'entendement. Ils prennent un grand foin de paroître toujours dans un équipage propre & brillant, & ils souffrent sans peine que leur ame soit couverte des méchans haillons de la prévention & de l'erreur, & que la nudité, c'est-à-dire l'ignorance, paroisse à travers. Sans parler des intérêts qu'ils doivent prendre à un état à venir, ils ne négligent pas moins ce qu'ils sont intéressés à connoître dans la vie qu'ils menent dans ce monde. Et c'est quelque chose d'étrange que bien souvent ceux qui regardent le pouvoir & l'autorité comme un apanage de leur naissance ou de leur fortune, l'abandonnent négligemment à des gens d'une condition inférieure à la leur, mais qui les surpassent en connoissance ; car il faut bien que les aveugles soient conduits par ceux qui voient, ou qu'ils tombent dans la fosse, & il n'y a point de pire esclavage que celui de l'entendement.

THÉOPH. Il n'y a point de preuve plus évidente de la négligence des hommes, par rapport à leurs vrais intérêts, que le peu de soin qu'on a de connoître & de pratiquer ce qui convient à la santé, qui est un de nos plus grands biens ; & quoique les Grands se ressentent autant & plus que les autres des mauvais effets de cette négligence, ils n'en reviennent point. Pour ce qui se rapporte à la foi, plusieurs regardent la pensée qui les pourroit porter à la discussion, comme une tentation du démon, qu'ils ne croient pouvoir mieux surmonter qu'en tournant l'esprit à toute autre chose. Les hommes qui n'aiment que les plaisirs, ou qui s'attachent à quelque occupation, ont coutume de négliger les autres affaires. Un Joueur, un Chasseur, un Buveur, un Débauché, & même un Curieux de bagatelles, perdra sa fortune & son bien, faute de se donner la peine de solliciter un procès ou de parler à des gens en place. Il y en a comme l'Empereur Honorius qui, lorsqu'on lui porta la nouvelle de la perte de Rome, crut que c'étoit sa poule qui portoit ce nom, ce qui le fâcha plus que la vérité. Il seroit à souhaiter que les hommes qui ont du pouvoir, eussent de la connoissance à proportion; mais quand le détail des Sciences, des Arts, de l'Histoire & des Langues n'y seroit pas, un jugement solide & exercé, & une connoissance des choses également grandes & générales, en un mot *summa rerum*, pourroit suffire. Et comme l'Empereur Auguste avoit un abrégé des forces & des besoins de l'Etat, qu'il appelloit *Breviarium Imperii*, on pourroit avoir un abrégé des intérêts de l'homme, qui mériteroit d'être appellé *Enchiridion sapientiæ*, si les hommes vouloient avoir soin de ce qui leur importe le plus.

PHILAL. Enfin la plupart de nos erreurs viennent des *fausses mesures de probabilité* qu'on prend, soit en suspendant son jugement malgré des raisons manifestes, soit en le donnant malgré des probabilités contraires. Ces fausses mesures consistent, 1°. dans des propositions douteuses, prises pour principes; 2°. dans des hypotheses reçues; 3°. dans l'autorité. Nous jugeons ordinairement de la vérité par la conformité avec ce que nous regardons comme principes incontestables, & cela nous fait mépriser le témoignage des autres, & même celui de nos sens, quand ils y sont ou paroissent contraires : mais avant que de s'y fier avec tant d'assurance, il faudroit les examiner avec la derniere exactitude. Les enfans reçoivent des propositions qui leur sont inculquées par leurs pere & mere, nourrices, précepteurs, & autres qui sont autour d'eux, & ces propositions ayant pris racine, passent pour sacrées comme un *Urim* & *Thummim*, que Dieu auroit mis lui-même dans l'ame. On a de la peine à souffrir ce qui choque ces oracles internes, pendant qu'on digere les plus grandes absurdités qui s'y accordent. Cela paroît par l'extrême obstination qu'on remarque dans différens hommes à croire fortement des opinions directement opposées, comme des articles de foi, quoiqu'elles soient fort souvent également absurdes. Prenez une personne de bon sens, mais persuadée de cette maxime, *qu'on doit croire ce qu'on croit dans sa communion*, telle qu'on l'enseigne à Wirtemberg, ou en Suede; quelle disposition n'a-t-elle pas à recevoir sans peine la doctrine de la *consubstantiation*, & à croire qu'une même chose est chair & pain à la fois ?

THÉOPH. Il paroît bien, Monsieur, que vous n'êtes pas assez instruit des sentimens des Evangéliques, qui admettent la présence réelle du corps de

Notre-Seigneur dans l'Euchariſtie. Ils ſe ſont expliqués mille fois, qu'ils ne veulent point de conſubſtantiation du pain & du vin avec la chair & le ſang de Jeſus-Chriſt, & encore moins qu'une même choſe eſt chair & pain enſemble. Ils enſeignent ſeulement qu'en recevant les ſymboles viſibles, on reçoit d'une maniere inviſible & ſurnaturelle le corps du Sauveur, ſans qu'il ſoit enfermé dans le pain; & la préſence qu'ils entendent n'eſt point locale, ou ſpatiale pour ainſi dire, c'eſt-à-dire déterminée par les dimenſions du corps préſent: de ſorte que tout ce que les ſens y peuvent oppoſer ne les regarde point: & pour faire voir que les inconvéniens qu'on pourroit tirer de la raiſon, ne les touchent point non plus, ils déclarent que ce qu'ils entendent par la ſubſtance du corps, ne conſiſte point dans l'étendue ou dimenſion; & ils ne font point difficulté d'admettre que le corps glorieux de Jeſus-Chriſt garde une certaine préſence ordinaire & locale, mais convenable à ſon état dans le lieu ſublime où il ſe trouve, toute différente de cette préſence ſacramentelle dont il s'agit ici,

N iv

ou de sa préfence miraculeufe avec laquelle il gouverne l'Eglife, qui fait qu'il est, non pas par-tout comme Dieu, mais là où il veut bien être ; ce qui est le fentiment des plus modérés : de forte que pour montrer l'abfurdité de leur doctrine, il faudroit démontrer que toute l'effence du corps ne confifte que dans l'étendue, & de ce qui eft uniquement mefuré par-là, ce que perfonne n'a encore fait, que je fache. Auffi toute cette difficulté ne regarde pas moins les Réformés, qui fuivent les Confeffions Gallicane & Belgique, la déclaration de l'affemblée de Sandomir, compofée de gens des deux Confeffions Auguftane & Helvétique, & conforme à la Confeffion Saxonne deftinée pour le Concile de Trente, la profeffion de foi des Réformés venus au Colloque de Torn, convoqué fous l'autorité d'Uladiflas Roi de Pologne, & la doctrine conftante de Calvin & de Beze, qui ont déclaré le plus diftinctement & le plus fortement du monde, que les fymboles fourniffent effectivement ce qu'ils repréfentent, & que nous devenons participans de la fubftance même du corps

& du sang de Jesus-Christ : & Calvin, après avoir réfuté ceux qui se contentent d'une participation métaphorique de pensée, ou de seau, & d'une union de foi, ajoute qu'on ne pourra rien dire d'assez fort pour établir la réalité, qu'il ne soit prêt à signer, pourvu qu'on évite tout ce qui regarde la circonscription des lieux ou la diffusion des dimensions ; de sorte qu'il paroît que dans le fond, sa doctrine étoit celle de Mélancton, & même de Luther, (comme Calvin le présume lui-même dans une de ses Lettres) excepté qu'outre la condition de la perception des symboles, dont Luther se contente, il demande encore la condition de la foi, pour exclure la participation des indignes : & j'ai trouvé Calvin si positif sur cette Communion réelle en cent lieux de ses Ouvrages, & même dans les Lettres familieres, où il n'en avoit point besoin, que je ne vois point de lieu de le soupçonner d'artifice.

PHILAL. Je vous demande pardon, si j'ai parlé de ces Messieurs, selon l'opinion vulgaire ; & je me souviens maintenant d'avoir remarqué que de fort habiles Théologiens de l'Eglise Anglicane, ont été pour cette participation réelle. Mais des principes établis, passons aux hypothèses reçues. Ceux qui reconnoissent que ce ne sont qu'hypothèses, ne laissent pas souvent de les maintenir avec chaleur, à peu près comme des principes assurés, & de mépriser les probabilités contraires. Il seroit insupportable à un savant Professeur de voir son autorité renversée en un instant par un nouveau venu qui rejetteroit ses hypothèses : son autorité, dis-je, qui est en vogue depuis trente ou quarante ans, acquise par bien des veilles, soutenue par quantité de grec & de latin, confirmée par une tradition générale & par une barbe vénérable. Tous les argumens qu'on peut employer pour le convaincre de la fausseté de son hypothèse, seront aussi peu capables de prévaloir sur son esprit, que les efforts que fit Borée pour obliger le voyageur à quitter son manteau, qu'il tint d'autant plus ferme que ce vent souffloit avec plus de violence.

THÉOPH. En effet, les Coperniciens ont éprouvé dans leurs adversaires, que les hypothèses reconnues pour telles, ne laiffent pas d'être foutenues avec un zele ardent: & les Cartéfiens ne font pas moins pofitifs pour leurs particules canelées & petites boules du fecond élément, que fi c'étoient des théoremes d'Euclide; & il femble que le zele pour nos hypothefes n'eft qu'un effet de la paffion que nous avons de nous faire refpecter nous-mêmes. Il eft vrai que ceux qui ont condamné Galilée, ont cru que le repos de la terre étoit plus qu'une hypothefe, car ils le jugeoient conforme à l'Ecriture & à la raifon. Mais depuis on s'eft apperçu que la raifon au moins ne la foutenoit plus; & quant à l'Ecriture, le Pere Fabry, Pénitencier de Saint Pierre, excellent Théologien & Philofophe, publiant dans Rome même une apologie des Obfervations d'*Euftachio Divini*, fameux Opticien, ne feignit point de déclarer, que ce n'étoit que provifionnellement qu'on entendoit dans le Texte facré un vrai mouvement du foleil; & que fi le fentiment de Copernic fe trouvoit vérifié, on ne feroit point difficulté de l'expliquer comme ce paffage de Virgile:

Terræque urbefque recedunt.

Cependant on ne laisse pas de continuer en Italie, en Espagne & même dans les pays héréditaires de l'Empereur, de supprimer la doctrine de Copernic, au grand préjudice de ces nations, dont les esprits pourroient s'élever à de plus belles découvertes, s'ils jouissoient d'une liberté raisonnable & philosophique.

PHILAL. Les passions dominantes paroissent être en effet, comme vous dites, la source de l'amour qu'on a pour les hypotheses; mais elles s'étendent encore bien plus loin. La plus grande probabilité du monde ne servira de rien à faire voir son injustice à un avare & à un ambitieux; & un amant aura toute la facilité du monde à se laisser duper par sa maîtresse, tant il est vrai que nous croyons facilement ce que nous voulons, & selon la remarque de Virgile:

Qui amant ipsi sibi somnia fingunt.

C'est ce qui fait qu'on se sert de deux moyens d'échapper aux probabilités les plus apparentes, quand elles attaquent nos passions & nos préjugés. Le premier est de penser qu'il y peut avoir quelque sophistiquerie cachée dans l'argument qu'on nous objecte; & le second de supposer que nous pourrions mettre en avant de tout aussi bons, ou même de meilleurs argumens pour battre l'adversaire, si nous avions la commodité, ou l'habileté, ou l'assistance qu'il nous faudroit pour les trouver. Ces moyens de se défendre de la conviction, sont bons quelquefois, mais aussi ce sont des sophismes lorsque la matiere est assez éclaircie, & qu'on a tout mis en ligne de compte; car après cela il y a moyen de connoître sur le tout, de quel côté se trouve la probabilité. C'est ainsi qu'il n'y a point de lieu de douter que les animaux ont été formés plutôt par des mouvemens qu'un agent intelligent a conduits, que par un concours fortuit d'atomes; comme il n'y a personne qui doute le moins du monde si les caracteres d'Imprimerie qui forment un discours intelligible, ont été assemblés par un homme attentif, ou par un mélange confus. Je croirois donc qu'il ne dépend point de nous de suspendre notre assentiment dans ces rencontres : mais nous le pouvons faire quand la probabilité eſt moins évidente, & nous pouvons nous contenter même des preuves plus foibles qui conviennent le mieux avec notre inclination. Il me paroît impraticable à la vérité, qu'un homme panche du côté où il voit le moins de probabilité: la perception, la connoiſſance & l'aſſentiment ne ſont point arbitraires, comme il ne dépend point de moi de voir ou de ne point voir la convenance de deux idées, quand mon eſprit y eſt tourné. Nous pouvons pourtant arrêter volontairement le progrès de nos recherches; ſans quoi l'ignorance ou l'erreur ne pourroit être un péché en aucun cas. C'eſt en cela que nous exerçons notre liberté. Il eſt vrai que dans les rencontres où l'on n'a aucun intérêt, on embraſſe l'opinion commune ou le ſentiment du premier venu, mais dans les points où notre bonheur ou malheur eſt intéreſſé, l'eſprit s'applique plus ſérieuſement à peſer les probabilités, & je penſe qu'en ce cas, c'eſt-à-dire, lorſque nous avons de l'attention, nous n'avons pas le choix de nous déterminer pour le côté que nous voulons, s'il y a entre les deux partis, des différences tout-à-fait visibles, & que ce sera la plus grande probabilité qui déterminera notre assentiment.

THEOPH. Je suis de votre avis dans le fond, & nous nous sommes assez expliqués là-dessus dans nos conférences précédentes, quand nous avons parlé de la liberté. J'ai montré alors que nous ne croyons jamais ce que nous voulons, mais bien ce que nous voyons le plus apparent : & que néanmoins nous pouvons nous faire croire indirectement ce que nous voulons, en détournant l'attention d'un objet désagréable pour nous appliquer à un autre qui nous plaît; ce qui fait qu'en envisageant davantage les raisons d'un parti favori, nous le croyons enfin le plus vraisemblable. Quant aux opinions où nous ne prenons guere d'intérêt, & que nous recevons sur des raisons légeres, cela se fait parce que ne remarquant presque rien qui s'y oppose, nous trouvons que l'opinion qu'on nous fait envisager favorablement, surpasse autant & plus le sentiment opposé qui n'a rien pour lui dans notre perception, que s'il y avoit eu beaucoup de raisons de part & d'autre : car la différence entre 0 & 1, ou entre 2 & 3, est aussi grande qu'entre 9 & 10; & nous nous appercevons de cet avantage, sans penser à l'examen qui seroit encore nécessaire pour juger, mais où rien ne nous convie.

PHILAL. La derniere fausse mesure de probabilité que j'ai dessein de remarquer, est l'*autorité mal entendue*, qui retient plus de gens dans l'ignorance & dans l'erreur, que toutes les autres ensemble. Combien voit-on de gens qui n'ont point d'autre fondement de leur sentiment que les opinions reçues parmi nos amis, ou parmi les gens de notre profession, ou dans notre parti, ou dans notre pays ? Une telle doctrine a été approuvée par la vénérable antiquité; elle vient à moi sous le passeport des siecles précédens : d'autres hommes s'y rendent; c'est pourquoi je suis à l'abri de l'erreur en la recevant. On seroit aussi-bien fondé à jeter à croix ou à pile pour prendre ses opinions, qu'à les choisir sur de telles regles. Et outre que tous les hommes sont sujets à l'erreur, je crois que si nous pouvions voir les secrets motifs qui font agir les Savans & les Chefs de parti, nous trouverions souvent toute autre chose que le pur amour de la vérité. Il est sûr, au moins, qu'il n'y a point d'opinion si absurde, qu'elle ne puisse être embrassée sur ce fondement, puisqu'il n'y a guere d'erreur qui n'ait eu ses partisans.

THEOPH. Il faut pourtant avouer qu'on ne sauroit éviter en bien des rencontres de se rendre à l'autorité. Saint Augustin a fait un Livre assez joli, *de utilitate credendi*, qui mérite d'être lu sur ce sujet ; & quant aux opinions reçues, elles ont pour elles quelque chose d'approchant à ce qui donne ce qu'on appelle *présomption* chez les Jurisconsultes : & quoiqu'on ne soit point obligé de les suivre toujours sans preuves, on n'est pas autorisé non plus à les détruire dans l'esprit d'autrui sans avoir des preuves contraires. C'est qu'il n'est point permis de rien changer sans raison.... Je ne suis point d'avis qu'on méprise l'antiquité en matiere de religion ; & je crois même qu'on peut dire que Dieu a préservé les Conciles véritablement œcuméniques jusqu'ici de toute erreur contraire à la doctrine salutaire. Au reste, c'est une chose étrange que la prévention de parti. J'ai vu des gens embrasser avec ardeur une opinion, par la seule raison qu'elle est reçue dans leur ordre, ou même seulement parce qu'elle est contraire à celle d'un homme d'une religion ou d'une nation qu'ils n'aimoient point, quoique la question n'eût presque point de connexion avec la Religion, ou avec les intérêts des peuples. Ils ne savoient point peut-être que c'étoit là véritablement la source de leur zele : mais je reconnoissois que sur la premiere nouvelle qu'un tel avoit écrit telle ou telle chose, ils fouilloient dans les Bibliotheques, & alambiquoient leurs esprits animaux pour trouver de quoi réfuter. C'est ce qui se pratique aussi souvent par ceux qui soutiennent des theses dans les Universités, & qui cherchent à se signaler contre leurs adversaires. Mais que dirons-nous des doctrines prescrites dans les Livres symboliques du parti, même parmi les Protestans, qu'on est souvent obligé d'embrasser avec serment ? Que quelques-uns ne croient signifier chez nous que l'obligation de professer ce que ces Livres ou Formulaires ont de la Sainte Ecriture : en quoi ils sont contredits par d'autres. Et dans les Ordres Religieux du parti de Rome, sans se contenter des doctrines établies dans leur Eglise, on prescrit des bornes plus étroites à ceux qui enseignent : témoin les propositions que le Général des Jésuites, Claude Aquaviva, (si je ne me trompe) défendit d'enseigner dans leurs Ecoles. Il seroit bon (pour le dire en passant) de faire un recueil systématique des propositions décidées & censurées par des Conciles, Papes, Evêques, Supérieurs, Facultés, qui serviroit à l'Histoire Ecclésiastique. On peut distinguer entre enseigner & embrasser un sentiment. Il n'y a point de ferment au monde, ni de défense qui puisse forcer un homme à demeurer dans la même opinion, car les sentimens sont involontaires en eux-mêmes : mais il peut & il doit s'abstenir d'enseigner une doctrine qui passe pour dangereuse, à moins qu'il ne s'y trouve obligé en conscience. Et en ce cas il faut se déclarer sincérement & sortir de son poste, quand on a été chargé d'enseigner; supposé pourtant qu'on le puisse faire, sans s'expoſer à un danger extrême, qui pourroit forcer de quitter ſans bruit. Et on ne voit guere d'autre moyen d'accorder les droits du public & du particulier : l'un devant empêcher ce qu'il juge mauvais, & l'autre ne pouvant point ſe diſpenſer des devoirs exigés par ſa conſcience.

PHILAL. Cette oppoſition entre le public & le particulier, & même entre les opinions publiques de différens partis, eſt un mal inévitable. Mais ſouvent les mêmes oppoſitions ne ſont qu'apparentes, & ne conſiſtent que dans les formules. Je ſuis obligé auſſi de dire, pour rendre juſtice au genre humain, qu'il n'y a pas tant de gens engagés dans l'erreur qu'on le ſuppoſe ordinairement; non que je croie qu'ils embraſſent la vérité, mais parce qu'en effet ſur les doctrines dont on fait tant de bruit, ils n'ont abſolument point d'opinion poſitive, & que ſans rien examiner & ſans avoir dans l'eſprit les idées les plus ſuperficielles ſur l'affaire en queſtion, ils ſont réſolus de ſe tenir attachés à leur parti, comme des ſoldats qui n'examinent point la cauſe qu'ils défendent; & ſi la vie d'un homme fait voir qu'il n'a aucun égard sincere pour la religion, il lui suffit d'avoir la main & la langue prêtes à soutenir l'opinion commune, pour se rendre recommandable à ceux qui lui peuvent procurer de l'appui.

THEOPH. Cette justice que vous rendez au genre humain, ne tourne point à sa louange ; & les hommes seroient plus excusables de suivre sincérement leurs opinions, que de les contrefaire par intérêt. Peut-être pourtant qu'il y a plus de sincérité dans leur fait, que vous ne semblez donner à entendre ; car sans aucune connoissance de cause, ils peuvent être parvenus à une *foi implicite* en se soumettant généralement & quelquefois aveuglément, mais souvent de bonne foi, au jugement des autres, dont ils ont une fois reconnu l'autorité. Il est vrai que l'intérêt, qu'ils y trouvent, contribue à cette soumission, mais cela n'empêche point qu'enfin l'opinion ne se forme. On se contente dans l'Eglise Romaine de cette foi implicite à peu près, n'y ayant peut-être point d'article dû à la révélation, qui y soit absolument *fondamental*, & qui y passe pour nécessaire *necessitate medii*, c'est-à-dire, dont la créance soit une condition absolument nécessaire au salut. Et ils le sont tous *necessitate præcepti*, par la nécessité qu'on y enseigne d'obéir à l'Eglise, comme on l'appelle, & de donner toute l'attention due à ce qui y est proposé, le tout sous peine de péché mortel. Mais cette nécessité n'exige qu'une docilité raisonnable & n'oblige point à l'assentiment, suivant les plus savans Docteurs de cette Eglise. Le Cardinal Bellarmin même crut cependant que rien n'étoit meilleur que cette foi d'enfant, qui se soumet à une autorité établie; & il raconte avec approbation l'adresse d'un moribond qui éluda le Diable par ce cercle, qu'on lui entendit répéter souvent :

> Je crois tout ce que croit l'Eglise,
> L'Eglise croit ce que je crois.

RÉPARATION
DU GENRE HUMAIN.

Tome 6. p. 294. Observationes Leibnitzianæ.

NICOLAS Taurellus a publié en 1604 son Traité, *de æternitate rerum*.... Il y demande pourquoi les Anges & les hommes étant également tombés, Dieu a eu pitié des hommes après leur chute & non pas des Anges ? c'est, répond-il, parce que chaque Ange a péché par lui-même, au lieu que les hommes n'ont péché que dans Adam, & qu'il est par conséquent raisonnable que ceux qui ont été faits pécheurs par le péché d'un autre, deviennent justes par la justice d'un autre. Il explique aussi par les mêmes principes, comment la Passion de Notre-Seigneur a satisfait pour les péchés du monde ; c'est, dit-il, qu'à proprement parler, il n'y a dans tous les hommes qu'un seul péché, qui est le péché de nos premiers peres : la chute d'Adam nous a fait tomber à l'égard des autres dans une espece de nécessité. Il n'y a que son péché & celui d'Eve qui ayent été parfaitement volontaires. Telles sont les pensées très-ingénieuses de Taurellus, que j'ai coutume d'appeller le Scaliger des Allemands : son style, sa pénétration, son esprit, sa liberté de penser, sa profession de Médecin lui donnent effectivement beaucoup de conformité avec ce Savant.

LE CARDINAL SFONDRATE.

Tome 5. page 121. Epistola 28. ad Magliabechium.

J'APPRENDS avec plaisir que le Cardinal Sfondrate, personnage vraiment distingué par sa science & sa piété, a trouvé un défenseur. Je m'étonne qu'il ait fallu qu'un Capucin & un Capucin Hibernois vînt au secours des Bénédictins d'Allemagne & d'Italie. Cet excellent Apologiste sera d'autant moins suspect, qu'aucun intérêt d'Ordre ou de nation, mais le seul amour de la justice & de la vérité, lui a fait prendre la plume. Nous devons donc rendre graces au Pere *Porter*, le féliciter, & nous
féliciter

féliciter nous-mêmes d'une Apologie qui, je penfe, fera folide. La capacité, la vertu & l'illuftre famille de ce Religieux me font très-connues; & quoique l'occafion de le connoître plus particuliérement m'ait manqué, j'en ai toujours fait une eftime finguliere. Au refte ce qui me paroît pouvoir être défendu, ou excufé plus facilement dans le Cardinal, c'eft ce qu'il a avancé fur l'état des enfans morts fans le péché actuel & fans le baptême. Car plufieurs Théologiens célebres leur ont déjà accordé une certaine béatitude naturelle, & le bon Cardinal ne paroît avoir préféré l'innocence actuelle au Royaume des Cieux, que par horreur pour le péché, & parce qu'il n'y a perfonne, fi on lui donnoit l'option, qui pût licitement choifir le Ciel préférablement à l'innocence. J'avoue pourtant que le Cardinal ne paroît pas appuyer d'affez bonnes raifons la fupériorité qu'il donne à l'état des enfans fur l'état des bienheureux. Quant à ce qu'il femble avoir eu des doutes fur la néceffité de la foi explicite, je penfe que le P. Porter a pu le défendre ou du moins l'excufer par l'exemple de plufieurs autres grands Théologiens de l'Eglise Romaine, & particuliérement de Jacques Payva Andradius, Portugais, qui se distingua beaucoup au Concile de Trente, & qui s'est rendu célebre par ses écrits contre les Protestans. Cet Auteur a pensé comme le Cardinal Sfondrate, & s'en explique fort au long dans un Ouvrage qui porte en titre: *Explicationes orthodoxæ de diversis religionis capitibus*. Cet Ouvrage fut reçu dans son temps avec un si grand applaudissement, que Chemnice, ainsi qu'il le témoigne lui-même, crut devoir lui opposer son fameux examen du Concile de Trente.

POSSIBILITÉ
De la présence réelle.

Tome 1. page 30. Remarque sur la perception réelle & substantielle du Corps & du Sang de Notre-Seigneur.

IL est raisonnable (*lorsqu'il s'agit du sens des paroles de Jesus-Christ dans l'institution de l'Eucharistie*) de suivre l'explication littérale, s'il est possible, pour ne pas ouvrir la porte aux Sociniens; d'autant plus que l'Eglise a toujours cru une perception réelle, comme le croient aujourd'hui toutes les Eglises Orientales. La seule chose qui nous pourroit dispenser de nous attacher à la lettre du testament de Jesus-Christ, seroit s'il y avoit une absurdité ou impossibilité dans le sens littéral; & c'est ce qui reste à examiner.

On vient donc à l'examen de la nature du corps. Plusieurs mettent en fait, qu'ils ne connoissent que deux attributs, la pensée & l'étendue; & ils disent, que la pensée constitue l'esprit, & que l'étendue constitue le corps. Si cela étoit, il seroit très-sûr qu'il y auroit implication de contradiction, de dire qu'un corps ou sa substance soit unie immédiatement à quelque autre substance éloignée. Mais il suivroit aussi, que Dieu ne pourroit faire agir les corps *in distans*, ni les faire passer à travers d'un autre corps, &c. ce qui paroît hardi : d'autant plus qu'on ne s'appuie que sur des hypotheses précaires ou arbitraires toutes pures. Car il n'est point vrai, il n'a point été prouvé, il est même éloigné des sentimens de l'ancienne Philosophie, que la nature du corps consiste dans l'étendue.

Monsieur Huygens disoit fort bien, que l'idée que quelques-uns se forment du corps, est justement celle qu'il a du vide. Au contraire il est aisé de faire voir qu'on ne sauroit expliquer par la seule notion de l'étendue, ni la force, ni les lois du mouvement, ni l'inertie naturelle du corps, ni plusieurs autres phénomenes. Bien loin que l'étendue soit quelque chose de primitif dans le corps, on voit clairement que sa notion est résoluble, & enferme multitude, continuité, diffusion ; qu'ainsi elle est relative, & suppose quelque chose qui doit être multiplié, résolu, diffus ou étendu, comme l'étendue de la couleur, de la pesanteur, de la résistance. Ainsi c'est en cela que l'essence ou constitution primitive du corps consiste.

Or ce qui est continué & répété dans le corps est proprement la résistance, sans laquelle il n'y auroit point de corps, mais seulement un espace vide, incapable de changement.

Ainsi pour revenir aux anciens & à la vérité, l'essence du corps consiste dans la force primitive de pâtir & d'agir, dans la passivité & activité, en un mot dans la résistance. La passivité primitive est ce que j'appelle forme, ou ce qu'Aristote appelle *Entéléchie premiere.*

L'expérience fait voir qu'il y a de l'activité & de la résistance dans les corps, & qui fait que ceux qui les mettent dans la seule étendue, sont obligés de les dépouiller de toute action, & de dire que c'est Dieu seul qui agit. Ce qui est un sentiment étrange, & montre bien le défaut de l'hypothese.

L'essence du corps consistant dans la force, l'application de la force aux

O iij

dimensions s'ensuit naturellement par l'intention de Dieu, qui a voulu que tout se fît suivant certaines regles mathématiques, *pondere, numero, mensurâ*. Et c'est en conséquence de cela que les corps ordinairement n'operent point *in distans*, qu'ils n'occupent pas tantôt un plus grand, tantôt un moindre espace, &c. Mais ce que Dieu a voulu pour le bon ordre des choses, ne l'oblige pas lui-même, & n'empêche pas qu'il ne puisse changer par des raisons d'un ordre supérieur.

SUITE DU MÊME SUJET.

Théodicée, tome 1. pag. 392. Discours de la conformité de la foi avec la raison, §. 18.

LES deux Partis Protestans sont assez d'accord entr'eux, quand il s'agit de faire la guerre aux Sociniens. Et comme la philosophie de ces Sectaires n'est pas des plus exactes, on a réussi le plus souvent à la battre en ruine. Mais les mêmes Protestans se sont brouillés entre eux à l'occasion d'*Eucharistie*, lorsque une partie de ceux qui s'appellent Réformés, (c'est-à-dire ceux qui suivent en cela plutôt Zwingle que Calvin), a paru réduire la participation du corps de Jesus-Christ dans la sainte Cene à une simple représentation de figure, en se servant de la maxime des Philosophes, qui porte qu'un corps ne peut être qu'en un seul lieu à la fois; au lieu que les *Evangéliques*, (qui s'appellent ainsi dans un sens particulier, pour se distinguer des Réformés), étant plus attachés au sens littéral, ont jugé avec Luther, que cette participation étoit réelle, & qu'il y avoit-là un mystere surnaturel. Ils rejettent, à la vérité, le dogme de la Transsubstantiation (*), qu'ils croient peu fondé dans le texte; & ils n'approuvent point non plus celui de la Consubstantiation ou de l'Impanation, qu'on ne peut leur imputer que faute d'être bien informé de leur sentiment; puisqu'ils n'admettent point l'inclusion du corps de Jesus-Christ dans le pain, & ne demandent même

---

(*) Zuingle même, Calvin, Beze, Hospinien conviennent que les Catholiques sont sur ce point beaucoup plus conséquens que les Luthériens, & que le Texte de l'Ecriture entendu dans le sens de la présence réelle, emporte le dogme de la transsubstantiation.

aucune union de l'un avec l'autre; mais ils demandent au moins une concomitance; en sorte que ces deux substances soient reçues toutes deux en même temps. Ils croient que la signification ordinaire des paroles de Jesus-Christ dans une occasion aussi importante que celle où il s'agissoit d'exprimer ses dernieres volontés, doit être conservée; & pour maintenir que ce sens est exempt de toute absurdité qui nous en pourroit éloigner, ils soutiennent que la maxime philosophique, qui borne l'existence & la participation des corps à un seul lieu, n'est qu'une suite du cours ordinaire de la nature. Ils ne détruisent pas pour cela la présence ordinaire du corps de Notre-Sauveur, telle qu'elle peut convenir au corps le plus glorifié. Ils n'ont point recours à je ne sais quelle diffusion d'ubiquité, qui le dissiperoit & ne le laisseroit trouver nulle part. Ils n'admettent pas non plus la réduplication multipliée de quelques Scolastiques, comme si un même corps étoit en même temps assis ici, & debout ailleurs. Enfin ils s'expliquent de telle sorte, qu'il semble à plusieurs que le sentiment de Calvin, autorisé par plusieurs confessions de foi des Eglises qui ont reçu la doctrine de cet Auteur, lorsqu'il établit une participation de la substance, n'est pas si éloigné de la Confession d'Ausbourg, qu'on pourroit penser, & ne differe peut-être qu'en ce que pour cette participation il demande la véritable foi, outre la réception orale des symboles, & exclut par conséquent les indignes.

On voit par-là que le dogme de la participation réelle & substantielle se peut soutenir, (sans recourir aux opinions étranges de quelques Scolastiques), par une analogie bien entendue entre *l'opération immédiate, & la présence*. Et comme plusieurs Philosophes ont jugé que, même dans l'ordre de la nature, un corps peut opérer immédiatement en distance sur plusieurs corps éloignés, tout à la fois ; ils croient, à plus forte raison, que rien ne peut empêcher la toute-puissance divine de faire qu'un corps soit présent à plusieurs corps ensemble, n'y ayant pas un grand trajet de l'opération immédiate à la présence, & peut-être l'une dépendant de l'autre.

ERREURS DE SOCIN
Sur la connoissance de Dieu.

Tome 5. p. 484. Troisieme Lettre à M. Veissiere la Croze.

JE trouve fort mauvais que Socin paroisse vouloir nier la connoissance naturelle de Dieu, & qu'il s'applique à éluder les passages de la sainte Ecriture, qui l'enseignent en termes formels. C'est encore une doctrine étrange, que de dire qu'on peut vivre saintement sans connoître Dieu. Je veux croire qu'on peut avoir quelque vertu apparente, qui n'ait aucun rapport à Dieu; mais la sainteté renferme, proprement parlant, ce rapport des vertus à celui qui est la source de toute pureté & de toute perfection. D'ailleurs un Athée peut être homme de bien, moralement parlant, soit par tempérament, soit par coutume ou par un heureux préjugé; mais il ne le sauroit être entiérement par un principe solide de la droite raison, à moins d'avoir obtenu ce grand point, de trouver un plaisir dans la vertu, & une laideur dans le vice, qui surpassent tous les autres plaisirs ou déplaisirs de cette vie, ce qui paroît bien rare & bien difficile; quoiqu'il ne soit pas tout-à-fait impossible qu'une heureuse éducation, une conversation, une méditation & une pratique proportionnée puissent mener un homme jusques-là, mais on y arrivera tous les jours plus aisément avec la piété. Hors de cette situation d'esprit extraordinaire, quand notre raisonnement n'est borné qu'aux commodités de cette vie, il ne sauroit inspirer des sentimens assez nobles, ni enseigner à l'homme ses principaux devoirs, qui se rapportent au souverain Seigneur de l'Univers, dont la connoissance nous fait comprendre que son service nous peut obliger en bien des rencontres à préférer le bien d'autrui à nos intérêts présens, & à prendre un parti que la prudence n'approuveroit pas toujours si ce grand motif cessoit, & si nous n'avions le meilleur & le plus grand de tous les Maîtres, que l'on est heureux de servir, & qui met le bien commun sur le compte. De sorte que les Sociniens semblent ravaler la Religion

O vj

tant naturelle que révélée, dans la théorie & dans la pratique, & lui ôter une bonne partie de ses beautés.

LES ANTI-TRINITAIRES MODERNES.

Tome 5. p. 483. Troisieme Lettre à M. Veissiere la Croze.

L'HISTOIRE des Anti Trinitaires modernes est assez curieuse. Il semble que les Italiens & les Espagnols, qui sont les Auteurs de cette Secte, ont eu envie de rafiner en matiere de réformation sur les Allemands & sur les François; mais ils ont presque anéanti notre Religion au lieu de la purifier. Il est vrai que la rigueur exercée contre eux & particuliérement contre Servet, est inexcusable... J'ai d'autant plus de compassion de son malheur, que son mérite devoit être extrordinaire, puisqu'on a trouvé de nos jours qu'il avoit une connoissance de la circulation du sang, qui passe tout ce qu'on en trouve avant lui. C'est un bonheur pour le Christianisme, que les Turcs n'aient pas eu l'esprit de profiter des avis des gens faits comme Adam Neuser, Ministre du Palatinat, qui vouloit établir une intelligence entr'eux & les Chrétiens Anti-Trinitaires. Par ce moyen ils auroient eu un parti parmi nous. On auroit tort de mettre ce Neuser sur le compte des Réformés; il y a eu des Renégats de tous les partis du Christianisme, & s'il y en a moins de la Confession d'Ausbourg, c'est que ceux-ci ont eu moins de commerce avec les Turcs; & si Neuser a eu des vues plus étendues que d'autres, cela ne fait rien à la réformation.

Je ne voudrois pas attribuer la fin malheureuse de quelques Anti-Trinitaires à leur erreur d'entendement, mais plutôt au déréglement de leur cœur, ou bien à quelques jugemens de Dieu, dont nous ne connoissons point les ressorts. Souvent les gens de bien sont malheureux. D'ailleurs une mort difficile, accompagnée de fureurs & de mugissemens, étant un effet de la maladie & de la constitution, elle peut arriver au meilleur Chrétien du monde : outre que les gens en fureur ne ressentent pas ordinairement le mal autant qu'il le paroît, comme on le reconnoît par ceux qui en reviennent. Comme il y a eu, & comme il y a encore parmi les Anti-Trinitaires des gens vivant moralement bien, auſſi-bien que parmi les Turcs, il faut en avoir pitié, & implorer pour eux la clémence & la miſéricorde de Dieu.

PARALLELE

Des Sociniens & des Mahométans.

Tome 5. p. 481. Troiſieme Lettre à M. Veiſſiere la Croze.

IL faut avouer que les Sociniens approchent fort des Mahométans; & quoiqu'ils n'admettent point que Mahomet eſt l'Envoyé de Dieu, ils ſuivent pourtant & cultivent le principal de ſa doctrine, en tant qu'il combat la Trinité & l'Incarnation. C'eſt pourquoi je me ſouviens d'avoir lu autrefois dans un livre de *Comenius* contre Zwicker, qu'un Turc ayant entendu ce que lui diſoit un Socinien Polonois, s'étonna qu'il ne ſe faiſoit point circoncire. Il est vrai qu'ils rendent un culte à Jesus-Christ, que les Mahométans lui refusent; mais il semble que les derniers agissent plus conséquemment que les Sociniens; car pourquoi adorer une pure créature? *François Davidis* avoit raison en cela de s'élever contre *Blandrata* & *Socin*: nous n'adorons formellement & précisément que l'éternel & l'infini; & l'union du Créateur avec la créature, quelque grande qu'elle soit, ne doit point altérer ce culte. Si quelques Savans mal appris, ou quelques personnes grossieres du peuple mal instruit parmi les Chrétiens, s'écartent de ce grand principe du vrai culte, il faut les reprendre & les redresser avec zele; mais il ne faut point détruire pour cela ni l'union du Verbe avec la nature humaine, aussi étroite qu'il est possible, ni la diversité des trois personalités & de deux productions, que la sainte Ecriture nous enseigne en Dieu, sans multiplier Dieu lui-même. Il y a quelque chose de profond & d'incompréhensible dans la Divinité, dont la sainte Ecriture nous a donné quelque connoissance, par des paroles empruntées de ce qui se trouve d'analogique parmi les créatures, mais en excluant l'imperfection qui s'y trouve jointe dans les créatures. Les Sociniens pouffent leur audace plus loin que les Mahométans dans les points de doctrine; car non contens de combattre ce myftere & d'éluder des paffages très forts, ils affoibliffent jufqu'à la Théologie naturelle, lorfqu'ils refufent à Dieu la prefcience des chofes contingentes, & lorfqu'ils combattent l'immortalité de l'ame de l'homme. Et dans l'envie de s'éloigner des Théologiens fcolaftiques, ils renverfent tout ce que la Théologie a de grand & de fublime, jufqu'à rendre Dieu borné. Au lieu qu'on fait qu'il y a des Docteurs Mahométans, qui ont de Dieu des idées dignes de fa grandeur. *Conrad Vorftius*, emporté trop loin par l'averfion qu'il avoit de tout ce qui vient de l'Ecole, donna dans des extrémités qui font incompatibles avec la fuprême & immenfe perfection de Dieu; mais les Sociniens lui en avoient montré le chemin, & l'événement a fait voir que le roi Jacques n'avoit pas eu tort d'écrire fi fortement contre ce Docteur. Je ne fuis pas inftruit de ce Guillaume-Henri Vorftius, fils de Conrad, dont vous parlez, Monsieur, & dont vous rapportez quelques sentimens. Il faut être bien téméraire & bien extravagant, pour traiter de supposés les passages de l'Alcoran, qui parlent honorablement de Jésus-Christ, & ceux de Pline, de Tacite & de Suétone, qui parlent des Chrétiens.

RAISON DES PROGRÈS
DU MAHOMÉTISME.

Tome 5. page 479. Même Lettre.

JE ne m'étonne point du grand progrès du Mahométisme : c'est une espece de Déisme joint à la croyance de quelques faits, & à l'observation de quelques pratiques que Mahomet & ses Sectateurs ont ajoutées, quelquefois assez mal à propos, à la Religion naturelle, mais qui n'ont pas laissé d'être au gré de plusieurs nations. On a l'obligation à cette Secte de la destruction du Paganisme en beaucoup d'endroits du monde, & ce seroit un degré pour mener les peuples à la Religion plus sublime du Christianisme, si la nôtre étoit prêchée comme il faut, & si les préventions mal fondées des Mahométans n'y mettoient point d'obstacle.

USURE CONDAMNÉE
Par les Mahométans.

Tome 5. p. 480. Troisieme Lettre à M. Veissiere la Croze.

CE que vous dites, Monsieur, des articles de la doctrine Mahométane est très-sensé, & il seroit à souhaiter qu'ils ne nous surpassassent point en certains points de piété. Quant à l'usure condamnée chez les Mahométans, l'on peut dire que s'il est permis de partager le gain avec ceux à qui on prête pour les faire gagner, il n'est point juste d'accabler des personnes misérables qui empruntent pour vivre. Je suis, Monsieur, de la partie avec vous, contre ceux qui s'émancipent de maltraiter les Peres en toute occasion, & particuliérement au sujet de leurs invectives contre l'usure. Le mépris des Peres poussé à outrance, rejaillit sur la Religion Chrétienne ; & si elle n'a jamais eu des Propagateurs véritablement pieux & éclairés, quelle opinion en doit-on avoir?

OBSTACLE

A la conversion des Mahométans.

Tome 5. page 481. Même Lettre.

LE Pere Michel Nau, qui a été au Levant & s'est attaché à instruire ceux qui ont à convertir les Mahométans, a rapporté de bonnes choses tirées de leurs livres, dont on peut se servir pour leur rendre le Christianisme recommandable. Mais le principal est de leur ôter l'opinion qu'ils ont de nous, que nous multiplions la divinité. Et il seroit à souhaiter que des Chrétiens mal instruits, & même quelquefois d'habiles gens, mais d'un esprit à prendre un peu le travers, ne donnassent pas dans une maniere de Trithéisme. On le voit par des passages de quelques Remontrans, & par le livre de M. l'Abbé Faydit contre les Scolastiques, qui m'a paru incomparablement plus embrouillé que les Scolastiques mêmes, qui s'attachent à conserver le grand point de l'unité de Dieu ; sans parler de la controverse qui s'éleva en Angleterre il y a quelques années, où des hommes savans montrerent du zele contre quelques dogmes qui sentoient un peu le Trithéisme.

SENTIMENS DES CHINOIS
Sur Dieu & les Esprits (*).

Tome 4. premiere Partie, page 170.

§. I.

ON peut douter d'abord si les Chinois reconnoissent, ou ont reconnu des substances spirituelles. Mais après y avoir bien pensé, je juge qu'oui, quoi-

(*) Ces réflexions de Leibnitz sont tirées d'une très-grande Lettre à M. Remond. La matiere y est traitée avec cette finesse de critique & cette force de raisonnement, que notre Auteur mettoit dans toutes les discussions de cette nature ; son sentiment est favorable aux anciens Chinois, & même à la secte des Lettrés. Il les défend contre l'accusation d'Athéisme & de Matérialisme dont ils sont si fortement chargés. Le P. de Sainte Marie & le P. Longobardi, qu'il réfute dans cette lettre, avoient

qu'ils n'aient peut-être point reconnu ces substances comme séparées, & tout-à-fait hors de la matiere. Il n'y auroit point de mal en cela à l'égard des esprits créés, car je panche moi-même à croire que les Anges ont des corps, ce qui a été aussi le sentiment de plusieurs Peres de l'Eglise. Je suis d'avis aussi que l'ame raisonnable n'est jamais dépouillée entiérement de tout corps. Mais à l'égard de Dieu, il se peut que le sentiment de quelques Chinois a été de lui donner aussi un corps, de considérer Dieu comme l'ame du monde, & de le joindre à la matiere, comme ont fait les anciens Philosophes de la Grece & de l'Asie. Cependant, en faisant voir que les plus anciens Auteurs de la Chine attribuent au *ly*, ou premier principe, la production même du *ki* ou de la matiere, on n'a point besoin de les reprendre, & il suffit de les expliquer. On pourra persuader plus aisément à leurs Disciples que Dieu est *Intelligentia supramundana*, & au-dessus de la

---

écrit l'un & l'autre pour appuyer cette accusation. Le premier étoit un Franciscain, & le second un Jésuite, Supérieur général des Missions de son Ordre dans la Chine, opposé sur le point dont il s'agit ici, au sentiment de la plupart de ses confreres.

matiere. Ainsi pour juger que les Chinois reconnoissent les substances spirituelles, on doit sur-tout considérer, (*page 171*), leur *ly* ou regle, qui est le premier auteur & la raison des autres choses, & que je crois répondre à notre divinité. Or il est impossible d'entendre cela d'une chose purement passive, brute & indifférente à tout, & par conséquent sans regle, comme est la matiere. La regle, par exemple, ne vient pas de la cire, mais de celui qui la forme. Leurs esprits aussi, qu'ils attribuent aux élémens, aux fleuves, aux montagnes, sont ou la puissance de Dieu qui y paroît, ou peut-être, au sentiment de quelques-uns d'entr'eux, des substances spirituelles particulieres, douées de la force d'agir & de quelque connoissance, quoiqu'ils leur attribuent des corps subtils & aëriens, comme les anciens Philosophes & les Peres en donnoient aux Génies ou aux Anges. C'est pourquoi les Chinois ressemblent à ces Chrétiens, qui croyoient que certains Anges gouvernent les élémens & les autres grands corps; ce qui seroit une erreur apparemment, mais qui ne renverseroit point le Christianisme.

Dans le regne des Scolastiques on n'a point condamné ceux qui croyoient, avec Aristote, que certaines Intelligences gouvernoient les spheres célestes. Et ceux qui parmi les Chinois croient que leurs ancêtres & leurs grands hommes sont parmi ces Esprits, s'approchent assez de l'expression de Notre-Seigneur, qui insinue que les Bienheureux doivent être semblables aux Anges de Dieu. Il est donc bon de considérer que ceux qui donnent des corps aux Génies ou Anges, ne nient point pour cela les substances spirituelles créées; car ils accordent des ames raisonnables à ces Génies doués de corps, comme les hommes en ont, mais des ames plus parfaites, comme leurs corps sont plus parfaits aussi. Ainsi le Pere Longobardi, & le Pere Sabbatini, cité par le premier, ne doivent point conclure, de ce qu'il paroît que les Chinois donnent des corps à leurs Esprits, qu'ils ne reconnoissent point de substances spirituelles.

§. II.

COMME la Chine est un grand Empire, qui ne cede point en étendue à l'Europe cultivée, & la surpasse par le nombre des habitans, & en bonne police; & comme il y a dans la Chine une morale extérieure admirable à certains égards, jointe à une doctrine philosophique, ou bien à une Théologie naturelle, vénérable par son antiquité, établie & autorisée depuis trois mille ans ou environ, long-temps avant la Philosophie des Grecs, laquelle est pourtant la premiere dont le reste de la terre ait des Ouvrages, nos saints Livres toujours exceptés; ce seroit une grande imprudence & présomption à nous autres nouveaux venus après eux & sortis à peine de la barbarie, de vouloir condamner une doctrine si ancienne, parce qu'elle ne paroît point s'accorder d'abord avec nos notions scolastiques ordinaires. Et d'ailleurs il n'y a point d'apparence qu'on puisse détruire cette doctrine sans une grande révolution. Ainsi il est raisonnable de voir si on ne pourra pas lui donner un bon sens....

§. III.

Je crains que le Pere Longobardi, déjà prévenu contre la doctrine Chinoise, noife, n'ait été ébloui lui-même par les difcours de certains Mandarins athées, qui fe font moqués de ceux qui vouloient tirer des conféquences de la doctrine de leurs ancêtres, pour établir la Divinité, la Providence & le refte de la Religion naturelle. Il ne faut point fe fier aux interprétations de ces gens-là, qui font manifeftement forcées, non plus qu'à un Athée d'Europe, qui s'efforceroit de prouver par des paffages ramaffés mal à propos de Salomon, & d'autres Auteurs facrés, qu'il n'y a point de récompenfe ni de châtiment après cette vie. Et fi par malheur l'Athéifme prévaloit en Europe, & y devenoit la doctrine commune des plus favans Lettrés, comme il y a eu un temps où l'Averroïfme prévalut quafi parmi les Philofophes de l'Italie ; les Miffionnaires envoyés en Europe par les Sages de la Chine, & étudiant nos anciens Livres, auroient raifon de s'oppofer au torrent des fentimens de ces Lettrés, & de fe moquer de leurs moqueries....

§. IV.

Le Pere de Sainte-Marie rapporte,

(*page 191*), ces paroles de Confucius: « O les rares vertus & les grandes perfections de ces Esprits célestes! Y a-t-il quelque vertu supérieure à la leur? On ne les voit pas; mais ce qu'ils font, les manifeste. On ne les entend pas; mais les merveilles qu'ils ne cessent d'opérer, parlent assez. » Le même Confucius dit: « que nous ne pouvons pas concevoir de quelle façon les Esprits sont si intimement unis à nous; ainsi nous ne pouvons avoir trop d'empressement à les honorer, à les servir & à leur offrir des sacrifices. Car, quoique leurs opérations soient secretes & invisibles, leurs bienfaits ne laissent pas d'être visibles, effectifs & réels. » Il y a grande apparence que ces expressions si approchantes des grandes vérités de notre Religion, sont parvenues aux Chinois par la tradition des anciens Patriarches. Le Pere de Sainte-Marie n'y oppose que des Interpretes qu'on appelle classiques, mais qui sont bien postérieurs.... Et leur autorité, quand il s'agit du véritable sens des anciens Textes, ne sauroit être plus grande que celle d'un Accursius ou d'un Bartolus, quand il s'agit d'expliquer le sens de l'*Edictum perpetuum* de l'ancienne Jurisprudence Romaine, qu'on trouve aujourd'hui bien & très-souvent éloigné de celui de ces Glossateurs. Il en est de même de plusieurs interprétations attribuées à Aristote par les Arabes & les Scolastiques, qui sont tout-à-fait contraires au sentiment de cet Auteur, & au véritable sens que les anciens Interpretes Grecs lui donnoient, & que des modernes ont trouvé. Et je crois moi-même avoir montré ce que c'est que l'*Entéléchie*, que les Scolastiques n'ont guere connue.

Ainsi l'autorité que les Peres Longobardi & de Sainte-Marie donnent aux Chinois modernes, n'est qu'un préjugé d'école. Ils ont jugé de l'Ecole Chinoise postérieure, comme l'Ecole postérieure Européenne, (dont ils étoient préoccupés), voudroit qu'on jugeât d'elle, c'est-à-dire, qu'on jugeât du texte des Lois divines & humaines, & des anciens Auteurs, selon son interprétation ou sa glose, défaut assez répandu parmi les Philosophes, les Jurisconsultes, les Moralistes ou les Théologiens, sans parler des Médecins, qui

P ij

n'ayant presque plus d'école fixe, ni même de langage réglé, sont allés jusqu'à mépriser les Anciens, & se sont tellement affranchis du joug, qu'ils sont tombés dans la licence, puisqu'ils n'ont presque plus rien d'établi au-delà de quelques expériences ou observations, qui même bien souvent ne sont pas trop assurées. De sorte qu'il semble que la Médecine auroit besoin d'être rebâtie tout de nouveau par des communications autorisées de quelques excellens hommes dont elle ne manque point, qui rétabliroient un langage commun, sépareroient l'incertain du certain, fixeroient les degrés du vraisemblable, & découvriroient une méthode certaine pour l'accroissement de la science; mais cela soit dit en passant. Le peu d'autorité des Glossateurs fait que je m'étonne que de très-habiles Théologiens de notre temps, qui préferent la doctrine des anciens Peres de l'Eglise aux sentimens des modernes, dans la Théologie spéculative aussi-bien que dans la morale, prétendent juger de la Théologie des Chinois plutôt par les modernes que par les anciens. On ne le doit point trouver étrange dans un Pere Longobardi, ou dans un Pere de Sainte-Marie, qui donnoient apparemment dans les sentimens de l'Ecole Théologique & Philosophique vulgaire; mais il me semble que parmi des savans Théologiens, qui s'opposent aux Jésuites sur cette matiere de la doctrine Chinoise, il y en a qui en devroient juger tout autrement....

§. V.

Le Pere de Sainte-Marie, après avoir rapporté le beau passage de Confucius marqué ci-dessus, prétend que ce même Auteur, continuant son discours, découvre jusqu'où va son erreur grossiere sur cela. Car il dit, (selon ce Pere), « que les Esprits s'unissent & s'incor- » porent réellement avec les choses, » dont ils ne peuvent se séparer, qu'ils » ne soient totalement détruits. »... Je dis d'abord que je suis porté à croire que ce ne sont pas les doctrines expresses de Confucius, mais des sentimens qu'on lui prête sur les interprétations des modernes. Car les paroles expresses qu'on rapporte de lui, ne souffrent point ce sens, à moins qu'on ne veuille soutenir qu'il n'a parlé que pour tromper les Lecteurs simples, sous le voile de Religion, mais que son vrai sentiment est celui des Athées. Imputation où l'on ne doit venir que sur de bonnes preuves, & dont je n'ai vu aucun fondement jusqu'ici que les interprétations sourdes des modernes, qu'ils n'oseroient peut être avouer assez nettement dans des Ouvrages publics. Si Confucius avoit ce sentiment des Esprits, il n'en jugeroit pas plus avantageusement que notre École commune juge des ames des bêtes, qu'elle croit périr avec la bête : mais cela étant ainsi, que seroit-ce que ces rares vertus & grandes perfections, ces merveilleuses opérations, ces grands bienfaits, dignes de notre reconnoissance & de notre culte, qu'il attribue à ces Esprits & Génies célestes?

De plus, Confucius & les Anciens donnent des Esprits ou des Génies assistans à plusieurs choses, qui ne sont point susceptibles d'une telle incorporation, par exemple, aux Hommes, aux Villes, aux Provinces. Quelle apparence aussi de s'imaginer une incorporation de l'Esprit avec sa montagne, ou avec sa riviere ; ou même de l'Esprit des quatre saisons avec les saisons mêmes ; de l'Esprit du chaud & du froid avec ces qualités ? Ainsi il faut dire, ou que ces anciens Chinois se moquoient des gens, & ne cherchoient qu'à les tromper, ce qu'il ne faut point leur imputer sans preuve ; ou qu'ils croyoient des Esprits subalternes, ministres de la Divinité, gouvernant les choses de leur département ; ou enfin qu'ils honoroient sous leur nom la vertu divine répandue par-tout, comme quelques anciens Grecs & Latins ont prétendu, que sous les noms de plusieurs Dieux on n'adoroit qu'une seule Divinité....

§. VI.

Le Xu-king, livre originaire & des plus anciens, selon le Pere Longobardi, raconte, au rapport de ce même Pere, que les Chinois, dès le temps de Jao & de Kun, qui sont les Fondateurs de l'Empire, ont adoré les Esprits, & que quatre sortes de sacrifices se faisoient à quatre sortes d'Esprits. Le premier sacrifice se faisoit au Ciel, & tout ensemble à son Esprit. Le second se faisoit à l'Esprit des six principales causes, c'est-à-dire des quatre saisons

P iv

de l'année, du Chaud, du Froid, du Soleil, de la Lune, des Etoiles, de la Pluie & de la Sécheresse. Le troisieme se faisoit aux Esprits des Montagnes & des grandes Rivieres. Et le quatrieme se faisoit aux Esprits des choses moins considérables de l'Univers, & aux Hommes illustres de la République. Et le même Pere Longobardi remarque que le texte dit qu'il y a différens Esprits qui président aux Montagnes, aux Rivieres & aux autres choses de ce bas-monde ; mais les Interpretes expliquent cela des causes naturelles, ou des qualités qu'elles ont pour produire certains effets.

Ces Interpretes ont raison, s'ils n'approuvent point qu'on s'imagine, avec le peuple ignorant de l'Antiquité, que Jupiter, ou un certain Génie de l'air, lance la foudre ; qu'il y a certains Barbons assis dans ces montagnes & dans les creux de la terre, qui versent les rivieres de leurs urnes ; s'ils croient que tout cela arrive naturellement par les qualités de la matiere. Mais ils n'ont point raison, s'ils croient que les Anciens ont voulu faire adorer ces choses brutes ; & s'ils réduisent à cette même condition d'un amas de qualités brutes, le premier Principe & le Gouverneur du Ciel, ou plutôt le Gouverneur de l'Univers ; puisque les merveilles des choses particulieres qui ne connoissent point ce qu'elles font, ne sauroient venir que de la sagesse du premier Principe. Ainsi il faut croire, ou que les anciens Sages de la Chine ont cru que certains Génies, comme Ministres du suprême Seigneur du Ciel & de la Terre, présidoient aux choses inférieures ; ou qu'ils ont voulu adorer le grand Dieu encore dans les vertus des choses particulieres, sous le nom des Esprits de ces choses, pour donner dans l'imagination des peuples ; & que c'est ainsi qu'ils ont cru que tout étoit un, c'est-à-dire que la vertu d'un grand Principe unique paroissoit par-tout dans les merveilles des choses particulieres ; que l'Esprit des Saisons, l'Esprit des Montagnes, l'Esprit des Rivieres étoit ce même Xangti qui gouverne le Ciel.

Ce sentiment est le plus vrai. Cependant l'autre admettant des Génies présidant aux choses naturelles, aux globes célestes, aux élémens, &c. n'est pas tout-à-fait intolérable, & ne

P v

détruit pas le Christianisme, comme j'ai déjà remarqué ci-dessus. Mais s'il est aisé d'enseigner & de faire recevoir aux Chinois ce qui est le plus véritable, par une interprétation raisonnable de cet axiome, que le tout se réduit à la vertu d'un ; c'est-à-dire, que les vertus de toutes les créatures inanimées ne marquent point leur sagesse, mais celle de l'Auteur des choses, & ne font qu'une suite naturelle des forces que le premier principe y a mis. Faisant pourtant comprendre, suivant la véritable Philosophie découverte de nos jours, que des substances animées sont répandues par-tout, qu'elles n'ont pourtant lieu que là où il y a des organes qui ont du rapport à la perception ; que ces substances animées ont leurs ames ou leurs esprits propres comme l'homme ; qu'il y en a une infinité au-dessous, mais aussi une infinité au-dessus de l'ame ou de l'esprit de l'homme ; que ceux qui sont au-dessus s'appellent Anges & Génies ; qu'il y en a qui servent plus particuliérement le souverain Esprit, étant plus disposés à entendre sa volonté & à s'y conformer ; que les ames des personnes vertueufes leur font affociées, & qu'on peut leur accorder des honneurs, mais qui ne dérogent point à ce qu'on doit à la fubftance fuprême.

Ainfi on peut encore fatisfaire aux Interpretes Chinois modernes, en leur applaudiffant, lorfqu'ils réduifent aux caufes naturelles le gouvernement du Ciel & d'autres chofes, & s'éloignent de l'ignorance du peuple, qui y cherche des miracles furnaturels, ou plutôt fur-corporels, & des Efprits, comme *Deus ex machina*; & on les éclairera davantage là-deffus en leur faifant connoître les nouvelles découvertes de l'Europe, qui rendent des raifons prefque mathématiques de plufieurs grandes merveilles de la Nature, & font connoître les véritables fyftêmes du macrocofme & du microcofme. Mais il faut leur faire reconnoître en même temps, comme la raifon le demande, que ces caufes naturelles qui font leur office fi exactement à point nommé pour produire tant de merveilles, ne le fauroient faire, fi elles n'étoient des machines préparées pour cela, & formées par la fageffe & par la puiffance de la substance suprême, qu'on peut appeller *ly* avec eux.....

§. VII.

(*P. 198.*) L'Auteur d'une Philosophie Chinoise, cité par le P. Longobardi, veut qu'on cherche une proportion ou connexion entre l'esprit à qui on sacrifie, & celui qui sacrifie; que c'est pour cela que l'Empereur doit sacrifier au Roi d'enhaut ou au Seigneur du Ciel; que les Princes & Ducs sacrifient aux Esprits protecteurs des cinq genres de vie; qu'on sacrifie à Confucius dans les Ecoles des Universités : & que ce rapport fait encore que chacun doit sacrifier à ses ancêtres.... C'est dans le même esprit que Confucius dit (au rapport du Pere de Sainte-Marie :) « Sacrifier à l'Esprit qui
» n'est pas de ton état & de ta condi-
» tion, en un mot, qui n'est pas pro-
» pre pour toi, c'est une flatterie té-
» méraire & infructueuse; la justice &
» la raison y répugnent ». Et selon l'exposition de Chum-Kolao, il n'appartient qu'à l'Empereur de sacrifier au Ciel & à la Terre; il appartient aux Héros du Royaume de sacrifier aux

montagnes & aux eaux ; il appartient aux Hommes illustres de sacrifier aux Esprits ; le reste du Peuple a le droit & la liberté de sacrifier aux ancêtres. Et la Somme Philosophique dit : Les ames cherchent les Esprits de même qualité, & avec lesquels elles ont plus de rapport. Par exemple, si un Paysan s'adressoit à l'Esprit d'un homme de condition, dans le même instant il seroit rebuté, & cet esprit n'opéreroit rien : au contraire, si quelqu'un invoque un Esprit proportionné à son état, il est assuré qu'il touchera l'Esprit, & le portera à le favoriser. Et le Pere de Sainte-Marie ajoute, que pour cette raison les seuls Lettrés sacrifient à Confucius, & que c'est de cette maniere qu'on doit entendre ce que le Pere Martinez avoit exposé à Rome en 1656, que le Temple, ou, comme il l'appelloit, la Salle de Confucius est fermée à tout le monde, hors aux Lettrés. Le même Pere remarque que les Soldats Chinois honorent un ancien & illustre Capitaine Taik-ung ; les Médecins une espece d'Esculape ; & les Orfevres un ancien Alchimiste, qu'ils nomment Su-hoang.

Ce Pere entre encore dans un plus grand détail. Selon lui, les Chinois attribuent au très-haut Xangti, & à tous les autres Esprits le gouvernement du monde; au premier, comme au souverain Seigneur, qui habite le Ciel comme son Palais, & aux Esprits comme à ses Ministres, chacun commandant dans le poste qu'on lui a confié; les uns placés dans le soleil, la lune, les étoiles, les nuées, les tonnerres, les grêles, les tempêtes & les pluies; les autres dans la terre, sur les montagnes, les étangs, les fleuves, les moissons, les fruits, les forêts & les herbes; d'autres parmi les hommes & les animaux; plusieurs dans les maisons, aux portes, dans les puits, dans les cuisines, dans les fourneaux, & même dans les lieux les plus immondes; d'autres à la Guerre, aux Sciences, à la Médecine, à l'Agriculture, à la Navigation, à tous les Arts mécaniques. Chaque Chinois prend pour son Patron un Esprit, qu'il prie, qu'il invoque, & qu'il tâche de se rendre favorable par des sacrifices. Ils rendent à leurs ancêtres les mêmes devoirs qu'aux Esprits familiers & domestiques;

ils traitent les autres morts, d'Esprits étrangers. Pour Confucius & ses Disciples les plus renommés, ils les prient comme des Esprits qui président aux Ecoles & aux Sciences. La Glose du Pere, est que les Chinois sont comme les Stoïciens qui se figuroient un Dieu matériel & corporel, répandu dans tout l'univers, pour l'animer, & pour le gouverner avec d'autres Dieux inférieurs & subalternes. Mais je ne vois rien qui nous empêche d'y trouver un Dieu spirituel, Auteur de la matiere même, montrant sa sagesse & sa puissance dans les choses brutes, & servi par des Esprits intelligens qui ressemblent à nos Anges & à nos ames ; & on peut dire que le Peuple parmi eux, comme parmi les Païens, multiplie ces Esprits particuliers outre mesure & besoin; au lieu que les Sages se contentent du suprême Esprit, & de ses Ministres en général, sans leur assigner des départemens fixes.

§. VIII.

Je ne veux point examiner jusqu'à quel point le culte des Chinois pourroit être blâmé ou excusé ; je veux seulement faire recherche de leur doctrine : & il me paroît (à joindre tout ensemble) que l'intention de leurs Sages a été d'honorer le *ly* ou la suprême raison, qui se fait voir & opere par-tout, soit immédiatement dans les choses brutes, soit par des Esprits inférieurs, comme ses Ministres, auxquels les ames vertueuses sont associées : & les mêmes Sages ont voulu qu'on donnât son attention aux objets dans lesquels la suprême Sagesse paroît plus particuliérement, & que chacun eût égard pour cela aux objets les plus convenables à son état, selon le réglement des lois : l'Empereur aura égard au Ciel & à la Terre ; les grands Seigneurs aux grands Corps qui ont leur influence sur la production des alimens, comme les élémens, les fleuves, les montagnes ; les Lettrés aux Esprits des grands Philosophes & Législateurs ; & chacun aux ames vertueuses de sa famille.

SENTIMENS DES CHINOIS

Sur l'immortalité de l'ame, les peines & les récompenses après l'autre vie.

Tome 4. pag. 205, 206.

LE sentiment des Chinois sur l'immortalité de l'ame sera plus éclairci, quand on reconnoîtra que vraisemblablement, selon l'ancienne doctrine chinoise, les ames reçoivent des récompenses & des châtimens après cette vie. Il est vrai que la secte des Lettrés ne parle ni du paradis ni de l'enfer, & le Docteur Michel, Chinois Chrétien, l'avoua en soupirant & en louant la secte de Foë, qui propose l'un & l'autre. Il paroît aussi que les Chinois modernes, qui veulent passer pour les plus éclairés, se moquent quand on leur parle de l'autre vie. Mais peut-être ne s'en moqueront-ils pas toujours, quand ils considéreront que cette suprême Substance, qui selon eux-mêmes est la source de la sagesse & de la justice, ne doit pas agir moins parfaitement sur les esprits & les ames qu'elle produit, qu'un Roi sage dans son royaume agit sur des sujets, qu'il ne produit pas selon son inclination, & qu'il lui est plus difficile de gouverner, puisqu'ils ne dépendent pas de lui absolument. Ainsi cette monarchie des esprits sous ce grand Maître ne doit pas être moins réglée qu'un empire des hommes, & par conséquent il faut que les vertus soient récompensées & les vices punis sous ce gouvernement; ce qui n'arrive pas assez dans cette vie. C'est aussi ce que les anciens Chinois ont insinué. Nous avons déjà remarqué qu'ils mettent un Empereur sage & vertueux à côté de Xangti; qu'ils considerent les ames des grands hommes comme des Anges incarnés. Le P. de Sainte-Marie cite le Xi-King, qui est un des principaux Livres des Lettrés, où ils font mention de quelques-uns de leurs anciens Rois qui après leur mort monterent au ciel, pour éclairer & pour aider (je crois qu'on doit traduire pour assister & pour servir) ce Roi très-haut Xangti, & pour s'asseoir à sa droite & à sa gauche. Et il est dit dans le même Livre, que les Rois montant de la terre au ciel, & descendant du ciel en terre, peuvent favoriser & secourir le royaume, en qualité de patrons & de protecteurs.

Le culte des ancêtres & des grands hommes institué par les anciens Chinois, peut bien avoir pour but de marquer la gratitude des vivans, vertu chérie & récompensée du ciel, & pour exciter les hommes à faire des actions qui les rendent dignes de la reconnoissance de la postérité. Cependant les anciens en parlent, comme si les esprits des vertueux ancêtres, environnés d'un rayon de gloire à la Cour du Monarque de l'Univers, étoient capables de procurer du bien & du mal à leurs descendans; & il paroît au moins par-là qu'ils les ont conçus comme subsistans. Il est bon de voir comment ils se sont expliqués. Au rapport du P. de Sainte-Marie, Confucius fait l'Empereur Xum auteur du culte des ancêtres. Cet Empereur, selon la Chronologie Royale, (un des Livres classiques) appellée Tung-kien, c'est-à-dire, Histoire universelle, a été le cinquieme après la fondation de la Monarchie. Confucius l'en loue extrêmement, & attribue la prospérité de l'Empire à ce culte, audit endroit, & il propose les anciens Rois en cela pour modeles à la postérité. Il dit aussi vers la fin de ce chapitre, que celui qui sauroit parfaitement ce que le culte du Ciel & de la Terre renferme en soi, & la juste raison qu'il y a de sacrifier à ses ancêtres, pourroit se promettre une paisible prospérité & un sage gouvernement dans tout le royaume, avec autant de certitude que s'il les tenoit dans sa main. Il est vrai que les Chinois Lettrés ne parlent ni d'enfer, ni de purgatoire: mais il se peut que quelques-uns d'entr'eux croient ou ont cru autrefois, que les ames errantes qui rodent par-ci par-là, à travers des montagnes & des forêts, sont dans une espece de purgatoire. Nous avons déjà parlé de ces ames errantes; & sans faire trop de comparaison entre les sentimens des Chrétiens & des païens, on peut dire qu'il se trouve quelque chose d'approchant dans la Vie de Saint Conrad, Evêque de Constance, publiée dans le tome second de mon Recueil, où l'on rapporte, que lui & son ami Saint Udalric trouverent des ames en forme d'oiseaux, condamnées aux cataractes du Rhin, qu'ils délivrerent par leurs prieres. Peut-être aussi que, selon quelques-uns de ces Chinois Lettrés, anciens ou modernes, les ames punissables deviennent des esprits destinés à des bas offices, à garder les portes, la cuisine, les fourneaux, jusqu'à ce qu'ils ayent expié leurs crimes. Nous sommes trop peu instruits de la doctrine de ces Lettrés pour entrer dans le détail de leurs sentimens.

MORALE.

Principe de la Société.

Nouveaux Essais sur l'Entendement humain ;
page 232.

Monsieur Hobbes prétendoit que l'homme n'étoit pas fait pour la société, & qu'il y a été seulement forcé par la nécessité & par la méchanceté de ceux de son espece. Mais il ne considéroit point que les meilleurs hommes, exempts de toute méchanceté, s'uniroient pour mieux obtenir leur but, comme les oiseaux s'attroupent pour mieux voyager en compagnie; & comme les castors se joignent par centaines pour faire de grandes digues, où un petit nombre de ces animaux ne pourroit réussir ; & ces digues leur sont nécessaires, pour faire par ce moyen des réservoirs d'eau ou de petits lacs, dans lesquels ils bâtissent leurs cabanes & pêchent des poissons dont ils se nourrissent. C'est-là le fondement de la société des animaux qui y sont propres, & nullement la crainte de leurs semblables, qui ne se trouve guere chez les bêtes.

LA FIN, L'OBJET ET LA CAUSE
DU DROIT NATUREL.

Monita quædam ad Puffendorfii principia Gerh. Molano directa, Tome 4. part. 3. page 277 (*).

§. I. Vous voulez qu'en faveur d'un de vos amis, je vous dise mon sentiment sur le traité des *devoirs de l'homme & du citoyen*, composé par Samuel Puffendorf, homme de son vivant très-célebre par son mérite. J'ai jetté les yeux sur cet Ouvrage que je n'avois pas consulté depuis long-temps, & j'ai remarqué de grands défauts dans les principes. Cependant comme la plupart des pensées qu'on trouve dans la suite de l'ouvrage, n'ont gueres de liaison avec les principes, & n'en sont pas déduites comme de leurs causes, mais plutôt empruntées d'ailleurs

---

(*) Cette Lettre a été traduite en François par M. Barbeyrac, & imprimée à la la suite du Traité des Devoirs de l'Homme & du Citoyen, par Puffendorf. Nous avons profité de cette traduction, en supprimant les notes critiques qui l'accompagnent.

& tirées de divers endroits de bons Auteurs, rien n'empêche que ce petit Livre ne contienne quantité de bonnes choses, & ne puisse tenir lieu d'un Abrégé du Droit naturel, pour ceux qui se contentant d'une légere teinture, n'aspirent pas à une science solide, tels que sont un très-grand nombre d'auditeurs.

§. II. Je souhaiterois néanmoins qu'on eût quelque Ouvrage plus solide & plus fort, où l'on trouvât des définitions lumineuses & fécondes; où les conclusions fussent tirées de bons principes par une suite non interrompue; où les fondemens de toutes les actions & de toutes les exceptions naturellement valides, fussent établis avec ordre; où enfin l'on n'oubliât rien de ce qu'il faut pour mettre ceux qui commencent à étudier le droit naturel, en état de suppléer par eux-mêmes ce qui peut avoir été omis, & de décider par regles & par principes les questions qui se présentent; car c'est ce qu'on doit attendre d'un systême complet & régulier.

§. III. On auroit pu se promettre quelque chose de semblable du jugement

ment exquis & de l'érudition immense de l'incomparable Grotius, ou du génie profond d'Hobbes, si le premier n'avoit eu bien des distractions qui l'ont empêché de faire là-dessus tout ce dont il étoit capable, & si l'autre n'eût posé de mauvais principes, qu'il a suivis trop constamment. Selden auroit pu aussi nous donner quelque chose de meilleur & de plus complet, que ce qu'on enseigne ordinairement, s'il eût voulu faire usage de son esprit & de son savoir avec plus d'application.

§. IV. Il seroit aussi fort utile de faire entrer dans un systême de droit naturel, les lois paralleles du droit civil reçu parmi les hommes, sur-tout du droit civil des Romains, & même du droit divin. Les Théologiens & les Jurisconsultes pourroient ainsi plus aisément faire usage du droit naturel, au lieu que de la maniere dont on enseigne cette science, elle consiste plus en théorie qu'en pratique; on ne l'applique guere aux affaires de la vie.

§. V. Cependant, puisque nous n'avons point d'ouvrage tel que devroit être, selon ce que je viens de dire, un bon système de droit naturel, & que l'Abrégé de Puffendorf est en ce genre le Livre le plus connu parmi nous : il est bon, à mon avis, de donner du moins quelques avis aux lecteurs ou aux auditeurs, sur-tout au sujet des principes dont on pourroit le plus abuser. Ce qu'il y a ici de plus considérable, c'est que l'Auteur semble n'avoir pas bien établi *la fin* & *l'objet* du droit naturel, ni sa cause efficiente.

§. VI. L'Auteur dit formellement que la fin de la science du droit naturel est renfermée dans les bornes de cette vie ; & comme il a bien vu qu'on pourroit lui objecter, que l'immortalité de l'ame se prouve par des raisons naturelles, & qu'ainsi les conséquences qui en résultent par rapport à l'observation du droit & de la justice, appartiennent à la science du droit connu par les lumieres de la raison naturelle, il répond au même endroit, qu'à la vérité l'homme soupire ardemment après l'immortalité, & ne peut envisager sans horreur la destruction de son être ; d'où vient que la plupart des Païens mêmes ont cru que l'ame subsiste après sa séparation d'avec le corps, & qu'alors les gens de bien sont récompensés, & les méchans punis; mais que cependant il n'y a que la parole de Dieu qui nous fournisse sur cet article des lumieres & des assurances capables de produire une pleine & entiere persuasion : voilà ce que dit l'Auteur. Mais quand il seroit aussi vrai qu'il est faux, que les lumieres naturelles ne nous fournissent pas une démonstration parfaite de l'immortalité de l'ame; il suffiroit toujours à un homme sage, que les preuves tirées de la raison ont du moins un grand poids, & assez de force pour donner aux gens de bien une grande espérance d'une autre vie meilleure que celle-ci, & pour inspirer aux méchans une juste crainte d'une très-grande punition après cette vie. Car quand il s'agit d'un grand mal, on doit chercher à s'en garantir lors même qu'il n'y a pas un grand sujet de le craindre ; & à plus forte raison, s'il est fort vraisemblable qu'on y sera exposé. Il ne faut mépriser ni la raison tirée du consentement de presque toutes les nations sur cet article, ni celle qui est prise du désir naturel de l'immortalité. Mais un argument solide, & qui se présente à tout le monde, (pour ne rien dire maintenant d'autres plus subtils) c'est celui que nous fournit la connoissance même de la Divinité, principe que notre Auteur admet avec raison, & qu'il pose pour un des fondemens du droit naturel. Car on ne sauroit douter que le Conducteur souverain de l'Univers, qui est très-sage & très-puissant, n'ait résolu de récompenser les gens de bien & de punir les méchans, & qu'il n'exécute ce dessein dans une vie à venir, puisqu'on voit manifestement que dans cette vie il laisse la plupart des crimes impunis, & la plupart des bonnes actions sans récompense. Négliger donc ici la considération d'une autre vie, qui a une liaison inséparable avec la Providence divine, & se contenter d'un plus bas degré de droit naturel, qui peut avoir lieu même par rapport à un Athée, (de quoi j'ai traité ailleurs) c'est priver cette science de la plus belle de ses parties, & détruire en même temps plusieurs devoirs de la vie. En effet, pourquoi est-ce qu'on s'exposeroit à perdre ses biens, ses honneurs, ou sa vie même en faveur des personnes qui nous sont cheres, ou pour le bien de la patrie ou de l'Etat, ou pour le maintien du droit & de la justice, quand on peut s'accommoder, & vivre dans les honneurs & dans l'opulence aux dépens de la prospérité d'autrui ? car ne seroit-ce pas une haute folie de préférer des biens réels & solides au simple désir d'immortaliser son nom après sa mort, c'est-à-dire, de faire parler de soi dans un temps où l'on n'en retire aucun avantage ? La science du droit naturel, expliquée selon les principes du Christianisme, (comme a fait Praschius) & même selon les principes des vrais Philosophes, est trop sublime & trop parfaite, pour mesurer tout aux avantages de cette vie présente. Bien plus : si l'on n'est né avec de telles dispositions, & si l'on n'a été élevé d'une telle maniere, que l'on trouve un grand plaisir dans la vertu, & un grand déplaisir dans les vices, bonheur que tout le monde n'a pas; il n'y aura rien qui soit capable de détourner d'un grand crime, lorsqu'on pourra, en le commettant, acquérir impunément de grands biens :

Que l'on puisse espérer de n'être pas découvert, on profanera les choses les plus sacrées. Mais personne n'échappera à la vengeance divine, qui s'étend jusqu'à une autre vie après celle-ci; & c'est une bonne raison pour faire comprendre aux hommes, qu'il est de leur intérêt de pratiquer tout ce dont le droit leur impose l'obligation.

§. VII. Il ne faut donc pas non plus admettre ce que l'Auteur insinue, que les actes internes de l'ame, qui ne se manifestent point au-dehors, ne sont pas du ressort de la science du droit naturel. Pour avoir tronqué *la fin* du droit naturel, il s'est ainsi engagé manifestement à resserrer trop son *objet*. Car après avoir dit, sur la fin du §. VIII. que les maximes du droit naturel s'appliquent uniquement au tribunal humain, qui ne s'étend pas au-delà de cette vie; il ajoute au commencement du paragraphe suivant, que le tribunal humain connoît seulement des actions extérieures de l'homme: qu'il ne sauroit pénétrer les actes internes, qu'autant qu'ils se manifestent par quelque effet ou par quelque signe extérieur; & qu'ainsi il ne s'en met pas fort en peine. Tout ce qui eſt au-delà, l'Auteur le rapporte à la Théologie Morale, dont le principe eſt la révélation & qui eſt celle qui forme le Chrétien. Il ajoute ici, qu'en matiere de pluſieurs choſes on applique mal-à-propos les maximes du droit naturel au tribunal divin, dont les regles ſont principalement du reſſort de la Théologie. C'eſt pourquoi, dit-il dans le paragraphe ſuivant, la Théologie Morale ne ſe contente pas de régler en quelque façon les mœurs de l'homme, autant que le demande l'honnêteté extérieure; (comme ſi cela ſuffiſoit à ceux qui enſeignent la Philoſophie Morale ou le droit naturel) mais elle travaille ſur-tout à régler le cœur, & à faire en ſorte que tous ſes mouvemens ſoient exactement conformes à la volonté de Dieu. Elle condamne même les actions qui paroiſſant au-dehors les plus régulieres & les plus belles, partent d'un mauvais principe, ou d'une conſcience impure. Il n'appartient donc, ſelon notre Auteur, qu'aux ſeuls Théologiens de traiter de tout cela. Cependant on voit que non-ſeulement les Philoſophes Chrétiens, mais encore les anciens Païens en ont fait la matiere de leurs préceptes; de forte que la Philofophie même Païenne eft ici & plus fage, & plus févere, & plus fublime que celle de notre Auteur. Je m'étonne que malgré toutes les lumieres de notre fiecle, cet homme célebre ait pu laiffer échapper des chofes auffi abfurdes que paradoxes.

§. VIII. Les Platoniciens, les Stoïciens & les Poëtes même, enfeignoient qu'il faut imiter les Dieux; qu'on doit leur offrir un cœur pénétré de fentimens de juftice & d'honnêteté. Ce n'eft pas à un Philofophe, mais à un Jurifconfulte borné à l'étude des Lois civiles, que Cicéron attribue de fe contenter de l'extérieur, lorfqu'il dit que les Lois ne fe mettent en peine que de ce qui eft palpable; au lieu que les Philofophes confiderent encore ce qui ne fe découvre que par les lumieres d'une raifon pénétrante. Les Chrétiens laifferont-ils donc fi fort dégénérer la Philofophie, qui a été fi fainte & fi noble entre les mains des Païens? Plufieurs Auteurs de l'antiquité fe font plaint qu'Ariftote étoit trop relâché; mais il s'eft élevé beaucoup plus haut que ne fait notre Auteur, & les Ecoles ont eu raison de le suivre ici. Car la Philosophie d'Aristote renferme très-bien toutes les vertus dans l'idée de la *Justice universelle*. Nous sommes certainement obligés, non-seulement par rapport à nous-mêmes, mais encore par rapport à la société, & sur-tout eu égard à celle que nous avons avec Dieu par la loi naturelle écrite dans nos cœurs, de remplir nos esprits de connoissances véritables, & de diriger constamment nos volontés à ce qui est droit & bon.

§. IX. L'Auteur reconnoît que le ferment a beaucoup de force dans le droit naturel; cependant je ne vois pas quel lieu il peut avoir dans cette science, si elle ne se met point en peine de l'intérieur.

§. X. C'est pourquoi ceux qui ont le pouvoir de diriger l'instruction des autres, sont obligés, par le droit naturel, à leur faire goûter de bons préceptes, & à les mettre en état de contracter une habitude de vertu, qui, comme une autre nature, détermine leurs volontés aux choses honnêtes. C'est le meilleur moyen de rendre les enseignemens efficaces; car, comme Aristote l'a très-bien remarqué, les mœurs ont plus de force que les Lois. Il peut bien arriver, quoiqu'avec peine, que l'espérance ou la crainte fassent assez d'impression pour empêcher que de mauvaises pensées ne portent à nuire à autrui; mais ces motifs seuls ne porteront jamais à faire du bien à personne. Ainsi un homme qui aura le cœur mal disposé, péchera du moins en ne faisant pas ce qu'il doit faire. C'est donc une supposition dangereuse, ou du moins peu vraisemblable, que celle que fait ici notre Auteur, d'un cœur mauvais, qui produit au dehors des actions entiérement innocentes.

§. XI. J'avoue que quelques Savans, en cela louables, ont corrigé cette opinion dure & censurable, quoiqu'ils suivent d'ailleurs la doctrine de l'Auteur; car ils rapportent ici à la *Philosophie morale*, ou à la *Théologie naturelle* ce qu'ils mettent, comme lui, hors de la sphere du droit naturel, savoir la considération des actes internes. Mais on ne sauroit nier qu'en matiere même des actes internes il n'y ait naturellement quelque droit & quelque obligation; des péchés commis contre Dieu, & des actions bonnes devant lui seul. Où est-ce donc, je vous prie, qu'on traitera de ces choses-là, qui sont certainement des articles du droit & de la justice naturelle, si ce n'est dans la science du droit naturel? à moins qu'on ne veuille imaginer quelqu'autre jurisprudence universelle, qui renferme les regles du droit naturel & par rapport aux hommes, & par rapport à Dieu, ce qui seroit manifestement vain & superflu.

§. XII. Bien plus: dans la science du droit, si l'on veut donner une idée pleine de la justice humaine, il faut la tirer de la justice divine, comme de sa source. L'idée du juste, aussi-bien que celle du vrai & du bon, convient certainement à Dieu, & lui convient même plus qu'aux hommes, puisqu'il est la regle de tout ce qui est juste, vrai & bon. La justice divine & la justice humaine ont des regles communes, qui peuvent sans doute être réduites en système; & elles doivent être enseignées dans la jurisprudence universelle, dont les préceptes entreront aussi dans la Théologie naturelle. Nous ne saurions donc approuver ceux qui refferrent mal-à-propos l'étendue du droit naturel; quoique cette erreur ne foit pas dangereufe, lorfqu'on réferve à une autre partie de la Philofophie la confidération de la probité intérieure, & qu'on ne fait pas regarder cet article comme appartenant uniquement à une fcience révélée.

§. XIII. Voilà pour la fin & l'objet du droit naturel. Faifons voir maintenant que l'Auteur n'a pas bien établi la *caufe efficiente* de ce droit. Il la cherche, non pas dans la nature même des chofes, & dans les maximes de la droite raifon qui y font conformes, & qui émanent de l'entendement divin; mais, (ce qui eft furprenant, & qui paroît contradictoire), dans la volonté d'un Supérieur. Il définit le devoir, *une action humaine, exactement conforme aux Lois qui nous en impofent l'obligation*. Et il définit enfuite la loi, *une volonté d'un Supérieur, par laquelle il impofe à ceux qui dépendent de lui, l'obligation d'agir d'une certaine maniere qu'il leur prefcrit.* Cela pofé, perfonne ne fera ce qu'il doit, de fon propre mouvement, ou plutôt il n'y aura point de devoir lorſqu'il n'y aura point de Supérieur qui impoſe la néceſſité de le pratiquer. Il n'y aura non plus aucun devoir entre ceux qui n'ont point de Supérieur. Et puiſque, ſelon l'Auteur, l'idée du devoir & celle d'un acte preſcrit par la juſtice, ſont auſſi étendues l'une que l'autre, toute la juriſprudence naturelle étant renfermée dans ſon ſyſtême des devoirs, il s'en ſuivra de-là que tout droit eſt preſcrit par un Supérieur. Ce ſont-là des paradoxes qui ont été avancés & ſoutenus principalement par Hobbes, qui ſemble détruire toute juſtice obligatoire dans l'état de nature, comme il l'appelle, c'eſt-à-dire, entre ceux qui n'ont point de Supérieur. Eſt-ce donc qu'un Souverain, qui agit en tyran avec ſes ſujets, qui les pille, les maltraite, leur fait ſouffrir des tourmens, & la mort même, ſans autre raiſon que ſes paſſions ou ſon caprice, ou qui déclare la guerre ſans ſujet à une autre puiſſance, n'agit pas en tout cela contre la juſtice?

§. XIV. De-là vient auſſi que quelques Savans, perſuadés par notre Auteur, n'admettent point de *droit des gens volontaire* ; par cette raiſon entre autres, que les peuples ne peuvent point établir de droit par leurs conventions réciproques, n'y ayant point de Supérieur qui rende l'obligation valide : raison qui prouve trop, puisque, si elle étoit bonne, il s'ensuivroit que les hommes ne peuvent pas non plus établir un Supérieur par leurs conventions ; ce qu'ils peuvent néanmoins, selon Hobbes même.

§. XV. Il semble, à la vérité, qu'on puisse remédier en quelque maniere aux conséquences dangereuses de cette doctrine, en considérant Dieu comme le Supérieur de tous les hommes ; ce que notre Auteur fait aussi de temps en temps. Sur ce pied-là quelqu'un dira que l'opinion, dont il s'agit, n'est mauvaise qu'en apparence, puisqu'elle se corrige elle-même, & qu'elle porte avec soi le remede ; ne pouvant y avoir d'état dans lequel les hommes soient indépendans de tout Supérieur, quoiqu'on puisse, dans un systême de science, feindre un tel état par maniere d'hypothese. Tous les hommes sont naturellement sous l'empire de Dieu ; ainsi ils peuvent, par leurs conventions, se donner un Maître ; & les peuples aussi peuvent établir entr'eux un droit commun par leur consentement réciproque, y ayant un Dieu qui donne à ces conventions toute la force nécessaire. Il est très-vrai que Dieu est par sa nature Supérieur de tous les hommes. Cependant cette pensée, que tout droit naît de la volonté du Supérieur, ne laisse pas de choquer & d'être fausse, quelque adoucissement qu'on apporte pour l'excuser. Car, pour ne pas dire ici ce que Grotius a judicieusement remarqué, qu'il y auroit quelque obligation naturelle, quand même on accorderoit, (ce qui ne se peut), qu'il n'y a point de divinité, ou en faisant abstraction pour un moment de son existence ; puisque le soin de la conservation & de l'avantage propre de chacun demanderoit sans contredit qu'on fît bien des choses envers autrui, (comme Hobbes l'a remarqué en partie, & comme il paroît par l'exemple d'une société de Brigands, qui, en même temps qu'ils se déclarent ennemis de tous les autres hommes, sont contraints d'observer entr'eux quelques devoirs; quoique, comme je l'ai dit ci-dessus, le droit qui naît de cela seul, soit fort imparfait). Pour laisser, dis-je, à part tout cela, il faut savoir qu'on loue Dieu même de ce qu'il est juste, & qu'ainsi il y a en Dieu de la justice, ou plutôt une souveraine justice, quoiqu'il ne reconnoisse aucun Supérieur, & que par le penchant de sa nature excellente il agisse toujours comme il faut, en sorte que personne ne sauroit se plaindre de lui raisonnablement. Et la regle de ses actions, ou la nature même du juste, ne dépend pas d'une libre détermination de sa volonté, mais des vérités éternelles, qui font l'objet de l'entendement divin, & qui sont établies, pour ainsi dire, par son essence divine. De sorte que c'est avec raison que les Théologiens ont critiqué notre Auteur sur ce qu'il a avancé le contraire; apparemment pour n'avoir pas apperçu les mauvaises conséquences de son principe. Car la justice ne sera pas un attribut essentiel à Dieu, s'il a fait lui-même le droit & la justice par une volonté arbitraire. La justice suit certaines regles d'égalité & de proportion, qui ne sont pas moins fondées dans la nature immuable des choses, & dans les idées de l'entendement divin, que les principes de l'Arithmétique & de la Géométrie. On ne peut donc pas plus soutenir que la justice ou la bonté dépendent de la volonté divine, qu'on ne peut dire que la vérité en dépend aussi : paradoxe inoui, qui est échappé à Descartes ; comme si la raison pourquoi un triangle a trois côtés, ou pourquoi deux choses contradictoires sont incompatibles, ou enfin pourquoi Dieu lui-même existe, c'étoit parce que Dieu l'a ainsi voulu. Exemple remarquable, qui prouve que les grands hommes peuvent tomber dans de grandes erreurs. Il s'ensuivroit encore de-là, que Dieu peut sans injustice condamner un innocent, puisque, dans cette supposition, il pourroit par sa volonté rendre une telle chose juste. Ceux à qui il est échappé d'avancer de telles choses, n'ont pas distingué entre la justice & l'*indépendance*. Dieu est *indépendant* à cause de son pouvoir souverain sur toutes choses, qui fait qu'il ne sauroit ni être contraint, ni être puni, ni être sujet à rendre raison de sa conduite ; mais, à cause de sa *justice*, il agit de telle maniere, que tout être sage ne peut qu'approuver sa conduite, & ce qui est le plus haut point de perfection, qu'il en est content lui-même.

§. XVI. Ce que nous venons de dire est d'un grand usage par rapport à la pratique de la véritable piété. Car il ne suffit pas d'être soumis à Dieu, comme on obéiroit à un tyran; & il ne faut pas seulement le craindre à cause de sa grandeur, mais encore l'aimer à cause de sa bonté; ce sont des maximes de la droite raison, aussi bien que des préceptes de l'Ecriture. Et c'est à quoi menent les bons principes de jurisprudence, qui s'accordent aussi avec la saine Théologie, & qui portent à une véritable vertu. Bien loin que ceux qui font de bonnes actions, non par un motif d'espérance ou de crainte de la part d'un Supérieur, mais par l'effet du penchant de leur cœur, n'agissent pas justement; ce sont eux au contraire qui agissent le plus justement, puisqu'ils imitent en quelque maniere la justice de Dieu. Car, quand on fait du bien pour l'amour de Dieu ou du prochain, on trouve du plaisir dans son action même, (telle étant la nature de l'amour). On n'a pas besoin d'autre aiguillon, ou du commandement d'un Supérieur.

C'eſt d'une telle perſonne qu'il eſt dit que la loi n'eſt pas faite pour le juſte. Tant il eſt contraire à la raiſon de dire, que la loi ſeule, ou la ſeule contrainte faſſe le juſte. Il faut avouer pourtant que ceux qui ne ſont pas parvenus à ce point de perfection, ne ſont ſuſceptibles d'obligation que par l'eſpérance ou la crainte ; & que c'eſt ſur-tout dans l'attente de la vengeance divine qu'on trouve une néceſſité pleine & entiere, & qui ait de la force par rapport à tous les hommes, d'obſerver les regles de la juſtice & de l'équité.

§. XVII. Il paroît par ce que nous avons dit, combien il importe à la Jeuneſſe, & même à l'Etat, d'établir de meilleurs principes de la ſcience du droit, que ceux que donne l'Auteur. Il ſe trompe auſſi, lorſqu'il dit que, ſi quelqu'un ne reconnoît point de Supérieur, perſonne n'a droit de lui impoſer la néceſſité d'agir d'une certaine maniere, comme ſi la nature même des choſes, & le ſoin de notre propre bonheur & de notre conſervation, n'exigeoit pas de nous certaines choſes. La raiſon auſſi nous en preſcrit pluſieurs auxquelles nous ſommes obligés, pour suivre la direction du meilleur principe de notre nature, & pour ne pas nous attirer du mal, ou nous priver de quelque bien. Toutes ces maximes de la raison, si elles ont en même temps quelque rapport aux autres hommes, intéressés à ce que nous les suivions, appartiennent alors à la justice. Je n'ignore pas que quelques Auteurs prennent le mot de *devoir* dans un sens plus étendu, pour tout acte de vertu, sans excepter ceux à la pratique desquels aucune autre personne n'a intérêt, ou dans la considération desquels on fait abstraction de cet intérêt d'autrui : & en ce sens, on peut dire que la force & la tempérance entrant dans l'étendue de notre *devoir*, qu'il est de notre devoir, par exemple, d'avoir soin de notre santé, puisqu'on blâme avec raison ceux qui ne le font pas. Cependant je ne rejette pas la maniere dont notre Auteur emploie le mot de *Devoir*, en le restreignant à ce que demande le Droit.

§. XVIII. Mais, j'ai pour justifier cet usage, une raison peu connue de l'Auteur ; c'est que, dans la société générale de tous les hommes, sous le gouvernement de Dieu, toute vertu, comme nous l'avons dit plus d'une fois, est renfermée dans les obligations de la Justice universelle. Ainsi ce ne sont pas seulement les actions extérieures, mais encore toutes nos affections, qui sont dirigées par la Régie très-certaine du Droit : & une bonne Philosophie sur le Droit, a égard non-seulement à la tranquillité humaine, mais encore à l'amitié divine, dont la possession nous promet une félicité durable. Nous ne sommes pas nés pour nous seulement ; mais les autres hommes peuvent prétendre à une partie de nous-mêmes, & Dieu a droit sur nous tout entiers.

§. XIX. L'Auteur, tout pénétrant qu'il étoit, est tombé dans une contradiction, dont je ne vois pas qu'on puisse aisément le justifier. Car il fonde toute l'obligation du Droit sur la volonté d'un Supérieur, comme il paroît par les passages que j'ai cités : & cependant il dit peu après, qu'un Supérieur doit avoir non-seulement des forces suffisantes pour contraindre à lui obéir, mais encore de *justes raisons* de prétendre quelque pouvoir sur nous;

donc la justice des raisons est antérieure à l'établissement du Supérieur. Si, pour découvrir l'origine du Droit, il faut trouver un Supérieur, & si d'un autre côté, l'autorité du Supérieur doit être fondée sur des raisons tirées du Droit, voilà le cercle le plus manifeste où l'on soit jamais tombé. Car d'où saura-t-on que les raisons sont justes, s'il n'y a encore aucun Supérieur, de qui seul on suppose que le Droit peut émaner? Il y auroit lieu d'être surpris qu'un Esprit pénétrant pût se contredire si fort lui-même, si l'on ne savoit qu'il arrive aisément à ceux qui soutiennent des paradoxes, d'oublier eux-mêmes leur opinion, le sens commun prenant le dessus.....

§. XX. En voilà assez pour montrer que l'Auteur n'a pas des principes certains, sur lesquels il puisse fonder de véritables raisons du Droit; parce qu'il s'est forgé à sa fantaisie des principes qui ne sauroient se soutenir par eux-mêmes. Au reste, j'ai traité ailleurs & des fondemens communs de toute sorte de Droit, sans en excepter celui qui vient de l'équité ; & des fondemens propres du Droit étroit, qui est celui aussi qui établit un Supérieur : & pour rassembler en un mot tout ce que j'ai dit, voici en général ce qu'il faut penser. La fin du Droit naturel, est le bien de ceux qui l'observent. L'objet de ce Droit est tout ce qu'il importe à autrui que nous fassions, & qui est en notre puissance. La *cause efficiente* est la lumiere de la raison éternelle, que Dieu a allumé dans nos esprits. Ces principes si clairs & si simples ont paru, à mon avis, trop faciles à quelques esprits subtils, qui, à cause de cela, ont inventé des paradoxes, dont la nouveauté les a flatté, & les a empêché de voir ni l'imperfection de ceux-ci, ni la fécondité des premiers. Voilà ce que j'ai cru devoir vous écrire, pour faire voir que l'Ouvrage de M. Puffendorf, quoiqu'il ne soit pas à méprifer, a besoin néanmoins d'un grand nombre de corrections dans ses principes. Je n'ai pas le loisir d'entrer maintenant dans les matieres particulieres.

PLAN D'UNE THÉOLOGIE
Naturelle : Néceffité de punir le pécheur.

Tome 6. page 84. Epift. ad Placcium.

IL y a déjà plufieurs années que j'ai fouvent & fortement penfé à une Théologie naturelle qui s'accorderoit parfaitement avec la raifon, & qui ne dérogeroit en rien à la Religion révélée & à la gloire divine. Je puis même dire après avoir bien fupputé, que l'exécution n'eft point au-deffus de mes forces. On doit confidérer Dieu fous deux points de vue, *phyfiquement* & *moralement : phyfiquement*, comme la derniere raifon des chofes, quant à toutes les perfections qu'elles contiennent : *moralement*, comme le Monarque d'une République parfaite, telle qu'eft, fi je puis parler de la forte, la cité de tous les efprits de l'univers. Cela pofé, la Théologie pratique n'eft autre chofe que la Jurifprudence de la République univerfelle, dont Dieu eft le fouverain Directeur, en tant qu'elle comprend

comprend nos devoirs dans cette République. C'est par là qu'on dénoue ce nœud si compliqué de la prédestination, & qui a fait enfanter tant de systêmes. Ce dénouement consiste à dire que Dieu ne permettroit pas le péché ou le mal, si le mal ne devoit pas donner lieu à un plus grand bien. Il faut encore regarder comme certain, que personne n'est damné que par soi-même, & ne persévere même dans l'état de misere que par sa volonté propre. On pourroit dire encore, ce me semble, beaucoup d'autres choses excellentes qui n'ont point été assez remarquées ou assez développées par les Théologiens, & qui ne sont pourtant point contraires à la saine Théologie reçue parmi nous. Les Sociniens ont tort de ne vouloir admettre en Dieu ni satisfaction, ni vengeance: je pense, au contraire, qu'outre la correction du pécheur, & l'exemple qui sert à préserver les autres, on peut & on doit considérer dans la punition, ce qu'exige la raison de l'harmonie universelle, qui ne seroit pas complette si Dieu ne faisoit éclater enfin une juste vengeance. Ainsi je crois que dans la république de l'univers, aucune bonne œuvre n'eſt ſans récompenſe, & aucun péché ſans châtiment. Si donc on ôte à la colere ſon imperfection qui conſiſte dans l'obſcurciſſement de la raiſon & le ſentiment de douleur qui l'accompagne, & qu'on y laiſſe ſeulement la volonté de punir, rien n'empêche qu'on ne l'attribue à Dieu, à l'exemple de l'Ecriture ſainte. Obſervons ſoigneuſement que le péché n'eſt un mal que pour celui qui le commet, & non point pour Dieu & pour l'univers, à cauſe de la correction dont il eſt ſuivi, & qui donne naiſſance à un plus grand bien. En général, toutes les paſſions, excepté celles qui renferment en elles-mêmes quelque choſe de mauvais, comme l'envie que les Anciens donnoient ſi ridiculement à leurs Dieux, ſi on les prend pour des inclinations raiſonnables, & qu'on en écarte le trouble des ſens, peuvent être attribuées à Dieu. Rien n'empêcheroit pourtant, qu'en parlant de la Divinité, on n'uſât dans la ſuite d'expreſſions plus propres & plus châtiées.

DIEU LÉGISLATEUR.

Tome 5. p. 389. Epist. ad Bierlingium.

Monsieur Thomasius prétend que si l'on conçoit Dieu comme un Législateur qui condamne à des peines les infracteurs de ses Lois, on doit en même temps reconnoître qu'antécédemment à la volonté divine, il n'y a point d'actes moralement bons ou moralement mauvais. Cette conséquence me paroît souffrir quelque difficulté. Dieu sans doute peut être considéré comme un Législateur, mais non pas comme un Législateur despotique ; parce que les Lois qu'il porte sont conformes au Droit naturel, & par la nature même des choses, conformes à la souveraine sagesse ; & n'y a-t-il pas des péchés que Dieu, s'il écoute les conseils de cette même sagesse, ne peut laisser impunis ? tels sont, par exemple, le blasphême & tant d'autres crimes. Dieu est donc, par rapport à cette sorte d'actes, Docteur en même temps & Législateur : car il ne peut pas ne pas enseigner ce qui est conforme à l'ordre, puisque c'est lui qui allume en nous le flambeau de la raison ; & il ne peut pas ne pas destiner des peines aux créatures qui troublent l'ordre, puisqu'il gouverne tout avec une parfaite sagesse. Il y a plus : tous les péchés & toutes les bonnes œuvres, considérées sur-tout dans l'ordre de la vie future, sont tels que les premiers sont à eux-mêmes leur châtiment, & les secondes à elles-mêmes leur récompense : quand on feroit donc abstraction des autres récompenses & des peines qu'on conçoit que Dieu décerne à la maniere des Législateurs humains, il n'est pourtant pas moins Législateur, non-seulement à raison des Lois de la Grace, mais encore à raison des Lois de la Nature, qu'il a porté avec une si grande sagesse, que le méchant est *heautontimorumenos*. Il n'importe, au reste, qu'un Législateur punisse par un premier ou par un nouveau décret. Par exemple, si un Prince avoit fait creuser autour de son parc des fossés pleins d'eau, disposés de maniere que tous ceux qui entreprendroient d'enlever des bêtes fauves, tombaſſent dedans, & qu'il eût par ce moyen prévenu toute procédure criminelle contre eux, ne ſeroit-il pas toujours cenſé, & même plus ſurement & à plus juſte titre les punir, que s'il avoit ordonné que tous les voleurs, après avoir été découverts & pris, ſeroient précipités dans les mêmes foſſés, & qu'il eût fait prononcer contre chacun d'eux une nouvelle Sentence ?

EFFETS DE L'AMOUR DE DIEU,
Et moyen de l'accroître.

Tome 5. page 75. Epiſt. ad P. Grimaldum, Societatis Jeſu.

JE ſais qu'il faut aller par degrés, quand il s'agit de perſuader les hommes, & qu'il n'eſt pas facile de convaincre de la vérité de la Religion chrétienne des hommes à qui notre hiſtoire ſacrée & profane n'eſt pas aſſez connue & aſſez démontrée. Cependant la bonté de Dieu eſt ſi grande, que ceux même à qui la révélation n'a point été propoſée, ſont aidés d'un autre genre de grace qui ne leur manque jamais, pourvu que la bonne volonté ne leur manque pas à eux-mêmes; car excités par la contemplation de la nature, & secourus intérieurement d'enhaut, ils peuvent aimer au-dessus de tout, celui qu'ils conçoivent, en beauté & en perfection supérieur à tout, jusqu'à ce qu'enfin leur ame étant ainsi préparée, Dieu y verse la lumiere de la foi. Il faut donc s'efforcer d'exciter dans les cœurs l'amour de Dieu, sur lequel Notre-Seigneur a tant insisté, & que la raison elle-même nous recommande. Mais il est certain d'un autre côté, que personne ne peut être aimé, si sa beauté reste toujours voilée à nos regards, & que la puissance & la sagesse, qui font éclater à nos yeux la beauté de la suprême Intelligence, autant que celle-ci est à notre portée, ne peuvent mieux nous être révélées que par la connoissance des merveilles qui sont son ouvrage.

D'où il résulte qu'il y auroit *trois choses à faire pour augmenter en nous la lumiere naturelle de la Divinité;* 1°. former une notice complette des merveilles qui ont été déjà découvertes;

2°. travailler à en découvrir un plus grand nombre; 3°. rapporter toutes les découvertes passées & futures à la louange du Maître suprême de l'Univers, & à l'accroissement de l'amour divin, qui ne sauroit être sincere en nous, sans renfermer aussi la charité envers les hommes. Si nous étions assez heureux pour qu'un grand Monarque voulût un jour prendre à cœur ces trois points, on avanceroit plus en dix ans pour la gloire de Dieu & le bonheur du genre humain, qu'on ne fera autrement en plusieurs siecles.

―――――

MOYENS D'ÉMOUVOIR
l'imagination; & avantages qu'on en peut tirer pour le salut.

Tome 6. p. 307. Observationes Leibnitzianæ.

Il est constant que les Martyrs n'ont soutenu les tourmens les plus cruels, que parce qu'ils avoient l'imagination remplie de la félicité future. C'est qu'en général, il nous est impossible de résister à la douleur & au plaisir, si nous ne leur opposons leurs contraires. Le sage devroit donc imprimer fortement dans son ame la beauté de la vie future, c'est-à-dire, la beauté de Dieu, ce qui entraîne avec soi l'amour de Dieu & de l'harmonie universelle. Si cette beauté étoit une fois bien profondément gravée dans son imagination, s'il goûtoit, en la contemplant, une douceur toujours nouvelle, si elle étoit toujours présente à ses yeux, il en résulteroit 1°. que toutes ses actions seroient dirigées vers la fin derniere; 2°. que l'amour de Dieu seroit en lui à l'épreuve de tous les tourmens, ensorte que renfermé dans le taureau de Phalaris, la béatitude future seroit l'unique objet de ses pensées, & qu'à travers les pierres dont il seroit accablé, il imagineroit voir les Cieux qui lui sont ouverts, comme Saint Etienne. Un homme qui pourroit en venir là, seroit supérieur à toutes les forces humaines ; & l'art de s'étourdir & de perdre le sentiment au milieu des supplices, ne lui seroit pas nécessaire.

Il entreroit donc dans le plan d'une république, de travailler par toute sorte de moyens, & même dès l'enfance, à fortifier l'imagination & à la remplir des délices de la vie future, & non-seulement l'imagination des ignorans, mais encore celle des sages. On ne doit point craindre d'employer même à l'égard des derniers, la Poésie, les Allégories, les Fables, les Spectacles, les peintures, parce que tous les moyens qui conduisent à une fin si excellente, ne peuvent qu'être convenables, & que personne d'ailleurs n'a plus besoin de ceux-ci que les sages qui étant ordinairement les moins passionnés des hommes, ont aussi l'imagination moins forte, & par-là sont moins capables de résister à la douleur : jusque-là que je ne doute point qu'une simple femme Japonoise imbue seulement de quelques idées sur la vie future, peut-être encore absurdes, témoignera plus de constance dans les tourmens que le plus profond Théologien de l'Europe. Cette imagination jointe à l'assentiment, qui est dans la foi ce que Saint Thomas appelle affection pieuse, emporte aussi avec elle l'amour de Dieu au-dessus de toute chose, la contrition parfaite, & par conséquent la certitude du salut.

R v

On rendra l'imagination forte par le secours des peintures & des sons. Les autres sens plus grossiers ne rendent pas les objets avec autant de détail ou autant d'énergie que les yeux & les oreilles.... Les paroles sont des sons destinés sur-tout à réveiller la mémoire des peintures ou des objets dont on a été frappé. Voilà pourquoi les paroles mises en vers & en chansons ont pour émouvoir une force incroyable ; & je ne doute pas que la magie du chant ne puisse aller jusqu'à mettre un homme en fureur, l'assoupir, le réveiller, l'enflammer, en tirer des ris ou des larmes, enfin exciter en lui toutes les passions ; & j'observe que les derniers Réformateurs de la Religion (*) ont bien connu cette vérité. C'est à la faveur des chansons, qu'ils ont inspiré leurs sentimens au peuple dans toute la France & l'Allemagne. Pour mieux juger quelle influence prodigieuse elles ont eu dans leur succès, remarquez qu'encore aujourd'hui le peuple ne se lasse point de les chanter, & les chante avec l'émotion la plus douce ; qu'il n'est presque pas un ouvrier, une fileuse pour

(*) Il veut parler de Luther & de Calvin.

qui elles ne soient encore un adoucissement à leurs travaux & un charme à leurs ennuis. De là je conclus que les Poëtes rendroient le plus grand service à la république, s'ils travailloient de toutes leurs forces à graver dans les esprits & à peindre des plus vives couleurs la félicité éternelle. Hélas, les chansons & les pieces dramatiques sont ordinairement consacrées à la célébration des vices : les chansons galantes passent même communément pour être les plus élégantes de toutes. Ne mériteroit-on pas infiniment plus du genre humain, si l'on s'appliquoit sur le théâtre à crayonner la beauté de la vie éternelle, & à peindre les horribles supplices des méchans ? Si les chansons peuvent donc répandre dans les cœurs une joie si délicieuse ; si le son des trompettes inspire aux soldats le mépris de la mort ; si toutes les passions enfin peuvent être remuées par les puissans ressorts de la musique, on pourroit donc en imprimant le plus fortement & le plus vivement qu'il seroit possible dans sa mémoire, les impressions reçues de la musique, parvenir à exciter à son gré toute sorte de sentimens dans soi-même, & goûter même la douceur qui accompagnent quelques-uns d'entr'eux. Les Sibarites avoient promis une récompense à celui qui inventeroit de nouveaux genres de plaisirs; pour moi je pense que la République Chrétienne ne sauroit en proposer une trop grande à celui qui feroit en sorte que le plus grand plaisir fût dans la piété.

AVANTAGE
De bien régler ses pensées.

Tome 6. pag. 328. Remarques de Leibnitz sur le Chevreana.

IL n'y a rien qui soit plus en notre pouvoir que nos propres pensées; & c'est pour cela même que nous en devons rendre compte, plus que de toute autre chose. C'est un paradoxe auprès des hommes, qui ont coutume de dire, *qu'on n'est point responsable des pensées*, mais cela ne se doit entendre que devant eux; & néanmoins les juges même ne punissent que les pensées dans les actions. Nous sommes faits pour penfer; il n'eſt point néceſſaire de vivre, mais il eſt néceſſaire de penſer, & nos penſées nous ſuivront au-delà de la mort. Il eſt vrai que nous penſerons éternellement, mais il n'eſt pas moins vrai que nos penſées futures ſont une conſéquence des penſées préſentes. Cette conſidération nous doit porter à rectifier & à perfectionner nos penſées préſentes autant qu'il eſt poſſible, non pas qu'il faille négliger d'agir; au contraire on ne penſe jamais mieux, que lorſqu'on penſe à ce qu'on fait. Cependant il y a certaines grandes & importantes penſées à régler, qui ſe répandent ſur toutes nos actions. On n'y ſauroit penſer avec trop d'attention, & c'eſt ce qu'on appelle la véritable Philoſophie. Il faut avouer que les hommes ont fait des progrès conſidérables depuis peu; mais il me ſemble qu'on s'eſt arrêté en beau chemin, quoiqu'il y ait aſſez d'ouvertures pour aller plus loin. Les anciens & les modernes, ſur-tout de notre ſiecle, ont fait pluſieurs réflexions grandes & belles; mais hors ce qu'Ariſtote avoit mis en ſyſtême, elles n'avoient pas aſſez d'enchaînement. Un excellent homme de ce siecle (Descartes) en a fait une nouvelle liaison avec ce qu'il y a ajouté du sien; mais une ambition démesurée de se faire chef de Secte, l'a porté à fermer cette chaîne, & à faire une maniere de clôture, qui est cause que ses Sectateurs ne font presque que tourner sur une même circonférence, & l'on peut juger que cette haie n'a pu se faire qu'aux dépens de la vérité.

LE PRÉSENT,
Plus fort que l'avenir.

Nouveaux Essais sur l'Entendement humain, page 51.

IL arrive tous les jours que les hommes agissent contre leurs connoissances en se les cachant à eux-mêmes, lorsqu'ils tournent l'esprit ailleurs pour suivre leurs passions. Sans cela nous ne verrions pas les gens manger & boire ce qu'ils savent devoir leur causer des maladies, & même la mort. Ils ne négligeroient pas leurs affaires; ils ne feroient pas ce que des nations entieres ont fait à certains égards. L'avenir & le raisonnement frappent rarement autant que le préfent & les fens. Cet Italien le favoit bien, qui devant être mis à la torture, fe propofa d'avoir continuellement le gibet en vue pendant les tourmens pour y réfifter, & on l'entendit dire quelquefois : *Io ti vedo*; ce qu'il expliqua enfuite quand il fut échappé. A moins de prendre une ferme réfolution d'envifager le vrai bien & le vrai mal, pour les fuivre ou les éviter, on fe trouve emporté, & il arrive encore par rapport aux befoins les plus importans de cette vie, ce qui arrive, par rapport au Paradis & à l'enfer, chez ceux-là même qui les croient le plus.

CONFLIT DES PASSIONS
Et des Démonftrations.

Nouveaux Effais fur l'Entendement humain,
page 52.

SI la Géométrie s'oppofoit autant à nos paffions & à nos intérêts préfens que la morale, nous ne la contefterions & ne la violerions gueres moins, malgré toutes les démonstrations d'Euclide & d'Archimede, qu'on traiteroit de rêveries & qu'on croiroit pleines de paralogismes; & Joseph Scaliger, Hobbes & d'autres, qui ont écrit contre Euclide & Archimede, ne se trouveroient point si peu accompagnés qu'ils le sont. Ce n'étoit que la passion de la gloire que ces Auteurs croyoient trouver dans la quadrature du cercle & d'autres problêmes difficiles, qui ait pu aveugler jusqu'à un tel point des personnes d'un si grand mérite. Et si d'autres avoient le même intérêt, ils en useroient de même.

VÉRITABLE PIÉTÉ.

Tome 6. p. 263. Septieme Lettre à Monsieur Thomas Burnet.

LES Ecclésiastiques capables de toucher & de pousser les hommes à la véritable piété, ne sauroient être assez estimés; cependant il faut user de discrétion dans les pratiques de dévotion. Dieu nous a mis dans le monde pour agir suivant sa volonté, & non pas pour lui faire des harangues & des complimens. J'estime véritablement pieux ceux qui ont de grands sentimens de la sagesse de Dieu, & qui ont de l'ardeur pour faire du bien, se conformant à sa volonté autant qu'il est en leur pouvoir. Rien ne sert plus à la solide dévotion que la véritable Philosophie, qui fait connoître & admirer les merveilles de Dieu, & qui en publie la gloire comme il faut. Car comment peut-on aimer Dieu & le glorifier sans en connoître la beauté? Mais le but de tout est la pratique des vertus morales pour le bien public, ou, ce qui est la même chose, pour la gloire de Dieu. Ainsi toute dévotion qui ne nous propose pas quelques vérités considérables sur les perfections & les ouvrages de Dieu, ou qui ne tend point à produire quelque bien, est une simple cérémonie, qui ne doit servir qu'à exciter les hommes à ce qu'il y a de réel dans la piété. Au lieu que beaucoup de dévots, contents de leurs façons, négligent le solide. Ainsi l'on voit qu'encore les Directeurs des ames & les dévots auroient besoin d'instruction & de réforme.

VERTU DÉSINTÉRESSÉE.

Tome 5. page 40. Jugement sur les Œuvres de Shaftsbury.

LA véritable vertu doit être désintéressée, c'est-à-dire, comme je l'interprete, qu'on doit être porté à trouver du plaisir dans l'exercice de la vertu, & du dégoût dans celui du vice; & cela devroit être le but de l'éducation...

C'est un dicton commun, que l'intérêt gouverne le monde; mais on a raison de dire que ce sont plutôt les passions. Le Duc de Rohan commence son livre politique par cette sentence, *que les Princes commandent aux Peuples, & que l'intérêt commande aux Princes.* Il seroit à souhaiter que cela fût vrai, car en ce cas on écouteroit mieux la raison. Mais la raison veut aussi, qu'outre l'intérêt mercenaire nous donnions beaucoup à notre satisfaction ; elle nous ordonne de tendre à la félicité, qui n'est autre chose que l'état d'une joie durable, & ce qui y va, est notre vrai intérêt.

A l'égard de ceux qui rapportent tout à eux-mêmes, & qui semblent opposés à ceux qui aiment leurs amis, leurs parens, leur patrie, leur état & même les hommes en général, je crois qu'à bien entendre les choses on peut les concilier, pourvu que les uns & les autres entendent raison. Notre bien est sans doute le principe des motifs; mais nous trouvons très-souvent non-seulement notre utilité, mais même notre plaisir dans le bien d'autrui; & dans le dernier cas, c'est proprement ce qu'on doit appeler l'amour désintéressé, comme je l'ai fait voir autrefois, en expliquant les principes de la Justice dans la Préface du Code diplomatique du Droit des Gens. Ainsi souvent la félicité d'autrui fait partie de la nôtre. Et l'on trouvera que la vertu, c'est-à-dire l'habitude d'agir raisonnablement, est ce qui fait, le plus qu'on se puisse promettre, un plaisir durable.

FONDEMENS ET NATURE
De la solide piété.

Théodicée : Préface.

ON a vu de tout temps que le commun des hommes a mis la dévotion dans les formalités. *La solide piété*, c'est-à-dire la lumiere & la vertu, n'a jamais été le partage du grand nombre. Il ne faut point s'en étonner, rien n'est si conforme à la foiblesse humaine; nous sommes frappés par l'extérieur, & l'interne demande une discussion, dont peu de gens se rendent capables. Comme la véritable piété consiste dans les sentimens & dans la pratique, *les formalités de dévotion* l'imitent, & sont de deux sortes; les unes reviennent aux *cérémonies de la pratique*, & les autres aux *formulaires de la croyance*. Les cérémonies ressemblent aux actions vertueuses, & les formulaires sont comme des ombres de la vérité, & approchent plus ou moins de la pure lumiere. Toutes ces formalités seroient louables, si ceux qui les ont inventées les avoient rendues propres à maintenir & à exprimer ce qu'elles imitent; si les cérémonies religieuses, la discipline ecclésiastique, les regles des Communautés, les Lois humaines, étoient toujours comme une haie à la loi divine, pour nous éloigner des approches du vice, nous accoutumer au bien, & pour nous rendre la vertu familiere. C'étoit le but de Moïse & d'autres bons Légiflateurs, des sages Fondateurs des Ordres Religieux, & sur-tout de Jesus-Christ, divin Fondateur de la Religion la plus pure & la plus éclairée. Il en est autant des *formulaires de créance;* ils feroient paffables, s'il n'y avoit rien qui ne fût conforme à la vérité falutaire, quand même toute la vérité dont il s'agit n'y feroit pas. Mais il n'arrive que trop souvent que la dévotion est étouffée par des façons, & que la lumiere divine est obscurcie par les opinions des hommes.

Les Païens qui rempliffoient la terre avant l'établiffement du Christianisme, n'avoient qu'une seule espece de formalités; ils avoient des cérémonies dans leur culte, mais ils ne connoiffoient point d'articles de foi, & n'avoient jamais songé à dresser des formulaires de leur Théologie dogmatique. Ils ne savoient point si leurs Dieux étoient de vrais personnages, ou des symboles des puissances naturelles, comme du Soleil, des Planetes, des Elémens. Leurs mysteres ne consistoient point dans des dogmes difficiles, mais dans de certaines pratiques secretes, où les profanes, c'est-à-dire ceux qui n'étoient point initiés, ne devoient jamais assister. Ces pratiques étoient bien souvent ridicules & absurdes, & il falloit les cacher pour les garantir du mépris. Les Païens avoient leurs superstitions, ils se vantoient de miracles ; tout étoit plein chez eux d'oracles, d'augures, de présages, de divinations ; les Prêtres inventoient des marques de la colere ou de la bonté des Dieux, dont ils prétendoient être les interpretes. Cela tendoit à gouverner les esprits par la crainte & par l'espérance des événemens humains ; mais le grand avenir d'une autre vie n'étoit gueres envisagé ; on ne se mettoit point en peine de donner aux hommes de véritables sentimens de Dieu & de l'ame.

De tous les anciens Peuples, on ne connoît que les Hébreux qui aient eu des dogmes publics de leur Religion. Abraham & Moïse ont établi la croyance d'un feul Dieu, fource de tout bien, auteur de toutes chofes. Les Hébreux en parlent d'une maniere très-digne de la fouveraine fubftance, & on eft furpris de voir des habitans d'un petit canton de la terre plus éclairés que le refte du genre humain. Les Sages d'autres nations en ont peut-être dit autant quelquefois; mais ils n'ont pas eu le bonheur de fe faire fuivre affez, & de faire paffer le dogme en loi. Cependant Moïfe n'avoit point fait entrer dans fes lois la doctrine de l'immortalité des ames; elle étoit conforme à fes fentimens, elle s'enfeignoit de main en main; mais elle n'étoit point autorifée d'une maniere populaire, jufqu'à ce que Jefus-Chrift leva le voile, & fans avoir la force en main, enfeigna avec toute la force d'un Légiflateur, que les ames immortelles paffent dans une autre vie, où elles doivent recevoir le falaire de leurs actions. Moïfe avoit déjà donné les belles idées de la grandeur & de la bonté de Dieu, dont beaucoup de nations civilisées conviennent aujourd'hui ; mais Jesus-Christ en établissoit toutes les conséquences, & il faisoit voir que la bonté & la justice divine éclatent parfaitement dans ce que Dieu prépare aux ames. Je n'entre point ici dans les autres points de la doctrine chrétienne, & je fais seulement voir comment J. C. acheva de faire passer la Religion naturelle en loi, & de lui donner l'autorité d'un dogme public. Il fit lui seul ce que tant de Philosophes avoient en vain tâché de faire ; & les Chrétiens ayant enfin eu le dessus dans l'Empire Romain, maître de la meilleure partie de la terre connue, la religion des Sages devint celle des Peuples. Mahomet depuis ne s'écarta point de ces grands dogmes de la Théologie naturelle ; ses Sectateurs les répandirent même parmi les nations les plus reculées de l'Asie & de l'Afrique, où le Christianisme n'avoit point été porté ; & ils abolirent en bien des pays les superstitions païennes, contraires à la véritable doctrine de l'unité de Dieu, & de l'immortalité des ames.

L'on voit que Jesus-Christ, achevant ce que Moïse avoit commencé, a voulu que

que la Divinité fût l'objet, non-seulement de notre crainte & de notre vénération, mais encore de notre amour & de notre tendresse. C'étoit rendre les hommes bienheureux par avance, & leur donner ici-bas un avant-goût de la félicité future. Car il n'y a rien de si agréable que d'aimer ce qui est digne d'amour. L'amour est cette affection qui nous fait trouver du plaisir dans les perfections de ce qu'on aime, & il n'y a rien de plus parfait que Dieu, ni rien de plus charmant. Pour l'aimer, il suffit d'en envisager les perfections; ce qui est aisé, parce que nous trouvons en nous leurs idées. Les perfections de Dieu sont celles de nos ames, mais il les possede sans bornes: il est un Océan, dont nous n'avons reçu que des gouttes: il y a en nous quelque puissance, quelque connoissance, quelque bonté; mais elles sont toutes entieres en Dieu. L'ordre, les proportions, l'harmonie nous enchantent; la Peinture & la Musique en sont des échantillons. Dieu est tout ordre, il garde toujours la justesse des proportions, il fait l'harmonie universelle;

Tome I. S

toute la beauté est un épanchement de ses rayons.

Il s'ensuit manifestement que la véritable piété, & même la véritable félicité, consiste dans l'amour de Dieu, mais dans un amour éclairé, dont l'ardeur soit accompagnée de lumiere. Cette espece d'amour fait naître ce plaisir dans les bonnes actions qui donne du relief à la vertu; & rapportant tout à Dieu, comme au centre, transporte l'humain au divin. Car en faisant son devoir, en obéissant à la raison, on remplit les ordres de la suprême raison; on dirige toutes ses intentions au bien commun, qui n'est point différent de la gloire de Dieu; l'on trouve qu'il n'y a point de plus grand intérêt particulier que d'épouser celui du général, & on se satisfait soi-même en se plaisant à procurer les vrais avantages des hommes. Qu'on réussisse ou qu'on ne réussisse pas, on est content de ce qui arrive, quand on est résigné à la volonté de Dieu, & quand on sait que ce qu'il veut est le meilleur; mais avant qu'il déclare sa volonté par l'événement, on tâche de la rencontrer, en faisant ce qui paroît le plus conforme à ses ordres. Quand nous sommes dans cette situation d'esprit, nous ne sommes point rebutés par les mauvais succès; nous n'avons du regret que de nos fautes, & les ingratitudes des hommes ne nous font point relâcher de l'exercice de notre humeur bienfaisante. Notre charité est humble & pleine de modération, elle n'affecte point de régenter; également attentifs à nos défauts & aux talens d'autrui, nous sommes portés à critiquer nos actions, & à excuser & redresser celles des autres; c'est pour nous perfectionner nous-mêmes, & pour ne faire tort à personne. Il n'y a point de piété où il n'y a point de charité; & sans être officieux & bienfaisant, on ne sauroit faire voir une dévotion sincere.

Le bon naturel, l'éducation avantageuse, la fréquentation des personnes pieuses & vertueuses, peuvent contribuer beaucoup à mettre les ames dans cette belle assiette; mais ce qui les y attache le plus, ce sont les bons principes. Je l'ai déjà dit, il faut joindre la lumiere à l'ardeur, il faut que les perfections de l'entendement donnent l'accomplissement à celles de la volonté. Les pratiques de la vertu, aussi bien que celles du vice, peuvent être l'effet d'une simple habitude; on y peut prendre goût; mais quand la vertu est raisonnable, quand elle se rapporte à Dieu, qui est la suprême raison des choses, elle est fondée en connoissance. On ne sauroit aimer Dieu, sans en connoître les perfections, & cette connoissance renferme *les principes* de la véritable piété. *Le but de la vraie Religion* doit être de les imprimer dans les ames; mais je ne sais comment il est arrivé bien souvent que les hommes, que les Docteurs de la Religion se sont fort écartés de ce but. Contre l'intention de notre divin Maître, la dévotion a été ramenée aux cérémonies, & la doctrine a été chargée de formules. Bien souvent ces cérémonies n'ont pas été bien propres à entretenir l'exercice de la vertu, & les formules quelquefois n'ont pas été bien lumineuses. Le croiroit-on? Des Chrétiens se sont imaginé de pouvoir être dévots sans aimer leur prochain, & pieux sans aimer Dieu; ou bien on a cru pouvoir aimer son prochain sans le servir, & pouvoir aimer Dieu sans le connoître. Plusieurs siecles se sont écoulés, sans que le Public se soit bien apperçu de ce défaut; & il y a encore de grands restes du regne des ténebres. On voit quelquefois des gens qui parlent fort de la piété, de la dévotion, de la Religion, qui sont même occupés à les enseigner; & on ne les trouve guere bien instruits sur les perfections divines. Ils conçoivent mal la bonté & la justice du Souverain de l'Univers; ils se figurent un Dieu, qui ne mérite point d'être imité, ni d'être aimé. C'est ce qui m'a paru de dangereuse conséquence, puisqu'il importe extrêmement que la source même de la piété ne soit point infectée. Les anciennes erreurs de ceux qui ont accusé la Divinité, ou qui en ont fait un principe mauvais, ont été renouvellées quelquefois de nos jours; on a eu recours à la puissance irrésistible de Dieu, quand il s'agissoit plutôt de faire voir sa bonté suprême; & on a employé un pouvoir despotique, lorsqu'on devoit concevoir une puissance réglée par la plus parfaite sagesse. J'ai remarqué que ces sentimens, capables de faire du tort, étoient appuyés particuliérement sur des notions embarrassées, qu'on s'étoit formées touchant la liberté, la nécessité & le destin; & j'ai pris la plume plus d'une fois dans les occasions, pour donner des éclaircissemens sur ces matieres importantes.

SOPHISME
De la Raison paresseuse.

Théodicée; Préface, p. 324.

LES hommes presque de tout temps ont été troublés par un sophisme, que les anciens appelloient *la raison paresseuse*, parce qu'il alloit à ne rien faire, ou du moins à n'avoir soin de rien, & à ne suivre que le penchant des plaisirs présens. Car, disoit-on, si l'avenir est nécessaire, ce qui doit arriver arrivera, quoi que je puisse faire. Or l'avenir, disoit-on, est nécessaire, soit parce que la Divinité prévoit tout, & le préétablit même, en gouvernant toutes les choses de l'Univers; soit parce que tout arrive nécessairement par l'enchaînement des causes; soit enfin par la nature même de la vérité, qui est déterminée dans les énonciations qu'on peut former sur les événemens futurs, comme elle l'est dans toutes les autres énonciations, puisque l'énonciation doit toujours être vraie ou fausse en elle-même, quoique nous ne connoissions pas toujours ce qui en est. Et toutes ces raisons de détermination, qui paroissent différentes, concourent enfin comme des lignes à un même centre; car il y a une vérité dans l'événement futur qui est prédéterminée par les causes, & Dieu la préétablit en établissant ces causes.

L'idée mal entendue de la nécessité étant employée dans la pratique, a fait naître ce que j'appelle *Fatum Mahometanum*, le destin à la Turque; parce qu'on impute aux Turcs de ne pas éviter les dangers, & de ne pas même quitter les lieux infectés de la peste, sur des raisonnemens semblables à ceux qu'on vient de rapporter. Car ce qu'on appelle *Fatum Stoïcum*, n'étoit pas si noir qu'on le fait; il ne détournoit pas les hommes du soin de leurs affaires; mais il tendoit à leur donner la tranquillité à l'égard des événemens, par la considération de la nécessité, qui rend nos soucis & nos chagrins inutiles : en quoi ces Philosophes ne s'éloignoient pas entiérement de la doctrine de Notre-Seigneur, qui dissuade ces soucis par rapport au lendemain, en les comparant avec les peines inutiles que se donneroit un homme qui travailleroit à agrandir sa taille. Il est vrai que les enseignemens des Stoïciens, (& peut-être aussi de quelques Philosophes célebres de notre temps), se bornant à cette nécessité prétendue, ne peuvent donner qu'une patience forcée ; au lieu que Notre-Seigneur inspire des pensées plus sublimes, & nous apprend même le moyen d'avoir du contentement, lorsqu'il nous assure que Dieu parfaitement bon & sage, ayant soin de tout, jusqu'à ne point négliger un cheveu de notre tête, notre confiance en lui doit être entiere ; de sorte que nous verrions, si nous étions capables de le comprendre, qu'il n'y a pas même moyen de souhaiter rien de meilleur, (tant absolument que pour nous), que ce qu'il fait. C'est comme si l'on disoit aux hommes : Faites votre devoir, & soyez contens de ce qui arrivera ; non-seulement parce que vous ne sauriez résister à la Providence divine, ou à la nature des choses, (ce qui peut suffire pour être *tranquille*, & non pas pour être content), mais encore parce que vous avez affaire à un bon Maître. Et c'est ce qu'on peut appeller *Fatum Christianum*.

Cependant il se trouve que la plupart des hommes, & même des Chrétiens, font entrer dans leur pratique quelque mélange du destin à la Turque, quoiqu'ils ne le reconnoissent pas assez. Il est vrai qu'ils ne sont pas dans l'inaction & dans la négligence, quand des périls évidens, ou des espérances manifestes & grandes se présentent ; car ils ne manqueront pas de sortir d'une maison qui va tomber, & de se détourner d'un précipice qu'ils voient dans leur chemin ; & ils fouilleront dans la terre pour déterrer un trésor découvert à demi, sans attendre que le destin achève de le faire sortir. Mais quand le bien ou le mal est éloigné & douteux, & le remede pénible, ou peu à notre goût, la raison paresseuse nous paroît bonne : par exemple, quand il s'agit de conserver sa santé & même sa vie par un bon régime, les gens à qui on donne conseil là-dessus, répondent bien souvent que nos jours sont comptés, & qu'il ne sert de rien de vouloir lutter contre ce que Dieu nous destine. Mais ces mêmes personnes courent aux remedes même les plus ridicules, quand le mal qu'ils avoient négligé approche. On raisonne à peu près de la même façon, quand la délibération est un peu épineuse, comme par exemple lorsqu'on se demande, *quod vitæ sectabor iter?* quelle profession on doit choisir, quand il s'agit d'un mariage qui se traite, d'une guerre qu'on doit entreprendre, d'une bataille qui se doit donner ; car en ces cas plusieurs seront portés à éviter la peine de la discussion & à s'abandonner au sort ou au penchant, comme si la raison ne devoit être employée que dans les cas faciles. On raisonnera alors à la Turque bien souvent, (quoiqu'on appelle cela mal-à-propos se remettre à la Providence, ce qui a lieu proprement, quand on a satisfait à son devoir); & on emploiera la raison paresseuse, tirée du destin irrésistible, pour s'exempter de raisonner comme il faut; sans considérer que si ce raisonnement contre l'ufage de la raifon étoit bon, il auroit toujours lieu, foit que la délibération fût facile ou non. C'eft cette pareffe qui eft en partie la fource des pratiques fuperftitieufes des Devins, où les hommes donnent auffi facilement que dans la pierre philofophale; parce qu'ils voudroient des chemins abrégés pour aller au bonheur fans peine.

Je ne parle pas ici de ceux qui s'abandonnent à la fortune, parce qu'ils ont été heureux auparavant, comme s'il y avoit là-dedans quelque chofe de fixe. Leur raifonnement du paffé à l'avenir eft auffi peu fondé que les principes de l'Aftrologie & des autres divinations; & ils ne confiderent pas qu'il y a ordinairement un flux & reflux dans la fortune, *una marea*, comme les Italiens jouant à la Baffette ont coutume de l'appeller, & ils y font des obfervations particulieres, auxquelles je ne confeillerois pourtant à perfonne de fe trop fier. Cependant cette confiance qu'on a en fa fortune fert fouvent à donner du courage aux hommes, & fur-tout aux Soldats, & leur fait avoir effectivement cette bonne fortune qu'ils s'attribuent, comme les prédictions font souvent arriver ce qui a été prédit, & comme l'on dit que l'opinion que les Mahométans ont du destin, les rend déterminés. Ainsi les erreurs mêmes ont leur utilité quelquefois ; mais c'est ordinairement pour remédier à d'autres erreurs, & la vérité vaut mieux absolument.

Mais on abuse sur-tout de cette prétendue nécessité du destin, lorsqu'on s'en sert pour excuser nos vices & notre libertinage. J'ai souvent oui dire à de jeunes gens éveillés, qui vouloient faire un peu les esprits forts, qu'il est inutile de prêcher la vertu, de blâmer le vice, de faire espérer des récompenses, de faire craindre des châtimens, puisqu'on peut dire du livre des destinées, que ce qui est écrit est écrit, & que notre conduite n'y sauroit rien changer ; & qu'ainsi le meilleur est de suivre son penchant, & de ne s'arrêter qu'à ce qui peut nous contenter présentement. Ils ne faisoient point réflexion sur les conséquences étranges de cet argument, qui prouveroit trop, puisqu'il prouveroit, (par exemple), qu'on doit prendre un breuvage agréable, quand on sauroit qu'il est empoisonné. Car, par la même raison, si elle étoit valable, je pourrois dire: S'il est écrit dans les archives des Parques que le poison me tuera à présent, ou me fera du mal, cela arrivera quand je ne prendrois point ce breuvage; & si cela n'est point écrit, il n'arrivera point, quand même je prendrois ce même breuvage; & par conséquent je pourrai suivre impunément mon penchant à prendre ce qui est agréable, quelque pernicieux qu'il soit; ce qui renferme une absurdité manifeste. Cette objection les arrêtoit un peu, mais ils revenoient toujours à leur raisonnement, tourné en différentes manieres, jusqu'à ce qu'on leur fît comprendre en quoi consiste le défaut du sophisme. C'est qu'il est faux que l'événement arrive, quoi qu'on fasse; il arrivera, parce qu'on fait ce qui y mene; & si l'événement est écrit, la cause qui le fera arriver est écrite aussi. Ainsi la liaison des effets & des causes, bien loin d'établir la doctrine d'une nécessité préjudiciable à la pratique, sert à la détruire.

DOCTRINE DE L'IMPÉNITENCE.

Tome 5. p. 414. Epist. 10. ad Loefterum.

IL est indubitable que tout pécheur qui fait une sincere pénitence de ses péchés, en obtient la rémission. On peut seulement demander s'il y a quelques signes à la faveur desquels on puisse juger avec certitude que Dieu n'accordera plus à certains pécheurs endurcis & impénitens la grace de la pénitence. Le sentiment de ceux qui prendroient ici l'affirmative, ne peut être solidement établi, ni sur la raison, ni sur l'autorité de l'Ecriture ; l'enseignement n'en pourroit donc être qu'inutile & blâmable. Ce n'est pas que ce sentiment soit absolument destitué de fondement ; mais il peut avoir des suites très-fâcheuses, parce qu'il peut pousser des personnes scrupuleuses au désespoir, & fournir des armes à ces téméraires qui sont si faciles à porter des censures & à prononcer des anathêmes contre leurs freres. Il suffit pour l'édification, qu'un homme puisse parvenir à un tel degré de méchanceté, qu'il n'y ait plus qu'une très-foible espérance de sa correction & de son salut. Au reste, on ne doit pas supposer que personne soit assez affermi dans le bien, ou assez endurci dans le mal, pour que toute sollicitude n'ait plus lieu d'un côté, & que toute espérance manque de l'autre.

SUITE DU LIBERTINAGE.

Tome 6. p. 268. Huitieme Lettre à Monsieur Thomas Burnet.

ON a grande raison par toute l'Europe de penser à la correction des mœurs ; & je crois qu'on doit plus craindre présentement ce qui peut venir du libertinage, que ce qui peut aller contre la liberté..... Il n'y a que deux choses auxquelles on devroit songer principalement, la vertu & la santé : *Et cætera adjicerentur nobis.*

※

LA VOLONTÉ
Agit-elle toujours suivant le plus grand bien ? Moyen de vaincre ses passions.

Nouveaux Essais sur l'Entendement humain,
page 143.

CE qui détermine la volonté à agir, dit M. Locke, n'est pas le plus grand bien, comme on le suppose ordinairement, mais plutôt quelqu'inquiétude actuelle, & pour l'ordinaire celle qui est la plus pressante. On lui peut donner le nom de *désir*, qui est effectivement une inquiétude de l'esprit causée par la privation de quelque bien absent, outre le désir d'être délivré de la douleur. Tout le bien absent ne produit pas une douleur proportionnée au degré d'excellence, qui est en lui, ou que nous y reconnoissons; au lieu que toute douleur cause un désir égal à elle-même, parce que l'absence du bien n'est pas toujours un mal, comme est la présence de la douleur. C'est pourquoi l'on peut considérer & envisager un bien absent sans douleur ; mais à proportion qu'il y a du défir quelque part, autant y a-t-il d'inquiétude. Qui eft ce qui n'a point fenti dans le défir ce que le Sage dit de l'efpérance, (*Prov. 13. v. 12.*) qu'étant différée, elle fait languir le cœur ? Rachel crie, (*Genefe 30. v. 1.*) donnez-moi des enfans, où je vais mourir. Lorfque l'homme eft parfaitement fatisfait de l'état où il eft, ou lorfqu'il eft abfolument libre de toute inquiétude, quelle volonté lui peut-il refter que de continuer dans cet état ? Ainfi le fage Auteur de notre être a mis dans les hommes l'incommodité de la faim & de la foif, & les autres défirs naturels, afin d'exciter & de déterminer leur volonté à leur propre confervation & à la continuation de leur efpece. Il vaut mieux, dit S. Paul, (*) fe marier que brûler; tant il eft vrai que le fentiment préfent d'une petite brûlure a plus de pouvoir fur nous, que les attraits des plus grands plaifirs confidérés en éloignement. Il eft vrai que c'eft une maxime fi fort établie, que c'eft le bien & le plus grand bien qui détermine la volonté, que je ne fuis nullement furpris

(*) I. Cor. 7. v. 9.

d'avoir autrefois fuppofé cela comme indubitable. Cependant après une exacte recherche, je me fens forcé de conclure, que le bien & le plus grand bien, quoique jugé & reconnu tel, ne détermine point la volonté ; à moins que venant à le défirer d'une maniere proportionnée à fon excellence, ce défir ne nous rende inquiets de ce que nous en fommes privés. Pofons qu'un homme foit convaincu de l'utilité de la vertu, jufqu'à voir qu'elle eft néceffaire à qui fe propofe quelque chofe de grand dans ce monde, ou efpere d'être heureux dans l'autre : cependant jufqu'à ce que cet homme fe fente affamé & altéré de la juftice, fa volonté ne fera jamais déterminée à aucune action qui le porte à la recherche de cet excellent bien, & quelqu'autre inquiétude venant à la traverfe entraînera fa volonté à d'autres chofes. D'autre part, pofons qu'un homme adonné au vin, confidere que, menant la vie qu'il mene, il ruine fa fanté & diffipe fon bien, qu'il va fe déshonorer dans le monde, s'attirer des maladies & tomber enfin dans l'indigence jufqu'à n'avoir plus de quoi fatisfaire cette paffion de boire qui le possede si fort : cependant les retours d'inquiétude qu'il sent à être absent de ses compagnons de débauche l'entraînent au cabaret aux heures qu'il a accoutumé d'y aller, quoiqu'il ait alors devant les yeux la perte de sa santé & de son bien, & peut-être même celle du bonheur de l'autre vie; bonheur qu'il ne peut regarder comme un bien peu considérable en lui-même, puisqu'il avoue qu'il est beaucoup plus excellent que le plaisir de boire, ou que le vain babil d'une troupe de débauchés. Ce n'est donc pas faute de jeter les yeux sur le souverain bien, qu'il persiste dans ce déréglement : car il l'envisage & en reconnoît l'excellence, jusque-là que durant le temps qui s'écoule entre les heures qu'il emploie à boire, il résout de s'appliquer à rechercher ce souverain bien : mais quand l'inquiétude d'être privé du plaisir auquel il est accoutumé vient le tourmenter, ce bien qu'il reconnoît plus excellent que celui de boire n'a plus de force sur son esprit, & c'est cette inquiétude actuelle qui détermine sa volonté à l'action à laquelle il est accoutumé, & qui par là faisant de plus fortes impressions, prévaut encore à la premiere occasion, quoiqu'en même temps il s'engage pour ainsi dire lui-même par de secrettes promesses à ne plus faire la même chose, & qu'il se figure que ce sera la derniere fois qu'il agira contre son plus grand intérêt. Ainsi il se trouve de temps en temps réduit à dire :

> Video meliora proboque,
> Deteriora sequor.

Je vois le meilleur parti, je l'approuve, je prends le pire. Cette sentence qu'on reconnoît véritable & qui n'est que trop confirmée par une constante expérience, est aisée à comprendre par cette voie-là, & ne l'est peut-être pas de quelqu'autre sens qu'on la prenne. (Tel est le précis des sentimens de M. Locke sur cette matiere.)

Il y a quelque chose de beau & de solide dans ces considérations. Cependant je ne voudrois pas qu'on crût pour cela qu'il faille abandonner ces anciens axiomes, que la volonté suit le plus grand bien, ou qu'elle fuit le plus grand mal qu'elle sent. La source du peu d'application aux vrais biens, vient en bonne partie de ce que dans les matieres & dans les occasions où les sens n'agissent gueres, la plupart de nos pensées sont sourdes pour ainsi dire, (je les appelle *cogitationes cœcas* en latin), c'est-à-dire vides de perception & de sentiment, & consistant dans l'emploi tout nud des caracteres, comme il arrive à ceux qui calculent en Algebre, sans envisager que de temps en temps les figures géométriques : & les mots font ordinairement le même effet en cela que les caracteres d'Arithmétique en Algebre. On raisonne souvent en paroles, sans avoir presque l'objet même dans l'esprit. Or cette connoissance ne sauroit toucher; il faut quelque chose de vif pour qu'on soit ému. Cependant c'est ainsi que les hommes le plus souvent pensent à Dieu, à la vertu, à la félicité; ils parlent & raisonnent sans idées expresses. Ce n'est pas qu'ils n'en puissent avoir, puisqu'elles sont dans leur esprit; mais ils ne se donnent point la peine de pousser l'analyse. Quelquefois ils ont des idées d'un bien ou d'un mal absent, mais très-foibles. Ce n'est donc pas merveille si elles ne touchent gueres.

Ainsi si nous préférons le pire, c'est que nous sentons le bien qu'il renferme, sans sentir le mal qu'il y a, ni le bien qui est dans le parti contraire. Nous supposons & croyons, ou plutôt nous récitons seulement sur la foi d'autrui, ou tout au plus sur celle de la mémoire de nos raisonnemens passés, que le plus grand bien est dans le meilleur parti, ou le plus grand mal dans l'autre. Mais quand nous ne les envisageons point, nos pensées & nos raisonnemens contraires au sentiment, sont une espece de *psittacisme*, qui ne fournit rien pour le présent à l'esprit; & si nous ne prenons point de mesures pour y remédier, autant en emporte le vent, comme j'ai déjà remarqué ci-dessus. Les plus beaux préceptes de morale avec les meilleures regles de la prudence, ne portent coup que dans une ame qui y est sensible, (ou *directement*, ou parce que cela ne se peut pas toujours, au moins *indirectement*, comme je montrerai bientôt), & qui n'est pas plus sensible à ce qui y est contraire. Cicéron dit bien quelque part, que si nos yeux pouvoient voir la beauté de la vertu, nous l'aimerions avec ardeur; mais cela n'arrivant point, ni rien d'équivalent, il ne faut point s'étonner si dans le combat entre la chair & l'esprit, l'esprit succombe tant de fois, puisqu'il ne se sent pas bien de ses avantages. Ce combat n'est autre chose que l'opposition des différentes tendances qui naissent des pensées confuses & des distinctes. Les pensées confuses, souvent se font sentir clairement; mais nos pensées distinctes ne sont claires ordinairement qu'en puissance; elles pourroient l'être, si nous voulions nous donner l'application de pénétrer le sens des mots ou des caracteres; mais ne le faisant point, ou par négligence, ou à cause de la briéveté du temps, on oppose des paroles nues, ou du moins des images trop foibles, à des sentimens vifs. J'ai connu un homme considérable dans l'Eglise & dans l'Etat, que ses infirmités avoient fait se résoudre à la diete; mais il avoua qu'il n'avoit pu résister à l'odeur des viandes qu'on portoit aux autres, en passant devant son appartement. C'est sans doute une honteuse foiblesse; mais voilà comme les hommes sont faits. Cependant si l'esprit uſoit bien de ſes avantages, il triompheroit hautement.

Il faudroit commencer par l'éducation, qui doit être réglée en ſorte qu'on rende les vrais biens & les vrais maux autant ſenſibles qu'il ſe peut, en revêtiſſant les notions qu'on s'en forme, des circonſtances les plus propres à ce deſſein; & un homme fait, à qui manque cette excellente éducation, doit commencer plutôt tard que jamais à chercher des plaiſirs lumineux & raiſonnables, pour les oppoſer à ceux des ſens qui ſont confus, mais touchans. Et en effet, la grace divine même eſt un plaiſir qui donne de la lumiere. Ainſi lorſqu'un homme eſt dans de bons mouvemens, il doit ſe faire des lois & des réglemens pour l'avenir, & les exécuter avec rigueur, s'arracher aux occaſions capables de corrompre, ou bruſquement, ou peu à peu, ſelon la nature de la choſe. Un voyage entrepris tout exprès guérira un amant; une retraite nous tirera des compagnies qui entretiennent dans quelque mauvaiſe inclination. François de Borgia, Général des Jéſuites, qui a été enfin canoniſé, étant accoutumé à boire largement,

ment, lorsqu'il étoit homme de grand monde, se réduisit peu à peu au petit pied, lorsqu'il pensa à la retraite, en faisant tomber chaque jour une goutte de cire dans le bocal qu'il avoit coutume de vider. A des sensibilités dangereuses on opposera des sensibilités innocentes, comme l'Agriculture, le Jardinage; on fuira l'oisiveté; on ramassera des curiosités de la nature & de l'art; on fera des expériences & des recherches; on s'engagera dans quelque occupation indispensable, si on n'en a point, ou dans quelque conversation ou lecture utile & agréable. En un mot, il faut profiter des bons mouvemens, comme de la voix de Dieu qui nous appelle, pour prendre des résolutions efficaces. Et comme on ne peut pas faire toujours l'analyse des notions des vrais biens & des vrais maux jusqu'à la perception du plaisir & de la douleur qu'ils renferment, pour en être touché; il faut se faire une fois pour toutes cette loi, d'attendre & de suivre désormais les conclusions de la raison, comprises une bonne fois, quoique non apperçues dans la suite & ordinairement par des pensées sourdes seulement & destituées d'attraits sensibles; & cela pour se mettre enfin dans la possession de l'empire sur les passions, aussi bien que sur les inclinations insensibles ou inquiétudes, en acquérant cette accoutumance d'agir suivant la raison, qui rendra la vertu agréable & comme naturelle. Mais il ne s'agit pas ici de donner & d'enseigner des préceptes de morale, ou des directions & adresses spirituelles pour l'exercice de la véritable piété; c'est assez qu'en considérant le procédé de notre ame, on voie la source de nos foiblesses, dont la connoissance donne en même temps celle des remedes.

INQUIÉTUDE
essentielle à notre bonheur : Regle de conduite.

Nouveaux Essais sur l'Entendement humain, page 147.

C'EST dans des perceptions insensibles, dans de petites impulsions pour se délivrer continuellement des petits empêchemens, que consiste véritablement cette inquiétude qu'on sent sans la connoître, qui nous fait agir dans les passions, aussi bien que lorsque nous paroissons les plus tranquilles ; car nous ne sommes jamais sans quelque action & quelque mouvement, qui ne vient que de ce que la nature travaille toujours à se mettre mieux à son aise. Et c'est ce qui nous détermine aussi avant toute consultation, dans les cas qui nous paroissent les plus indifférens ; parce que nous ne sommes jamais parfaitement en balance, & ne saurions être mi-partis exactement entre deux cas. Or si ces élémens de la douleur, (qui dégénerent quelquefois en douleur ou déplaisir véritable, lorsqu'ils croissent trop), étoient de vraies douleurs, nous serions toujours misérables, en poursuivant le bien que nous cherchons avec inquiétude & ardeur. Mais c'est tout le contraire ; & comme j'ai dit ailleurs, l'amas de ces petits succès continuels de la nature qui se met de plus en plus à son aise, en tendant au bien & en jouissant de son image, ou diminuant le sentiment de la douleur, est déjà un plaisir considérable, & vaut souvent mieux que la jouissance même du bien ; & bien loin qu'on doive regarder cette inquiétude comme une chose incompatible avec la félicité, je trouve que l'inquiétude est essentielle à la félicité des créatures, laquelle ne consiste jamais dans une parfaite possession, qui les rendroit insensibles & comme stupides, mais dans un progrès continuel & non interrompu à de plus grands biens, qui ne peut manquer d'être accompagné d'un désir, ou du moins d'une inquiétude continuelle, mais telle que je viens d'expliquer, qui ne va pas jusqu'à incommoder, & qui se borne à ces élémens ou rudimens de la douleur, inapperceptibles à part, lesquels ne laissent pas d'être suffisans pour servir d'aiguillon & pour exciter la volonté; comme fait l'appétit dans un homme qui se porte bien, lorsqu'il ne va pas jusqu'à cette incommodité qui nous rend impatiens, & nous tourmente par un trop grand attachement à l'idée de ce qui nous manque. Ces appétitions, petites ou grandes, sont ce qui s'appelle dans les Ecoles *motus primò primi*, & ce sont véritablement les premiers pas que la nature nous fait faire, non pas tant vers le bonheur que vers la joie, car on n'y regarde que le présent; mais l'expérience & la raison apprennent à régler ces appétitions & à les modérer, pour qu'elles puissent conduire au bonheur. J'en ai déjà dit quelque chose. Les appétitions sont comme la tendance de la pierre qui va le plus droit, mais non pas toujours le meilleur chemin vers le centre de la terre, ne pouvant pas prévoir qu'elle rencontrera des rochers où elle se brisera ; au lieu qu'elle se seroit approchée davantage de son but, si elle avoit eu l'esprit & le moyen de s'en détourner. C'est ainsi qu'en allant droit vers le présent plaisir, nous tombons quelquefois dans le précipice de la misere. C'est pourquoi la raison y oppose les images des plus grands biens ou maux à venir, & une ferme résolution, une habitude de penser avant que de faire, & puis de suivre ce qui aura été reconnu le meilleur, lors même que les raisons sensibles de nos conclusions ne nous seront plus présentes dans l'esprit, & ne consisteront presque plus qu'en images foibles, ou même dans les pensées sourdes que donnent les mots ou signes destitués d'une explication actuelle ; de sorte que tout consiste dans le *Pensez-y bien* & dans le *Memento* : le premier pour se faire des lois, & le second pour les suivre, lors même qu'on ne pense pas à la raison qui les a fait naître. Il est pourtant bon d'y penser le plus qu'il se peut, pour avoir l'ame remplie d'une joie raisonnable & d'un plaisir accompagné de lumiere.

CAUSE DE LA NÉGLIGENCE

Des biens de l'autre vie ; & force de la vertu.

Nouveaux Essais sur l'Entendement humain ; page 149.

Il y a des gens à qui on représente les joies indicibles du paradis par de vives peintures, qu'ils reconnoissent possibles & probables, & qui cependant se contenteroient volontiers de la félicité dont ils jouissent dans ce monde. Cela vient en partie de ce que les hommes bien souvent ne sont guere persuadés ; & quoi qu'ils disent, une incrédulité occulte regne dans le fond de leur ame ; car ils n'ont jamais compris les bonnes raisons, qui vérifient cette immortalité des ames, digne de la justice de Dieu, qui est le fondement de la vraie religion; ou bien ils ne se souviennent plus de les avoir comprises, & il faut pourtant l'un ou l'autre pour être persuadé. Peu de gens conçoivent même que la vie future, telle que la vraie religion & même la vraie raison l'enseignent, soit possible, bien loin d'en concevoir la probabilité, pour ne pas dire la certitude. Tout ce qu'ils en pensent n'est que *Psittacisme* ou des images grossieres & vaines à la Mahométane, où eux-mêmes voient peu d'apparence : car il s'en faut beaucoup qu'ils en soient touchés, comme l'étoient, à ce qu'on dit, les soldats du Prince des assassins, Seigneur de la Montagne, qu'on transportoit, quand ils étoient endormis profondément, dans un lieu plein de délices, où se croyant dans le paradis de Mahomet, ils étoient imbus par des Anges ou Saints contrefaits, d'opinions telles que leur souhaitoit ce Prince; & d'où, après avoir été assoupis de nouveau, ils étoient rapportés au lieu où on les avoit pris; ce qui les enhardiſſoit après à tout entreprendre, juſques ſur les vies des Princes ennemis de leur Seigneur....

C'étoit peut-être par un grand zele pour ſa religion, que ce Prince des aſſaſſins vouloit donner aux gens une idée avantageuſe du paradis, qui en accompagnât toujours la penſée & l'empêchât d'être ſourde; ſans prétendre pour cela qu'ils duſſent croire qu'ils avoient été dans le paradis même. Mais ſuppoſé qu'il l'eût prétendu, il ne faudroit point s'étonner que ces fraudes pieuſes euſſent fait plus d'effet que la vérité mal ménagée. Cependant rien ne ſeroit plus fort que la vérité, ſi on s'attachoit à la bien connoître & à la faire valoir; & il y auroit moyen ſans doute d'y porter fortement les hommes. Quand je conſidere combien peut l'ambition ou l'avarice dans tous ceux qui ſe mettent une fois dans ce train de vie, preſque deſtitué d'attraits ſenſibles & préſens, je ne déſeſpere de rien, & je tiens que la vertu feroit infiniment plus d'effet, accompagnée comme elle eſt de tant de ſolides biens, ſi quelque heureuſe révolution du genre humain la mettoit un jour en vogue & comme à la mode. Il est très-assuré qu'on pourroit accoutumer les jeunes gens à faire leur plus grand plaisir de l'exercice de la vertu ; & même les hommes faits pourroient se faire des lois & une habitude de les suivre, qui les y porteroit aussi fortement & avec autant d'inquiétude s'ils en étoient détournés, qu'un ivrogne en pourroit sentir lorsqu'il est empêché d'aller au cabaret. Je suis bien aise d'ajouter ces considérations sur la possibilité & même sur la facilité des remedes à nos maux, pour ne pas contribuer à décourager les hommes de la poursuite des vrais biens par la seule exposition de nos foiblesses.

MÉTHODE
Pour résister aux passions.

Nouveaux Essais sur l'Entendement humain, page 154.

L'EXÉCUTION de notre désir est suspendue ou arrêtée, lorsque ce désir n'est pas assez fort pour nous émouvoir &

T v

pour surmonter la peine où l'incommodité qu'il y a de le satisfaire : & cette peine ne consiste quelquefois que dans une paresse ou lassitude insensible, qui rebute sans qu'on y prenne garde, & qui est plus grande en des personnes élevées dans la mollesse, ou dont le tempérament est phlegmatique, & en celles qui sont rebutées par l'âge ou par les mauvais succès. Mais lorsque le désir est assez fort en lui-même pour émouvoir, si rien ne l'empêche, il peut être arrêté par des inclinations contraires, soit qu'elles consistent dans un simple penchant, qui est comme l'élément ou le commencement du désir, soit qu'elles aillent jusqu'au désir même. Cependant comme ces inclinations, ces penchans & ces désirs contraires se doivent trouver déjà dans l'ame, elle ne les a pas en son pouvoir, & par conséquent elle ne pourroit pas résister d'une maniere libre & volontaire, ou la raison puisse avoir part, si elle n'avoit encore un autre moyen, qui est celui de detourner l'esprit ailleurs. Mais comment s'aviser de le faire au besoin? Car c'est là le point, sur-tout quand on est occupé d'une forte paſſion. Il faut donc que l'eſprit ſoit préparé par avance & ſe trouve déjà en train d'aller de penſée en penſée, pour ne ſe pas trop arrêter dans un pas gliſſant & dangereux. Il eſt bon pour cela de s'accoutumer généralement à ne penſer que comme en paſſant, à certaines choſes, pour ſe mieux conſerver la liberté d'eſprit. Mais le meilleur eſt de s'accoutumer à procéder méthodiquement & à s'attacher à un train de penſées, dont la raiſon & non le haſard, c'eſt-à-dire les impreſſions inſenſibles & caſuelles, faſſent la liaiſon. Et pour cela il eſt bon de s'accoutumer à ſe recueillir de temps en temps, & à s'élever au-deſſus du tumulte préſent des impreſſions, à ſortir pour ainſi dire de la place où l'on eſt, & à ſe dire : *Dic cur hic ? reſpice finem : Où en ſommes-nous ? venons au fait.* Les hommes auroient bien ſouvent beſoin de quelqu'un, établi en titre d'office, comme on avoit Philippe, pere d'Alexandre le Grand, qui les interrompît & les rappellât à leur devoir. Mais au défaut d'un tel Officier, il eſt bon que nous ſoyons ſtylés à nous rendre cet office nous-mêmes. Or étant une fois en état d'arrêter l'effet de nos désirs & de nos passions, c'est-à-dire, de suspendre l'action, nous pouvons trouver les moyens de les combattre, soit par des désirs ou des inclinations contraires, soit par diversion, c'est-à-dire, par des occupations d'une autre nature. C'est par ces méthodes & par ces artifices que nous devenons comme maîtres de nous-mêmes, & que nous pourrons nous faire penser, & faire avec le temps ce que nous voudrions vouloir & ce que la raison ordonne.

L'HOMME
MAITRE CHEZ LUI.

Théodicée, tome 2. page 305. §. 326.

LA prévalence des inclinations n'empêche point que l'homme ne soit le maître chez lui, pourvu qu'il sache user de son pouvoir. Son empire est celui de la raison : il n'a qu'à se préparer de bonne heure pour s'opposer aux passions, & il sera capable d'arrêter l'impétuosité des plus furieuses.

Suppofons qu'Augufte, prêt à donner des ordres pour faire mourir Fabius Maximus, fe ferve à fon ordinaire du confeil qu'un Philofophe lui avoit donné, de *réciter l'Alphabet Grec*, avant que de rien faire dans le mouvement de fa colere : cette réflexion fera capable de fauver la vie de Fabius & la gloire d'Augufte. Mais fans quelque réflexion heureufe, dont on eft redevable quelquefois à une bonté divine toute particuliere, ou fans quelque adreffe acquife par avance, comme celle d'Augufte, propre à nous faire faire les réflexions convenables en temps & lieu, la paffion l'emportera fur la raifon. Le cocher eft le maître des chevaux, s'il les gouverne comme il doit & comme il peut; mais il y a des occafions où il fe néglige, & alors il faudra pour un temps abandonner les rênes.

Fertur equis auriga, nec audit currus habenas.

Il faut avouer qu'il y a toujours affez de pouvoir en nous fur notre volonté, mais on ne s'avife pas toujours de l'employer. Cela fait voir, comme nous l'avons remarqué plus d'une fois, que le pouvoir de l'ame sur ses inclinations est une puissance qui ne peut être exercée que d'une maniere *indirecte*, à peu près comme Bellarmin vouloit que les Papes eussent droit sur le temporel des Rois.

A la vérité, les actions externes, qui ne surpassent point nos forces, dépendent absolument de notre volonté; mais nos volitions ne dépendent de la volonté que par certains détours adroits, qui nous donnent moyen de suspendre nos résolutions ou de les changer. Nous sommes les maîtres chez nous, non pas comme Dieu l'est dans le monde, qui n'a qu'à parler; mais comme un Prince sage l'est dans ses Etats, ou comme un bon pere de famille l'est dans son domestique.

―――――――――

CONDUITE DE L'HOMME
S'il n'attend point d'autre vie.

Nouveaux Essais sur l'Entendement humain, page 160.

S'IL n'y a rien à espérer au-delà du tombeau, *mangeons, buvons, jouissons de tout ce qui nous fait plaisir, car demain nous mourrons*. Il y a pourtant quelque chose à dire à cette conséquence. Aristote & les Stoïciens & plusieurs anciens Philosophes étoient d'un autre sentiment, & en effet je crois qu'ils avoient raison. Quand il n'y auroit rien au-delà de cette vie, la tranquillité de l'ame & la santé du corps ne laisseroient pas d'être préférables aux plaisirs qui y sont contraires. Et ce n'est pas là une raison, de négliger un bien, parce qu'il ne durera pas toujours. Mais j'avoue, qu'il y a des cas où il n'y auroit pas moyen de démontrer que le plus honnête seroit aussi le plus utile. C'est donc la seule considération de Dieu & de l'immortalité, qui rend les obligations de la vertu & de la justice absolument indispensables....

En général si tout étoit borné à ce moment présent, il n'y auroit point de raison de se refuser le plaisir, qui se présente. En effet j'ai remarqué que tout plaisir est un sentiment de perfection ; mais il y a certaines perfections, qui entraînent avec elles des imperfections plus grandes. Comme si quelqu'un s'attachoit pendant toute sa vie à jeter des pois contre des épingles pour apprendre à ne point manquer de les faire enferrer, à l'exemple de celui à qui Alexandre le Grand fit donner pour récompense un boisseau de pois; cet homme parviendroit à une certaine perfection, mais fort mince & indigne d'entrer en comparaison avec tant d'autres perfections très-nécessaires qu'il auroit négligées. C'est ainsi que la perfection, qui se trouve dans certains plaisirs présens, doit céder sur-tout au soin des perfections, qui sont nécessaires, afin qu'on ne soit point plongé dans la misere, qui est l'état où l'on va d'imperfection en imperfection, ou de douleur en douleur. Mais s'il n'y avoit que le présent, il faudroit se contenter de la perfection qui s'y présente, c'est-à-dire du plaisir présent.

TOLÉRANCE.

Nouveaux Essais sur l'Entendement humain, page 431.

ON doit excepter de la Tolérance les opinions qui enseignent des crimes, qu'on ne doit point souffrir &

qu'on a droit d'étouffer par les voies de la rigueur, quand il seroit vrai même que celui qui les soutient ne peut point s'en défaire, comme on a droit de détruire même une bête venimeuse toute innocente qu'elle est. Mais je parle d'étouffer la Secte & non les hommes, puisqu'on peut les empêcher de nuire & de dogmatiser.

MORALE DES ATHÉES.

Tome 5. page 44. Jugement sur les Œuvres de Shaftsbury.

MILORD Shaftsbury a voulu montrer que les Athées même sont obligés de suivre la vertu : & qu'il est pourtant vrai que la Nature nous porte à admettre une Divinité bienfaisante, puisque nos affections naturelles sont conformes à ce qu'une telle puissance ordonneroit. On peut dire qu'il y a un certain degré de bonne Morale indépendamment de la Divinité ; mais que la considération de la Providence de Dieu & de l'immortalité de l'ame porte la morale à son comble, & fait que chez le Sage les qualités morales sont tout-à-fait réalisées, & l'honnête identifié avec l'utile, sans qu'il y ait exception ni échappatoire.

LOI DE LA RÉPUTATION.

Nouveaux Essais sur l'Entendement humain, page 211.

SI personne à qui il peut rester quelque sentiment de sa propre nature, ne peut vivre en société, constamment méprisé, ce n'est pas la force de ce qu'on appelle *la Loi de la réputation*, c'est une peine naturelle que l'action s'attire d'elle-même. Il est vrai cependant que bien des gens ne s'en soucient guere, parce qu'ordinairement s'ils sont méprisés des uns à cause de quelqu'action blâmée, ils trouvent des complices, ou du moins des partisans qui ne les méprisent point, s'ils sont tant soit peu recommandables par quelqu'autre côté. On oublie même les actions les plus infames, & il suffit souvent d'être hardi & effronté comme ce Phormion de Terence, pour que tout passe..... Il seroit à souhaiter que le Public s'accordât avec soi-même &

avec la raison dans les louanges & dans les blâmes ; & que les Grands sur-tout ne protégeassent point les méchans, en riant des mauvaises actions où il semble le plus souvent que ce n'est pas celui qui les a faites, mais celui qui en a souffert, qui est puni par le mépris & tourné en ridicule.

On verra aussi généralement que les hommes méprisent non pas tant le vice que la foiblesse & le malheur. Ainsi la Loi de la réputation auroit besoin d'être bien réformée, & aussi d'être mieux observée.

SIMPLICITÉ DES MŒURS
Au siecle de GRÉGOIRE VII.

Tome 6. p. 322. Observationes Leibnitzianæ.

BARONIUS raconte que Pierre Damien fit présent au Pape Grégoire VII de quelques cuillers de bois. On peut à ce sujet faire plusieurs observations. 1°. On voit qu'anciennement les Moines (tels qu'étoit Pierre Damien, quoiqu'il eût été Cardinal) s'occupoient du travail des mains. Ainsi l'Abbé de la

Trappe, dans sa dispute avec le Pere Mabillon, auroit pu se prévaloir de cet exemple. 2°. Ce trait montre aussi combien les Anciens étoient éloignés de notre luxe : car qui oseroit aujourd'hui faire un semblable présent à un Pape ? & quel est le particulier qui voulût faire servir à sa table de la vaisselle de bois?... 3°. On peut encore en conclure que ces mêmes Anciens n'étoient pas fort délicats : car on sait que le suc des alimens pénetre assez avant dans le bois ordinaire, & que celui-ci en contracte si bien le goût, qu'on a bien de la peine à le faire passer avec des frottemens redoublés.

SPECTACLES ET FÊTES.

Tome 5. p. 279. Epist. 85. ad Fabricium.

J'AI assisté à la plupart des Spectacles & des Festins qu'on vient de donner à la Cour. Il l'a fallu pour ne point paroître sauvage ni singulier : car ce n'est pas que je prenne grand plaisir à ces Fêtes, quelque brillantes & magnifiques qu'elles puissent être. Cependant le temps s'écoule, qui est la plus précieuse de toutes les choses ; & on ne fait rien de ce qu'il importeroit le plus de faire.

SUPÉRIORITÉ
Des Sauvages du Canada sur nous.

Tome 5. p. 362. Epist. ad Bierlingium.

JE sais, à n'en pouvoir douter, que les Sauvages du Canada vivent ensemble & en paix, quoiqu'il n'y ait parmi eux aucune espece de Magistrat. On ne voit jamais ou presque jamais dans cette partie du Monde de querelles, de haines, de guerres, sinon entre hommes de différentes nations & de différentes langues. J'oserois presque appeller cela un miracle politique, inconnu à Aristote, & qu'Hobbes n'a point remarqué. Les enfans même jouant ensemble, en viennent rarement aux altercations; & lorsqu'ils commencent à s'échauffer un peu trop, ils sont aussi-tôt retenus par leurs camarades. Ces peuples ont une horreur naturelle de l'inceste; aussi la chasteté dans les familles est admirable : & un frere n'oferoit prononcer en préfence de fa fœur une parole un peu trop libre. Au refte, qu'on ne s'imagine point que la paix dans laquelle ils vivent, foit l'effet d'un caractere lent & infenfible : car rien n'égale leur activité contre l'ennemi : & le fentiment d'honneur eft chez eux au dernier degré de vivacité ; ainfi que le témoigne l'ardeur qu'ils montrent pour la vengeance, & la conftance avec laquelle ils meurent au milieu des tourmens. Si ces peuples pouvoient à de fi grandes qualités naturelles joindre un jour nos arts & nos connoiffances, nous ne ferions auprès d'eux que des avortons.

COMPARAISON
Des Sauvages & des Hommes policés.

Nouveaux Effais fur l'Entendement humain, page 55.

IL faut avouer qu'il y a des points importans où les Barbares nous paffent, fur-tout à l'égard de la vigueur du corps ; & à l'égard de l'ame même on peut dire qu'à certains égards leur morale pratique eſt meilleure que la nôtre, parce qu'ils n'ont point l'avarice d'amaſſer, ni l'ambition de dominer. Et on peut même ajouter que la converſation des Chrétiens les a rendus pires en bien des choſes. On leur a appris l'ivrognerie, (en leur apportant de l'eau-de-vie), les juremens, les blaſphêmes, & d'autres vices qui leur étoient peu connus. Il y a chez nous plus de bien & plus de mal que chez eux. Un méchant Européen eſt plus méchant qu'un Sauvage; il rafine ſur le mal. Cependant rien n'empêcheroit les hommes d'unir les avantages que la nature donne à ces peuples, avec ceux que nous donne la raiſon.

CRUAUTÉ DE L'HOMME
ENVERS LES BÊTES.

Tome 5. p. 330. Epiſt. 27. ad Kortholtum.

SUR ce qui regarde les devoirs de l'homme envers les bêtes, je dirai qu'il y a pluſieurs années que je compoſai, à la priere d'un ami, un petit Traité ſur l'Education d'un Prince, où je conſeillois entr'autres choses, qu'on ne permît point, lorsqu'il étoit enfant, qu'il s'accoutumât à tourmenter les animaux, parce qu'il pouvoit contracter de là une véritable dureté à l'égard des hommes. Le Pere Vota, Italien, ayant fait voir mon Traité au Roi de Pologne, cet endroit fut un de ceux qui lui plurent davantage.

Fin du Tome premier.

TABLE
DU PREMIER VOLUME.

Préface, pag. iij

Éloge de Leibnitz par M. de Fontenelle, pag. 1

Athéisme, 69

Athées Fanatiques, 70

Origine du Matérialisme, 71

Existence d'une premiere cause immatérielle, 73

Démonstration sommaire de l'existence d'un Dieu souverainement parfait, 78

Ancienneté du dogme de l'immortalité de l'ame, 80

Certitude d'une autre vie, 81

Précautions contre les mauvaises Doctrines; révolutions générales dans les mœurs dont on est menacé, pag. 83

Empressement de Leibnitz pour la démonstration évangélique d'Huet: Réflexion sur la Religion, 89

Compliment à M. Huet sur sa démonstration évangélique: Etude de la critique nécessaire à la Religion, 93

Suite du même sujet, 104

Maxime du plus sûr en matiere de Religion, 107

Maniere abrégée de démontrer la vérité de la Religion Chrétienne, 109

Maniere de bien établir la vérité de la Religion Chrétienne, 111

Remarques sur le Livre de Toland, le Christianisme sans mysteres, 125

Critique & raillerie en matiere de Religion, 147

Justice & Providence de Dieu, 159

Facilité de résoudre les objections contre les mysteres, 161

TABLE. 459

Objections des Manichéens à résoudre par les Déistes, pag. 164

Foi des Chrétiens raisonnable, 166

Maniere de procéder dans la justification de la Providence, 173

Le mal occasion du bien, & le bien supérieur au mal dans l'Univers, 180

Sort des enfans qui meurent dans le péché originel, & des adultes qui n'ont point connu Jesus-Christ, 192

Eternité des peines, 201

Dialogue de Laurent Valla sur le libre arbitre & la providence, abrégé & continué par Leibnitz, 211

Abrégé de la controverse entre Bayle & M. Leibnitz sur la bonté de Dieu, la liberté de l'homme & l'origine du mal, réduite à des argumens en forme, 229

Dialogue d'un Disciple de Locke & de Leibnitz : 1°. Sur la Foi & la Raison, 253

V ij

2°. *Sur les bornes de la Foi & de la Raison; & sur le salut des Païens,* pag. 260

3°. *Sur l'enthousiasme,* 275

4°. *Sur l'erreur principalement en matiere de Religion,* 285

Réparation du genre humain, 311

Possibilité de la présence réelle, 315

Suite du même Sujet, 318

Erreurs de Socin sur la connoissance de Dieu, 322

Les Anti-Trinitaires modernes, 324

Parallele des Sociniens & des Mahométans, 326

Raison des progrès du Mahométisme, 329

Usure condamnée par les Mahométans, 330

Obstacle à la conversion des Mahométans, 331

Sentimens des Chinois sur Dieu & les Esprits, 332

TABLE. 461

Sentimens des Chinois sur l'immortalité de l'ame, les peines & les récompenses après l'autre vie, pag. 353

MORALE.

Principe de la Société, 358

La fin, l'objet & la cause du Droit Naturel, 359

Plan d'une Théologie naturelle ; nécessité de punir le pécheur, 384

Dieu Législateur, 387

Effets de l'amour de Dieu ; & moyen de l'accroître, 389

Moyens d'émouvoir l'imagination ; & avantages qu'on en peut tirer pour le salut, 391

Avantage de bien régler ses pensées, 396

Le présent plus fort que l'avenir, 398

Conflit des passions & des démonstrations, 399

Véritable piété, 400

Vertu désintéressée, pag. 402

Fondement & nature de la solide piété, 404

Sophisme de la raison paresseuse, 414

Doctrine de l'impénitence, 422

Suite du libertinage, 424

La volonté agit-elle toujours suivant le plus grand bien ? Moyen de vaincre ses passions, 424

Inquiétude essentielle à notre bonheur : Regle de conduite, 434

Cause de la négligence des biens de l'autre vie ; & force de la vertu, 438

Méthode pour résister aux passions, 441

L'homme maître chez lui, 444

Conduite de l'homme, s'il n'attend point d'autre vie, 446

Tolérance, 448

Morale des Athées, 449

Loi de la réputation, 450

Simplicité de mœurs au fiecle de Grégoire VII, pag. 451

Spectacles & Fêtes, 452

Supériorité des Sauvages du Canada sur nous, 453

Comparaison des Sauvages & des hommes policés, 454

Cruauté de l'homme envers les bêtes, 455

Fin de la Table.

www.ingramcontent.com/pod-product-compliance
Lightning Source LLC
Chambersburg PA
CBHW071707230426
43670CB00008B/932